Literatur als Kunst
Eine Schriftenreihe, herausgegeben
von Walter Höllerer

Helmut Hornbogen

Jakob van Hoddis

Die Odyssee eines Verschollenen

Carl Hanser Verlag

ISBN 3-446-14401-3 Ln.

Umschlag: Klaus Detjen unter Verwendung
einer Zeichnung von Ludwig Meidner (1913)
mit freundlicher Genehmigung des
Deutschen Literaturarchivs Marbach
Satz: Fotosatz Otto Gutfreund, Darmstadt
Druck und Bindung: Pustet, Regensburg
Printed in Germany

Inhalt

Anhang

Verschollene Fahrten! Eure Siege sind
Zu lange schon verflackt. Ah! helle Flöten
Und Geigen tönen meinem Gram vergebens.

Jakob van Hoddis, Die Stadt

Odyssee als Weltschicksal

»Einmal«, so erinnerte sich Hoddis' Freund und späterer Nachlaßverwalter Erwin Loewenson, »einmal hat er mich gefragt, ob ich es für möglich hielte, daß man heute – daß er selber ein Epos wie die Odyssee schreiben könne. Seine größte Sehnsucht mußte eine neue Odyssee sein: nicht das endgültige Heimkehren freilich, nur die Standfestigkeit beim Verschlagenwerden von Schicksal zu Schicksal, von Welt zu Welt – bis über den Hades hinaus.« (1)

Homer faszinierte den jungen Hans Davidsohn, der sich, die Buchstaben seines Familiennamens umstellend, mit 22 Jahren van Hoddis nannte. Als Jakob van Hoddis später in einem Brief beim Kulturredakteur des »Berliner Tageblattes« wegen der Möglichkeiten eines journalistischen Broterwerbs vorfühlte, erwähnte er einen schon längere Zeit zurückliegenden Besuch in dessen Büro und ließ ihn wissen: »Eine große Büste stand auf Ihrem Schreibtisch. Es war die Weihe der Arbeit die mir Respekt einflößte. Nachher trat ich auf die Straße in das ekelhafte feuchte Grau. Alltag! Alltag! Ich liebte damals nur Homer. Der war auch ein Narr mit seinem Göttergesindel. Schließlich starb er an einem Witz. Doch die [...] Gewöhnlichkeit des Alltags versüßte er mit göttlicher Laune.« (2)

Dem ehemaligen Studenten der Altphilologie, der schon auf der Schule das Fach Griechisch am liebsten hatte, konnte nicht verborgen geblieben sein, daß sich in der »Ilias« und in der »Odyssee« zwischen erbarmungsloser Aktion und leicht darüber hinwegschreitender Erzählweise Abgründe und Untiefen auftun, daß die homerischen Gleichnisse kein dekorativer Zierat sind, sondern aus demselben Nährboden wachsen wie das Geschehen selbst und ebenbürtig kühles, distanziertes Staunen über die Vielfalt der Welt, über den Reichtum der Möglichkeiten ausdrücken.

Hoddis selbst aber wäre es unmöglich gewesen, eine moderne Odyssee zu schreiben, denn ihm mangelte der Abstand, um zugleich Homer und sein betrügerischer, listenreicher Held sein zu können. Wenn Hoddis als Odysseus am Sirenenfelsen vorbeigesegelt wäre, hätte er sich kaum wie jener Held der praktischen Vernunft an den

Mast binden lassen. Und wenn Hoddis als Perseus zur schlangengeschuppten Medusa vorgedrungen wäre, hätte er sich nach vollbrachter Bluttat nicht mehr lange trickreich durch einen ihr todbringendes Bild auffangenden Spiegel schützen lassen, sondern dem Haupte über kurz oder lang direkt in die versteinernden Augen geschaut. Ein nach Zeus' lichtgezeugtem Sohn benanntes Gedicht von ihm beschwört jedenfalls die mächtig drängende Sehnsucht danach, solches Todesgrauen zu erfahren.

Seine Wortabenteuer führten nicht über die Wirklichkeit mit ihren Abgründen hinweg, sondern durch sie hindurch, über sie hinaus ins Nichts. Es waren Exkursionen, bei denen er die eigene Haut zu Markte trug und immer mehr das einbüßte, was man Identität, inneres Bei-sich-Sein und Realitätsbezug nennt. Während Hoddis diese fürchterliche Wechselwirkung zwischen Phantasie und Wirklichkeit, zwischen Dichtung und Leben mit einem wachsenden Gefühl der Panik erlebte, drang er in Erfahrensbereiche vor, die demjenigen unzugänglich sind, der fest an die Übereinkünfte der Realität gebunden ist.

Mit seinem Ringen um neue Wirklichkeit und Traum, das nach fünf fruchtbaren und qualvollen Jahren abgeschlossen war und keinen poetischen Ertrag mehr erbrachte, ging ein Ablösungsprozeß im persönlichen Bereich einher. Hoddis entwickelte Haßgefühle gegen die einst geliebte Mutter, er zerstörte eine freundschaftliche Bindung nach der anderen und wurde zuletzt auch unwillig oder unfähig, sich vom Eros binden zu lassen.

Mitte 1914 fiel er endgültig aus der inzwischen dem Kriegswahnsinn verfallenen Wirklichkeit. Auf einmal blieben die Uhren stehen, und in seinem neuen Leben der Zeitlosigkeit wurde vergangene Zeit frei verfügbar: Als etwa der Philosoph David Baumgardt den früheren Freund 1919 zum zweitenmal im thüringischen Frankenhain besuchte, übergab der ihm eine Pastellzeichnung mit Widmung, die auf das Jahr 1893 datiert war (3), und wer ihn nach dem Alter fragte, bekam jedesmal zur Antwort, er sei 28 (4). So alt war Hoddis am 16. Mai 1915 geworden und blieb es wohl bis zu seinem Tode. Irgendwann in den Monaten vorher muß etwas mit ihm geschehen sein, das sich schon seit langem, seit Kindertagen, angebahnt hatte, muß ein Graben aufgerissen sein, der seine erste Existenz von der zweiten trennte.

Wie er sich und die Welt nun erfuhr, kann von diesseits des Grabens niemand nachvollziehen. Da aber belegte man sein fremd, unverständlich und asozial gewordenes Dasein mit pauschalen Etiketten, zu denen die herrschenden Übereinkünfte von Krankheit und Gesundheit, von Norm und Abnorm erstarrt waren; man erklärte ihn für wahnsinnig, für schizophren, und bestimmte fortan die weiteren Stationen seines äußeren Lebensweges, der von Berlin über Frankenhain, Tübingen, Göppingen und Sayn am Rhein in eine nazistische Menschenvernichtungsfabrik des polnischen Ostens führte.

Um die Erfahrungen seines Scheiterns episch distanziert behandeln und eine Odyssee des modernen Menschen schreiben zu können, hätte er ein ganz anderer Mensch, ein ganz anderer Dichter sein müssen. (5) Über solche Souveränität verfügte Jakob van Hoddis nicht, während er an der Wirklichkeit litt und sich ihm die Schatten der wilhelminischen Zeit, Vorboten künftigen Unheils, in seine Verse und auf seine Existenz legten. Aus beidem jedoch, aus Dichtung und Leben zusammen, fügt sich eine große Odyssee, die persönliches Schicksal als Weltschicksal erscheinen läßt.

Im Berliner Osten

Am 16. Mai 1887 morgens um dreiviertel vier gebar Doris Davidsohn, Ehefrau des praktischen Arztes Dr. Hermann Davidsohn und wie er »mosaischer Religion« (6), Zwillinge. Es war eine Zangengeburt, bei der man den kräftigeren von beiden Jungen nur tot zur Welt bringen konnte. Wie sich Loewenson erinnerte, habe Hans der »Sieg« über den Stärkeren später viel zu denken gegeben.

Sein Geburtshaus stand am Grünen Weg 94, der heute den Namen des sozialdemokratischen Politikers Paul Singer trägt. Eine Vorstellung davon, wie es im Geviert zwischen Holzmarktstraße und der heutigen Karl-Marx-Allee einmal ausgesehen haben mag, als diese noch Große Frankfurter Straße hieß, läßt sich kaum mehr gewinnen. Kriegszerstörung und Wiederaufbau haben dem Ostberliner Stadtteil Friedrichshain inzwischen ein ganz anderes Gesicht gegeben, das von industriell genormter Eintönigkeit geprägt ist. Diese Wohnkastenwelt besteht um die Singerstraße herum aus zumeist zehnstöckigen, weißgekachelten Blocks. An die Zeit vor nunmehr fast 100 Jahren erinnert dort allenfalls noch eine als ruinöses Relikt übriggebliebene gußeiserne Pumpe, oder im weiteren Umkreis geben – rußig schwarz liegen sie beide da – der Bahnhof Jannowitzbrücke und der mächtige Ostbahnhof, damals Schlesischer Bahnhof, aber auch Durchblicke auf kleine verfallende Betriebe dem Vorstellungsvermögen noch ein paar Anhaltspunkte.

Hermann Davidsohn wirkte als Praktiker und dann als Facharzt für Hals-, Nasen-, Ohrenkrankheiten (7) in keinem bürgerlich reputablem Viertel Berlins, sondern einem schlecht beleumundeten mit kleinbürgerlicher bis proletarischer Bevölkerung. Hier, im vierten Berliner Reichstagswahlkreis, der zum eisernen Bestand der Sozialdemokraten gehörte und im Parlament seit 1884 durchgehend von Singer vertreten wurde, lebten vor allem Leute, die der aggressiv sich entwickelnden Gründerzeit-Wirtschaft mehr im Schweiße ihres Angesichts dienten, als daß sie deren Segnungen genießen konnten. Und täglich trafen, von Not getrieben, weitere Arbeitssuchende aus den ostelbischen Agrargebieten am Schlesischen Bahnhof ein, um den herum die Großstadt ein besonders abstoßendes Gesicht hatte, abstoßend durch zwielichtige Büros zur Stellenvermittlung für Dienstpersonal, schäbige Absteigen und gestrandete Menschen, die überall herumlungerten.

Binnen weniger Jahre waren im Berliner Osten Felder und Gärten von düster grauen Häuserblocks zugewuchert worden. Dank sinnreicher Anordnung der Wohnungen machte dieses schnell übervölkerte Viertel insgesamt aber nicht den Eindruck eines Slums von der Art, wie sie damals in anderen europäischen Großstädten, etwa dem Osten Londons, entstanden: Denn hinter teureren Mietshäusern mit Fassaden zur Straße hin – gewiß bewohnte Familie Davidsohn ein solches – versteckten sich zwei, drei, vier Mietskasernen samt engen Hinterhöfen. Sonnenlicht und frische Luft wurden da von hohen, düsteren Brandmauern abgehalten, und zu den Dünsten aus Küchen, Aborten und Müllkästen kamen noch jene der industriellen und kleingewerblichen Betriebe, die ebenfalls hinter den etwas feineren Vorderhäusern verborgen werden mußten. In der Holzmarktstraße zum Beispiel waren es Färbereien, in der Langen Straße und der Koppenstraße Tischlerei-Werkstätten.

Die Wohnungen in den Mietskasernen bestanden zumeist aus einem einzigen Raum, der häufig schon einen Wochenlohn kostete. Um 1905 teilten sich rund 600000 Berliner zu fünft oder mehreren ein Zimmer. Zwei ließen sich allenfalls durch »Schlafgänger« finanzieren, die dann das Bett nicht selten schichtweise benutzten. Einem hier praktizierenden Arzt mußte einfach tagtäglich hautnah großes Elend begegnen, wo 22 bis 30 Prozent der Neugeborenen starben, während es in den westlichen Vororten 15 und manchmal auch nur unter zehn Prozent waren.

An fast jeder Straßenecke verlockte ein Ausschank zum schnellen Bier, zum Kümmel oder Korn. Die allgemeine Misere hatte Alkoholismus und Kriminalität im Gefolge. Polizeirazzien gehörten zur Routine. Als dem erfolgreichen Schriftsteller und Journalisten Paul Lindau während der achtziger Jahre einmal der Sinn nicht so ganz unmodisch danach stand, sich in die Welt der Lumpenproletarier zu begeben und »Verbrecherkneipen« aufzusuchen, kam denn auch nur die Gegend um Lange Straße, Krautstraße, Große Frankfurter Straße und um den vom Grünen Weg berührten Andreasplatz herum in Frage, weil es dort die berüchtigtsten gab. (8) Aber zu dem elenden Milieu, das der kleine Hans Davidsohn bei seinen kindlichen Streifzügen kennenlernte und von dem unter anderem seine zynisch-schnoddrige Weltsicht geprägt worden sein mag, gehörten auch skurrile Gestalten wie die Johannisbrot oder Manna anbietenden fliegenden Händler, wie Wurstmaxen und Lumpensammler mit Hundewagen.

Die expandierende Millionenstadt Berlin war daneben zu einem der wichtigsten Zentren des europäischen Judentums geworden mit (um 1905) über 130000 jüdischen Bürgern. Ein bedrohlicher, dem Anwachsen des gründerzeitlichen Nationalismus verbundener Antisemitismus lag in der Luft. Er äußerte sich zum Beispiel durch den Berliner Hofprediger Adolf Stoecker, der ihn – die Juden als Vertreter eines radikalen Liberalismus bekämpfend – erstmals politisch organisierte und institutionalisierte, oder er äußerte sich durch Adolf Bartels, der als Literaturwissenschaftler überall zersetzenden, verfälschenden Einfluß einer fremden Rasse witterte und mit Schaum vorm Mund gegen fortschreitende »Verjudung« der Kultur anschrieb.

Allem Anschein nach waren Doris und Hermann Davidsohn keine gläubigen Juden. Der in enger Orthodoxie erzogene Vater soll sogar besonders gerne mit atheistischen Reden zu provozieren versucht und demonstrativ Schweinefleisch bevorzugt haben. Jedoch schwammen beide auch nicht auf der zu dieser Zeit, trotz Gründung der Zionistischen Vereinigung für Deutschland 1897, vor allem in Berlin stark anwachsenden assimilatorischen Strömung mit. »Wer hat ihn begründet? Ein Wiener Feuilletonist!«, wird Hoddis irgendwann im Sommer oder Herbst 1913 während der mittwochabendlichen Jours fixes im Friedenauer Atelier seines Malerfreundes Ludwig Meidner über den Zionismus und dessen 1904 verstorbenen Begründer Theodor Herzl spötteln. Solche lockeren Sprüche waren aber wohl in erster Linie späte Trotzreaktionen auf die Tatsache, daß sich seine Eltern mit der Absicht getragen hatten, nach Palästina auszuwandern. (9) Sie standen also zionistischen Bestrebungen, in deren Sinne sich ihre Tochter Marie bald an der Universität engagiert betätigen sollte, zumindest nahe.

Es ist nicht anzunehmen – es gibt jedenfalls keinen Hinweis darauf –, daß Hans als Kind viel mehr verspürte als ein Erlebnis des Andersseins und unter seinem Judesein so litt wie etwa der sechs Jahre jüngere Ernst Toller in Samotschin, Bezirk Bromberg, der dann, die frühen weichselländischen Tage beschwörend, klagte: »Ich schlafe nicht. Ich möchte kein Jude sein. Ich möchte nicht, daß die Kinder hinter mir herlaufen und ›Jude‹ rufen.« (10) Nein, solche Qualen brauchte ein Heranwachsender in der Großstadt, im Schmelztiegel Berlin, nicht zu erdulden.

Familienleben

Von seinen eigenen Problemen ganz in Anspruch genommen, kümmerte sich der Vater kaum um die Kinder. Hans und die jüngeren Geschwister Marie, Anna, Ludwig und Ernst begegneten ihm zu Hause allenfalls am Mittagstisch. »Da mußten sie«, so Loewenson, »die nicht endenwollenden ideologischen Auseinandersetzungen zwischen der idealistischen Mutter und dem skeptisch materialistisch verklammerten Vater anhören. Zumal das älteste hat jedes Wort gierig in sich aufgenommen, lange hat er beide Seiten parteilos in sich verarbeitet.« (11)

Der 1842 in Konitz/Westpreußen geborene Hermann Davidsohn (12) stammte aus einer Familie kleiner Handwerker. Zunächst lernte er Schneider und versuchte sich als Kaufmann. Nach der mehrmals unterbrochenen Schulausbildung studierte Davidsohn dann jedoch Medizin in Berlin, war Assistent Rudolf Virchows und leitete eine Poliklinik, ehe er mit über 40 Jahren heiratete. Zwischen 1886 und 1890 beschäftigte sich der Allgemeinmediziner mit Hals-, Nasen-, Ohrenheilkunde und konnte von 1891 an als Facharzt praktizieren. Wissenschaftliche Untersuchungen über die Formen des harten Gaumens führten ihn dazu, die Asymmetrie des menschlichen Körpers und ihre Ursachen näher zu erforschen. Sein Versuch, Formbildung und Vererbung überhaupt nach dem Prinzip der Mechanik, der Bewegung des Schwerpunktes, zu erklären, schlug zwar letztlich fehl, zeugt aber doch vom spekulativen Denken dieses forschenden Arztes.

Hinter der Fassade aus Grobheit und Gefühlsverachtung verbarg sich ein frühzeitig gebrochener Mensch, gebrochen von den vergeblichen wissenschaftlichen Bemühungen und von Krankheit. Die später dem George-Kreis nahestehende Laura Henschel, ebenso wohlhabende wie geistig anregende Witwe eines Vetters der Mutter, bezeichnete ihn dem Arzt gegenüber, der Hans im November 1912 in die Heilanstalt Nikolassee aufnehmen sollte, als »Sonderling«, und der Patient selbst gab zu Protokoll, sein Vater sei hochgradig nervös gewesen, habe an Gicht, Zucker und Nierensteinen gelitten, 18 Jahre lang Kokain und während der beiden letzten, als Herzbeschwerden und Ohrensausen dazukamen, auch Morphium genommen.

Die Eltern von Hans Davidsohn führten, wie Loewenson bezeugt, keine glückliche Ehe. Sicher trugen dazu auch ihre unterschiedliche Herkunft und Mentalität bei. Seine Mutter stammte aus einer wohlhabenden und kultivierten jüdischen Gutsbesitzerfamilie. Ihr Vater, David Kempner, hatte zunächst das Gut Droschkau bewirtschaftet und war dann nach Breslau gezogen, wo sie 1858 geboren wurde. Er gehörte dem Stadtparlament an und ging ansonsten schriftstellerischen Neigungen nach, schrieb historische Novellen und Romane. Viel größeren Dichterruhm allerdings erntete seine Schwester Friederike Kempner, nachdem der Literat Paul Lindau die unfreiwillig komischen Effekte ihrer in sehr ernster Absicht verfaßten Gedichte entdeckt hatte. Die 1873 erschienene erste Ausgabe war zwar von der peinlich berührten Familie heimlich aufgekauft worden, aber der Siegeszug dieser Dichtungen ließ sich einfach nicht aufhalten.

Großtante Friederike hatte das Büchlein ihrer »verewigten Mutter, der Frau Rittergutsbesitzer Marie Kempner geb. Aschkenasy« gewidmet. »Das Bewußtsein meine Gedanken getheilt zu wissen, erhebt mich«, so schreibt sie auf der Welle ihres Erfolges im Vorwort der vierten Auflage, »zu der freudigen Erwartung, daß auch meine humanen Bestrebungen sich in den Herzen der Menschen immer mehr Bahn brechen und den Sieg über Inhumanität und Unverstand davon tragen werden«, wobei es sich um ihren belletristisch oder in Denkschriften verpackten, gewiß mutigen Einsatz gegen Vivisektion, gegen Einzelhaft und für Leichenschauhäuser handelte.

Zeitlebens von Angst vor dem Lebendigbegrabenwerden gepeinigt, ging die Gute, die 1890 noch eine historische Novelle »Roger Bacon« aus dem Nachlaß ihrer verstorbenen Schwester Louise zum Druck befördert hatte, schließlich 1904 selbst den Weg allen Fleisches, nicht ohne vorher angeordnet zu haben, man möge eine Alarmklingel aus dem Grab zur Erdoberfläche legen. Auch postum noch erschien Friederike Kempners dichterische Existenz ihrem schlesischen Landsmann Alfred Kempner derart fatal, daß er seinen Namen 1909 zu Kerr zusammenzog.

Die seltsame Poetesse hatte etwa Verse ertönen lassen auf Kaiser Wilhelm und »Auf das Zimmer meines Vaters, des Rittergutsbesitzers Joachim Kempner auf Droschkau«, Hans Davidsohns Urgroßvater also; sie dichtete gegen alles Gemeine und Böse an, beförderte lyrisch alles Gute und Schöne und würdigte darum auch »Das Ideelle« (13) gebührend folgendermaßen: »Wie die Rose unter Dornen / Steht das Ideelle jetzt, / Nur das Scheußlich-Materielle / Kommt zuerst, und kommt zuletzt // Wird gepredigt aller Orten, / Als Vernunft, Gebot der Zeit, / Und mit Beispiel und mit Worten / Macht es überall sich breit. // Aber, wie die Röslein blühen / Ungetrübt und ewig rein. / Trotz der Dünste, die da ziehen, – / Bleibet alle Schönheit sein. –«

Wenn sie auch sonst eine ähnlich liebe und herzliche Frau wie Tante Friederike gewesen sein muß, war Doris Davidsohn so arg idealistisch doch sicher nicht. Aber ihr Idealismus hatte schon in jenem Sinne eine konventionell bürgerliche Prägung, daß geistige Besitzkategorien an die Stelle des Dranges zum gedanklichen Suchen traten und ihr Kunst im Grunde etwas ornamental Schmükkendes bedeutete, nicht jedoch Ausdruck leidender Existenz.

Es scheint nun so, als ob Hans die Mutter – offenbar von stärkerem und durchsetzungsfähigerem Naturell als ihr Mann – anfangs liebte und den oft kränkelnden, drogenabhängigen, schwachen Vater allenfalls schätzte und achtete. Die Voraussetzungen, verhältnismäßig unbehelligt von äußeren Zwängen aufwachsen zu können, waren gut für ihn, besser als etwa für Georg Heym. Dennoch bereitete sich im Schoße familiärer Geborgenheit still und beiläufig Verhängnisvolles vor.

Das Nebeneinander der elterlichen Gegensätze sorgte bei dem Heranwachsenden für hochgradige geistige Gespanntheit. Aber es mußte Hans auch verwirren, wenn der »materialistische« Vater und die »idealistische« Mutter danach strebten, jeweils die Position des anderen über dessen Meinungen und Gebote zu erschüttern, ihn unbewußt als Vorbild für die Kinder zu entwerten. Und allem Anschein nach bekam er von der Mutter außerdem noch widersinnige, auf unterschiedlichen Ebenen – also verbal und durch Mimik, Gestik, Tonfall – gleichzeitig Liebe und Abneigung anzeigende Botschaften, die den ihnen hilflos Ausgelieferten ebenfalls immer mehr irritierten und in die ausweglose Lage des Opfers einer Beziehungsfalle brachten.

Für ein solches symbiotisches Verhältnis mit festzurrenden Double-bind-Fesseln (14) spricht zum Beispiel, daß Davidsohn später unter der verständnisvollen Freundlichkeit seiner Mutter regelrecht gelitten hat, weil er sich davon behindert fühlte. Noch der 23jährige bekannte Loewenson: »Ihr habt es leicht mit eurer Opposition gegen die Eltern; – das ist unentbehrliches Sprungbrett in eine totale Unabhängigkeit; aber wer wie ich eine Mutter hat, die für alles ein solches Verständnis aufbringt und so gütig ist, dem sind die Waffen aus der Hand genommen.« (15) Gerade zu jener Zeit aber, als er das sagte, sollte er zu solchen Waffen der Abwehr greifen und springen.

Die literarisch durchaus interesssierte Doris Davidsohn war – das ein weiteres Indiz – immer bemüht, auf den Sohn einzugehen, aber mit seinen poetischen Versuchen konnte sie nie wirklich etwas anfangen und wollte es wohl auch nicht. (16) Dem scheiternden Studenten lag die sonst so Verständnisvolle dauernd wegen seiner asozialen Lebensweise in den Ohren, und einerseits schließlich ließ die Mutter den Sohn 1912 gewaltsam in eine private Nervenheilanstalt bringen, andererseits jedoch kümmerte sie sich dann bis 1933 aufopfernd um ihn.

Gewiß lassen sich Ursprünge und Sinn von Hans Davidsohns geistiger Existenz nicht über solche Ursache-Wirkung-Beziehungen erschließen. Sie können aber wenigstens darauf hindeuten, was zu deren besonderer Ausprägung – etwa im Verhältnis zur Wirklichkeit – neben vielen anderen Triebkräften wie den im Osten Berlins gemachten frühen Erfahrungen, seinem Judentum oder seiner auffallenden Kleinwüchsigkeit noch beigetragen haben mag. Zu einem inneren Klima der Irritation auch, aus dem heraus es sich schwerer lebt, als wenn alles festen Normen folgt, einem Klima, in dem damals gängige Sozialisationsanforderungen abblitzen mußten und verborgene Spannungen der Zeit wirksam werden konnten.

Dadurch konnte Hans Davidsohn zu einer jener Gestalten werden, deren leidende Welterfahrung das zu entschlüsseln vermag, was unheilvoll in der Wirklichkeit verspannt und verfestigt ist – die Krankheit der Zeit. Von ihr war auch die wilhelminische Familie befallen, und sein später so unverständlich erscheinendes, aber doch schon während der Kinderjahre vorbereitetes Verhalten der Mutter gegenüber zeigte denn auch Hemmendes und Beklemmendes in dieser von Liebe und Haß zusammengehaltenen Gemeinschaft an, das wie schnell wuchernder Krebs wirkte. Wer sich darauf nicht einstellte, konnte unter Umständen schon in der Familie zum geistig Kranken gemacht und dann der Psychiatrie als mächtiger Interessenvertretung von Staat und Gesellschaft ausgeliefert werden.

Immer und jederzeit seien Schranken zu spüren gewesen, bemerkte auch der fünf Jahre jüngere Walter Benjamin, aber es habe noch eine Zeitlang gebraucht bis zu der Erkenntnis, daß niemand Schule und Elternhaus verbessern könne, der den Staat nicht zertrümmere. »Wir fühlten diese Schranken, wenn wir unsere Sprechsäle, in denen die Jüngern über die Brutalitäten sprachen, die sie zu Hause zu erdulden hatten, in Salons abhielten, die wir der Freundlichkeit von Eltern dankten, die doch im Grunde gar nicht anders als jene dachten, gegen die wir uns wenden wollten. Wir fühlten sie, wenn wir Älteren unsere literarischen Abende in Kneipenzimmern abhielten, die keinen Augenblick vor den bedienenden Kellnern sicher waren, wir fühlten sie, wenn wir unsere Freundinnen in möblierten Zimmern empfangen mußten, die wir nicht wagen durften, abzuschließen, wir fühlten sie in den Verhandlungen mit Saalbesitzern und Portiers, mit Verwandten und Vormündern.« (17)

Auch schon Sonderling

Im Zerrspiegel der nach den Vorstellungen eines Mediziners abgefragten und gefilterten Angaben, die die Mutter am 1. November 1912 in der Nervenheilanstalt Nikolassee machte, wird folgendes über Hoddis' Kindheit und Jugend sichtbar: »Zunächst war Pat. sehr elendes Kind, nachher entwickelte er sich sehr gut. Er lernte rechtzeitig gehen und sprechen, war immer ein frühreifes Kind. Er hatte zu 4 Jahren Typhus; zu 10 Jahren nervöse Zuckungen. Als kleines Kind keine Krampfanfälle. Vom 6.-12. Jahr etwa traten bei ihm Wutanfälle auf. Später konnte er sich besser beherrschen. Pat. war ziemlich widerstandsfähig. Pat. litt häufig noch an Anginen. Pat. besuchte die Schule, machte sein Abiturium. Pat. fügte sich immer schlecht in die Schulordnung, war faul, galt aber stets als der Begabteste in der Klasse. Als Knabe war er auch schon Sonderling, grübelte und las viel, hatte aber immer Schulfreunde. Pat. dichtete mit 10 Jahren, grübelte auch schon über die Religion damals. Zeitweise onanistische Neigungen. Pat. wollte sein Abitur nicht machen, wollte Architekt werden, provozierte einen Krach mit Lehrer und mußte deswegen die Schule verlassen.«

Als Doris Davidsohn im Sommer 1897 mit ihrem Ältesten, der nun aufs Gymnasium kam, in den Harz fahren wollte, setzte sich Virchow zu ihnen ins Eisenbahnabteil. Freundlich musterte er durch runde Brillengläser den Sohn seines Schülers und stellte trocken fest, dessen Schädelform spreche für große Begabung. Vielleicht vermochte den Jungen damals auch die Kleinwüchsigkeit des berühmten alten Herrn ein wenig zu ermutigen. Während der Volksschuljahre und danach noch auf dem Königlichen Friedrich-Wilhelm-Gymnasium in der Kochstraße hatte Hans nämlich unter seiner von den Eltern ererbten Statur – er wurde dem Göppinger Krankenblatt zufolge nur 1,53 Meter groß – und seinem etwas asiatisch wirkenden Gesichtsausdruck schwer zu leiden. Auch David Baumgardt erinnerte sich aus späterer Zeit an das »häufige, fast japanisch harte Lächeln« Hans Davidsohns. (18)

»Er hatte das Gefühl«, notierte der Nikolasseer Arzt dann nach des Patienten eigenen Angaben, »er müßte um sich schlagen, war ½ Jahr außer Schule. Vorher in der Schule sei er viel gehänselt worden, hatte den Spitznamen Chinese, Japanese, hatte öfter Schlägereien; galt als jähzornig. Pat. hatte öfter das Gefühl des Unbefriedigtseins, hatte nie rechte Freunde; er galt immer als faul, aber sehr begabt. Als er in Unterprima war, bedrückte ihn die Schule. Es herrschte hier eine streng protestantische Atmosphäre, die ihn sehr bedrückte. Er verließ die Schule infolge zweier Vorkommnisse (ein Lehrer sagte ihm in der Unterprima: ›Du bist ein dummes Schaf‹, ferner zankte er sich mit dem Schuldiener). Pat. hatte das Gefühl des Stumpfsinns, hatte kein Interesse für die Schulfächer. Gestört war seine Gesundheit noch durch eine mäßige Onanie. Pat. wollte nach dem Verlassen der Schule Architekt werden, Maurermeister, arbeitete bei einer Baufirma. Er kam davon ab, weil er sich mehr für geistige Fächer interessierte, machte deshalb das Abiturium nach, Okt. 1906. Pat. studierte zuerst Architektur, aber ohne viel Interesse, beschäftigte sich mehr mit Kantischer Philosophie. Die Mutter machte ihm den Vorschlag umzusatteln 1909. Er tat dies auch und fing an, Philologie und Philosophie zu studieren. Sein Wunsch war, Schriftsteller zu werden.«

Über die schulischen Konflikte weiß Loewenson zu berichten, daß Hans schon in der Untersekunda einem Deutschlehrer, der zu sagen pflegte »Sudermann, Hauptmann, Nietzsche und die anderen Schweine ...«, so lange nachhaltig zusetzte, bis der ihn hinauswarf und Davidsohn trotzig pfeifend das Klassenzimmer verließ. »Die Nerven meines Sohnes«, diktierte er drauf dem fügsamen Vater in einem Brief an den Direktor, »haben durch den Besuch Ihrer Anstalt so gelitten, daß ich als Arzt und Vater gezwungen bin, ihn hiermit abzumelden.« (19) Die Folge war wohl, daß er jenes halbe Jahr pausierte, von dem in der Krankengeschichte die Rede ist.

Obwohl auch Erwin Loewenson aufs Friedrich-Wilhelm-Gymnasium ging, lernte ihn Hans erst während dieser Zeit in einem literarisch-philosophischen Verein von Untersekundanern am Städtischen Friedrichsgymnasium, einer liberaleren Schule, kennen. Die Familie des um ein Jahr Jüngeren, der nach dem Krieg organisatorisch und publizistisch die zionistische Bewegung förderte, Anfang 1933 nach Palästina emigrierte und 1963 in Tel Aviv starb, war 1884 aus dem westpreußischen Thorn nach Berlin gekommen, wo der Vater nun als Zahnarzt praktizierte.

Für den Verein, so Loewenson später, stellte der Freund »eine erfreuliche Acquisition« dar, »aber nach einer hitzigen Redeschlacht über Goethe, gegen dessen soziale Indolenz der Gründer, der bibelfanatische Oskar Goldberg (späterer Autor der mythologischen ›Wirklichkeit der Hebräer‹, von Thomas Mann im Doktor Faustus als Dr. Chajim Leibacher pamphletiert) einen fulminanten Vortrag gehalten hatte, trat er flugs wieder aus«. (20)

Das Friedrich-Wilhelm-Gymnasium – es wurde im Zweiten Weltkrieg zerstört, Dokumente sind nicht mehr vorhanden – verließ er endgültig in der Unterprima nach den erwähnten Schwierigkeiten mit einem Lehrer und dem Schuldiener und bereitete sich dann an einer privaten »Presse« aufs Abitur vor, das er 1906 am Friedrichsgymnasium als »Wilder« bestand. Sein später bei der Immatrikulation vorgelegtes Reifezeugnis datiert vom 21. September.

Die widersprüchlichen Angaben im Krankenblatt, er habe immer Schulfreunde (die Mutter) und nie rechte Freunde (Davidsohn selbst) gehabt, lassen sich leicht erklären, denn zu jener Zeit – im November 1912 – war er schon seit längerem dabei, Bindungen an Weggefährten und Verwandte zu lösen, weswegen der unter starkem psychischen Druck Stehende auch die Erinnerung an frühere Freundschaften als ihm nun peinlich und hinderlich verdrängt haben mag. Daß er schon zwischen Schulabbruch und Abitur auf dem Bau arbeitete, wird sicher zutreffen, erwähnte er es doch selbst. Loewenson dagegen meinte, Hans habe erst nach dem Abitur ein halbes Jahr lang auf Berliner Baustellen praktiziert. Bestimmt nicht in München jedoch, wie sich der Freund zu erinnern glaubt (21), sondern an der Technischen Hochschule des damals noch selbständigen Charlottenburg studierte Davidsohn Architektur, und zwar im Wintersemester 1906/07, im Sommersemester 1907 und im Wintersemester 1907/08. (22)

Mit dem kreativen Handwerk hatte er anscheinend erst einmal

Distanz zu den sich verstärkenden inneren Spannungen gewinnen wollen. Dann jedoch holte ihn das Gefühl der Entfremdung ein. Er sattelte 1908, zum Sommersemester nach Jena überwechselnd, also nicht 1909, wie im Krankenblatt steht (23), auf Geisteswissenschaften um. Kurt Hiller glaubte ihn schon 1906 oder, wofür mehr spricht, 1907 bei der Freien Wissenschaftlichen Vereinigung (FWV) an der Berliner Friedrich-Wilhelms-Universität zunächst einmal flüchtig kennengelernt zu haben. (24) Die Möglichkeit zu geistiger Auseinandersetzung bei der nichtschlagenden Studentenverbindung und vor allem der Kontakt zu dem um zwei Jahre älteren Juristen Hiller – er hatte gerade in Heidelberg mit der Arbeit »Die kriminalistische Bedeutung des Selbstmordes« promoviert, welche 1908 unter dem Titel »Das Recht über sich selbst: Eine strafrechtliche Studie« gedruckt erschien – sollten Davidsohns weitere Entwicklung bald wesentlich beeinflussen.

Seelennebel

Schon der Zehnjährige habe gedichtet, war von der Mutter in Nikolassee zu Protokoll gegeben worden. Auch die späteren Pegasus-Ritte Hans Davidsohns machen aber noch deutlich, daß er kein artistischer Wunderknabe war, kein jugendliches Medium für raffinierte Gefühle wie Hugo von Hofmannsthal. Die Verse sind kaum überraschend und alles in allem seinem jugendlichen Alter entsprechend. Immerhin klingen aber auch schon spätere Töne und Dissonanzen an.

In der ersten überlieferten Sammlung (25) mit seit 1898 entstandenen Gedichten, die er als Juan Centella (=span. Funke) seiner Mutter zum 9. August 1902 widmete, wird die Flucht aus der Realität ins geistige Abenteuer zum Thema. Das schnelle Roß, damals eines seiner Lieblingssymbole und auch noch im späten »Indianisch Lied« oder auf Buntstiftzeichnungen von 1914 gegenwärtig, führte ihn etwa bei einem balladesken »Dichterritt« in traumhafte Phantasielande, wo sich dem Fünfzehnjährigen »In Hoffnung nur auf größre Lust« die Brust weitete. Überhaupt war es der Traum, der Freiheit verhieß, weshalb er einmal auch die Bitte »An den Schlaf« richtete, nicht länger zu säumen und seinen »erschöpften Sinn« mit wild dahinschwebenden Traumbildern zu erquicken, aus denen ihm »frisches Abenteuerleben« erwachsen könnte.

Und Davidsohn träumte sich aus wilhelminischer Enge und Erstarrung zu Homer in die Welt der »Odyssee«. Für »Seinen lieben Vater zum Geburtstage« am 8. Mai 1904 dichtete er den homerischen »Gesang der Sirenen« (26) nach, um sich dann am 6. Juli 1905 verehrungsvoll »An Homer« (27) persönlich zu wenden, dessen »hohe Lieder« ihn von Elend und Dumpfheit befreit und die Nebel seiner Seele zerstreut hätten. In dem Vierzeiler der »Nachrede« jedoch reduziert er seinen vorher als so beklagenswert beschriebenen Zustand auf die Ebene höchst banaler moralischer Skrupel, eine Ebene, mit der in Berührung zu kommen für einen Retter Homer doch wohl unangemessen wäre.

An Homer

Wie soll mein Lied dir wohlgefällig klingen
Da reiner Wohllaut deinem Mund entklang!
Wie kann ich jenes Sängers würdig singen
Der uns der Menschheit hohe Lieder sang!
Vergieb daß ich mit schlichtem Wort erzähle
Wie du zerstreut die Nebel meiner Seele.

Des Herzens Stolz war mir zerbrochen
Die Liebe floh aus meinem Sinn,
So flohen Wochen mir um Wochen
In Elend und in Dumpfheit hin
Des Tages Druck, die Nächte wüster Traum.

Nachrede
[½ Jahr später]

Dich hat dein wilder Schmerz gereizt,
Nur Geilheit hatte eingeheizt,
Nun willst du Wunder wie erschrecken
Daß man nicht kann in Reinheit drecken.

Da scheinen ihm späte Pubertätswirren die Feder geführt zu haben und vom rigiden Zeit-Ungeist gezüchtete Sündenängste, Furcht vor den angeblichen Folgen der verteufelten Onanie vielleicht außerdem. Etwas verändert beschließen nämlich diese vier Verse auch eine gereimte Betrachtung darüber, daß er die Seele mit schmutziger Fleischeslust betrogen habe, obwohl doch das Heil allein in Gott sei. (28)

Aber indem der noch wenig kunstfertige, sich selbst gegenüber jedoch kompromißlos ehrliche Poet das Gedicht »An Homer« und vor allem den darin angegebenen Fluchtweg mit zerknirschtem christlichen Sündenbekenntnis entwertete, vollzog er doch auch schon einen für ihn typischen Bruch: Immer wieder sollte Davidsohn nämlich zerstören, was ihm einige Zeit Halt gegeben oder Halt versprochen hatte. Später dann werden der griechische Epiker und dessen Held Odysseus eigenständig gesehen und zu Schlüsselfiguren seines Weltverständnisses, später wird gerade die Sirenen-Episode durch ihn eine ganz eigene Deutung erfahren, später wird er allerdings auch noch einmal bei der Religion Rettung suchen, deren Vorschriften nun vorübergehend schon dazu gedient hatten, einen Pol seiner inneren Spannungen zu bezeichnen.

»Epigramme und Satyren« (29) schließlich, die er 1905 und im Januar 1906 zu Papier brachte, sind sprachlich ebenfalls noch unbefriedigend. Immerhin vermochte Davidsohn in einigen der Epigramme aber auch schon mit satirischer Verve zumindest Unbehagen über die Zustände des Kaiserreiches auszudrücken, und er nahm sich etwa jene Gestalt vor, die auf den farbigen Fenstern vieler Berliner Treppenhäuser mit Hammer und Amboß als Schmied dieses Reiches dargestellt war:

Bismarck

Der größte Mann, den jemand findet,
Ein ungeheurer, wenn man denkt:
Er hat ein Königreich gegründet,
Und den Junkern und Pfaffen geschenkt.

Die beiden Satiren – verworren und verwirrend – geben zwar antimoralischen Zunder, sind jedoch darüber hinaus nur als doppelt gebrochene Zeugnisse großer Unsicherheit bei schwachem Selbstgefühl zu deuten. In der ersten geht es um jene, die Kräftereserven weder für »hohen Stil« noch für »hohe Weisheit« oder den »alten Bildungskrimskrams« aufbringen, sondern statt dessen gemütliche »Bequemlichkeit«, leicht verständliche »Verständigkeit« und all das bevorzugen, »was so fest und feist, wie ihre Hintern« ist. Damit mögen die apathisch-ruhebedürftigen Bürger gemeint sein. Einerseits sind demnach die von gemeiner Trägheit verschmähten Werte für Davidsohn noch verbindlich, andererseits empfindet er aber auch schon ihre Brüchigkeit. Deshalb bleibt ihm vorerst nichts anderes übrig, als sich im zweiten Teil mit der pubertär-zynischen Kraftmeierei aus der Affäre zu mogeln, daß letztlich nur Fressen, Saufen und Ficken etwas Reelles sei.

Ähnliches gilt – nun in bezug auf die Wirklichkeit – auch für das zweite Gedicht dieser Art. Wie »sie«, die von der Wirklichkeit abgestoßen werden, sind auch er und seinesgleichen nicht darin zu Hause. Aber für ihn zeigt sich noch kein anderer Ausweg, als durch ironischen Opportunismus zu provozieren:

Sie sind nicht für die Wirklichkeit,
Die schreckt zu sehr die Nerven,
Drum müssen wir verwildert weit [30]
Uns auf was andres werfen.

Wir schaffen uns wieder ein deutsch Gemüt,
Das ist so welt-verträglich
Das ist so bieder, so solid,
Nur ideal erreglich.

Dann fickt man nimmer ein feiles Schwein
Auf seiner Lasterbude,
Dann blendet uns nimmer der Sonnenschein
Zwischen Berlin und Buxtehude.

Verwirrt nach Jena

In der 1881 gegründeten Freien Wissenschaftlichen Vereinigung verzichtete man also darauf, sich das Gesicht mit Säbeln zu zerschneiden, und war – im Gegensatz zu anderen Verbindungen – auch nicht antisemitisch eingestellt. Hier, wo Kurt Hiller seit Ende 1905 in einem kleinen Kreis geistig lebendiger junger Leute den Ton angab, sollte Davidsohn durch vielfältige Anregung und durch Abstoßung beim Meinungsstreit langsam klarer werden, was in ihm gegoren und gebrodelt hatte.

Auffallend zunächst seine Umtriebigkeit: Der Architekturstudent ließ sich in diverse Kommissionen wählen, er veröffentlichte in den »Monatsberichten« und den von Dezember 1907 an dazu erscheinenden »Beigaben«, behandelte bei den wöchentlichen Vortragsabenden Themen wie »Haben wir einen modernen Baustil?« oder »Über die Bedeutung der Philosophie« und führte später in einer Arbeitsgemeinschaft zu den griechischen Lyrikern hin. (31) Gleichzeitig ließ der innere Zustand des studentischen Vereins bei ihm aber auch widerborstige Gedanken wachsen, die er unter dem Titel »Stachlige Opuntien« zu Papier brachte und – es war sein erster gedruckter Text – im »Monatsbericht« vom November 1907 veröffentlichte.

Nicht nur, daß Vorträge und Diskussionsabende für »Keilzwekke« mißbraucht würden – sie ermöglichten auch sonst keinen »fortlaufenden Ideenaustausch«, weil der Vorstand geistige Thematik zu einer »geistigen Brockensammlung« herabmindere, rügte Davidsohn in dem Artikel. »Durch seinen Eintritt in die F. W. V. gibt man zu, daß man einen wissenschaftlichen Verkehr für nützlich hält. Der Nutzen dieses Verkehrs kann unmöglich in der Sammlung von allerlei Kenntnissen bestehen, denn wenn es auf Kenntnisse ankäme, wäre ein Konversationslexikon weiser als Sokrates. Die Förderung durch die geistige Tätigkeit kann nur in der Förderung der geistigen Tätigkeit bestehen. Darauf kommt es an. Nicht darauf, daß man seine Phrasen spazieren führt und sie eine Weltanschauung benamst. Jede Ansicht ist beschränkt, nur wer immer strebend sich bemüht, kann sich aus Beschränkung und Beschränktheit erlösen.« (32)

Daß es ihm ungeistig anmutete, wie unverbindlich bei der Freien Wissenschaftlichen Vereinigung mit Bildungsbrocken hantiert wurde, wirkte schon wie ein erstes Anzeichen für die Notwendigkeit einer Sezession. Auch die griechische Lyrik verkäme nach seinem Empfinden in solch einem Bildungs-Sammelsurium, wenn man sich ihr philologisch nähere oder gar Grammatik daran treibe. »Sappho, Anakreon, Pindar sollen durchaus mit der ihnen gebührenden Achtung behandelt werden. Wie Dichter«, versprach er, seinen Kurs ankündigend, im »Monatsbericht« vom Dezember 1908 und redete in diesem Zusammenhang der Befreiung von allem zweckhaft Einengenden das Wort: »Die griechische Lyrik hat im Gegensatz zu den Sicherheitsvorrichtungen der Hochbahn, den Syndikaten und Kartellen, den Rechten und Pflichten des Staatsbürgers, den Grundprinzipien des modernen Parteilebens die Eigenschaft – für das moderne praktische Leben völlig belanglos zu sein. Nicht einmal zur allgemeinen Bildung gehört es, sich mit griechischer Lyrik zu befassen. Man ›muß‹ sie keineswegs gelesen haben. Man imponiert keinem Menschen damit, wenn man sie gelesen hat.« (33)

Unterdessen hatte Hiller, von dem Davidsohn gerade im Frühjahr 1908 nachhaltig beeinflußt worden war, seine »Abenteuerserie nach München« (34) angetreten, wie Loewenson das später nannte. Ende September mußte er in die bayerische Hauptstadt reisen, um seiner Wehrpflicht zu genügen. Aber der Einjährig-Freiwillige ertrug es nicht, fuhr am 11. Oktober nach Zürich, um dort zu bleiben, und meldete sich bei der FWV ab.

In einem Brief vom 23. Oktober an Loewenson bedauerte Hiller die Desertion, weil er ihnen, Loewenson und Davidsohn, nun nicht aus dem »Sumpf« existentieller Schwierigkeiten helfen könne, in den sie letztlich durch seine Schuld gekommen seien. Bei dem »Sumpf«, antwortete er auf eine Rückfrage Loewensons, handele es sich um seinen »Sensationismus«, der es einem unmöglich mache, ein guter, unkomplizierter Bürger zu werden. Beide Freunde hätten nun diese von Oscar Wilde und Max Brod beeinflußte Philosophie der Scheu vor Festlegungen und des Offenbleibens für alle Erlebnisse, für alles Empfinden leider als Endziel und nicht als Übergangsstadium zu einer allgemeingültigen ethischen Weltanschauung verstanden. (35)

Diesem Briefwechsel jedenfalls ist zu entnehmen, daß Davidsohns seelischer Zustand um 1908 alles andere als stabil gewesen sein muß. Der Wechsel nach Jena war dann vielleicht ein Versuch, seiner Wirrnis zu entfliehen. »Name: Hans Davidsohn / Staatsangehörigkeit: Preußen / Heimatort: Friedenau, Berlin / Studium: phil. (klass.) / Alter: 20 / Vater: Sanitätsrat Dr. Hermann Davidsohn, Friedenau b. Berlin, Wiesbadenerstr. 3 / Wohnung: Leutrastraße 3«, trug er am 6. Mai 1908 ins Inskriptionsbuch der thüringischen Universität ein und wurde, neben dem Reifezeugnis das Abgangszeugnis der TH Charlottenburg vom 26. April vorlegend, am 12. Mai immatrikuliert. Das Haus, in dem Davidsohn ein Zimmer gefunden hatte, gehörte dem Schuhmachermeister Hermann Beck. Seit Anfang der siebziger Jahre gibt es die Leutrastraße nicht mehr. An ihrer Stelle befindet sich der »Platz der Kosmonauten« vor dem neuen, runden Universitäts-Hochhaus, das wie ein riesiges Silo aussieht. (36)

Aber es hielt ihn nicht lange in der thüringischen Provinz. Nur das kurze Sommersemester über blieb Davidsohn in Jena und ließ sich am 28. August ein Abgangszeugnis ausstellen. Nach Berlin zurückgekehrt, wo allein es ihm letztlich möglich erschien, seine Erfahrungen zu machen und seinen Ehrgeiz zu befriedigen, zog er vorerst wieder zu den Eltern. Sie wohnten, wie aus dem Jenenser Inskriptionsbuch hervorgeht, inzwischen im ländlich-städtisch gemischten Friedenau. Um den alten Kern mit schönen Vorgärten und von Kastanien beschatteten Wegen herum waren dort jüngst erst neue Straßenzüge angelegt worden, deren Mietshäuser beflissen die elegante Protzarchitektur in den feinen westlichen Vierteln zu imitieren versuchten. Am 9. November schrieb sich Davidsohn dann an der Friedrich-Wilhelms-Universität Unter den Linden für Altphilologie ein. Bis zum 24. Januar 1911, als man ihn wegen »Unfleißes« löschte, sollte er den studentischen Status behalten. (37)

Mag das nun sensationistisch bedingt gewesen sein oder auch durch Friedrich Nietzsches Appell zu naturhafter Identität (»Werde, der du bist«), zu unverstellter Lebendigkeit, zum Leben selbst und dessen rauschhafter Steigerungsmöglichkeit – der Effekt jedenfalls war der gleiche, denn aus allem, was Davidsohn um 1908 dichtete und dachte, sprach schon der Vorsatz, offen zu bleiben, sich Empfindung und Instinkt nicht von historischem Bildungsmenschentum schwächen zu lassen. Neben Nietzsche, den er wohl vor allem durch Loewensons Vermittlung kennenlernte, hatte schließlich auch noch die Lebensphilosophie Georg Simmels dazu beigetragen, daß die Nadel seines inneren Kompasses bald nicht mehr willkürlich herumzitterte, sondern eine klare Richtung für seine poetischen Exkursionen anzeigte.

Die Vorlesungen des Philosophen und Soziologen, bei dem Davidsohn nach eigenen Angaben im Nikolasseer Krankenblatt drei bis vier Semester lang hörte und zu dem die Mitglieder des Neuen Clubs später auch gemeinsam gingen, müssen ungemein anregend gewesen sein. Am 31. Januar 1910 zum Beispiel schrieb Loewenson an Erich Unger: »Hast Du das Märchen von Vankop ja Hoddis gelesen? Ich treff ihn nemlich wahrscheinlich heut bei Simmel, wo ich wieder mal hinmuß wegen geistige[r] Unterernährung und neulich hat er mir's mitgegeben und heut muß ich ihm doch eine Meinung meiner selbst sagen.« (38) Bei dem Märchen handelte es sich um den verlorengegangenen Text »Die Abenteuer von Artus und Veronika«, und der Extraordinarius Simmel, der als Jude an einer preußischen Universität keinen Lehrstuhl bekommen konnte, las während des Wintersemesters 1909/10 zwischen 18 und 19 Uhr im größten verfügbaren Hörsaal über Kants Ethik.

Auch Alltägliches wie Mode, Koketterie, Geld oder Essen in

Betracht ziehend, lud Georg Simmel, der Relativist, dem alle Kulturformen nichts Festes, sondern sich im Lebensstrome jeweils wieder aufhebende rationale Gebilde des Geistes waren, zu kurzweiligen philosophischen Wanderungen ein. Dabei konnte zwar das erstrebte Ziel, die Klärung aller Fragen, nie erreicht, wohl aber unterwegs viel Wesentliches erfahren werden. Simmel, schreibt Hiller, »grübelte wertfrei, darum nicht etwa wertlos; im Gegenteil, seine Analytik der Erscheinungen und der Begriffe war die mit Abstand subtilste, die es damals gab; unvergleichlich viel gewissenhafter als die der ›dialektischen Materialisten‹ und lebensnäher, kulturhaltiger als die der Neukantianer«. (39)

Der »Impressionist der Philosophie«, wie ihn Ernst Bloch nannte, suchte komplizierte Denkschritte durch absonderliche Mimik und Körperverrenkung zu verdeutlichen. Denken wurde sichtbar bei diesem schmächtigen, nervös bewegten Mann. Während er – ohne Manuskript – sprach, zog Simmel etwa mit einem spitzen Bleistift immer kleiner werdende und höher steigende Kreise in die Luft, bis er schließlich, gespannt auf den Zehenspitzen stehend, einen imaginären Punkt hoch oben anzielte. »Nächstens«, soll Davidsohn nach der Einleitungsstunde belustigt verkündet haben, »tret' ich aus der Bank und steh' mitten im Saal kopf.« (40)

Der Traum seiner selbst

Die Sehnsucht nach stärkerer Lebensintensität führte Hoddis in den Jahren 1907 und 1908 zu ersten Gedichten und Texten, die, mochten sie sich auch binnen kurzem als Zeugnisse des Nichtlebenkönnens erweisen, gegenüber den jugendlichen Schreibversuchen an gedanklicher und bildhafter Klarheit beträchtlich gewonnen hatten. Von Klang und Gestus her noch spätromantisch-symbolistisch, Stefan George verpflichtet, versuchte er nun, jenseits der als abgeschmackt empfundenen Realität neue, aufregende Phantasie-Wirklichkeiten heraufzubeschwören.

In dem kleinen Essay »Von Mir und vom Ich« (41), der Anfang 1908 im dritten Heft der »Beigaben« zu den FWV-»Monatsberichten« erschien, formulierte Davidsohn Absichten, die dann sein gesamtes weiteres Denken und Dichten bestimmen sollten. Die Richtung war vorgegeben, wenn er auch schon bald nicht mehr wie zu dieser Zeit daran glauben konnte, daß die Lockungen romantischer Phantasie noch Erfüllung verheißen, folge man ihnen nur konsequent.

Cogito ergo sum: Das Denken ist kein Beweis für das Ich, sondern das Ich ein Postulat des Denkens.

Ein Bild und eine Erfahrung: Am fernen Ufer singen die Sirenen. Wohl weiß Odysseus, Lüge ist es, was die Dichter von ihren blutgierigen Vogelkrallen berichten. Hold und lieblich wäre es, bei ihnen zu wohnen. Er sehnt sich hinüber. Aber Glied um Glied ist er am Maste seines Schiffes angekettet. Nicht von Freunden, die uns ja oft vom Schönsten entfernt halten – um unseres Besten willen –! Vergessene Wünsche, längst schal gewollter Wille, törichte Knabensehnsucht – daraus ist seine Kette geschmiedet, die unsichtbare, unzerreißbare, die bei jedem Aufbäumen tiefer in sein Fleisch einschneidet. Der Fessel des nordischen Feuergottes vergleichbar.

Und am Steuer sitzt der Traum seiner selbst, der lang schon tote.

Sich von allem Hemmenden zu befreien, dem Traum seiner selbst zu vertrauen und ihm zu folgen – das erschien Davidsohn als Möglichkeit der Zuflucht und des Heils, wie er sie zum Beispiel schon in dem 1908 entstandenen Gedicht »Traumkönig« wahrnahm. Eine kürzere Fassung mit der ersten Strophe in Ich-Form hatte den Titel »Theseus« (42), der dann aber vom Dichter zu »Traumkönig« abgeändert wurde. Auf dem Manuskript einer zweiten Fassung hieß das Gedicht »Der König«, woraus Loewenson angleichend »Traumkönig« machte.

In diesem schon noch ein wenig amorph wirkenden, jugendstiligen Meerblüten-Geschlinge hat sich Davidsohn – Traumkönig ist allemal der Dichter selbst – dem Halbgott Theseus anempfunden, dessen Mutter Aithra einst von Poseidon bei brausendem Gewittersturm umarmt worden war. (43) Nun schwebt er sanft zum väterlichen Palast am Grunde des Meeres herab und wird dort, obwohl nicht ihr eigener Sohn, von Poseidons Gemahlin Amphitrite freundlich begrüßt. Mag sein, daß die Nereidentochter den schönen ruhmsüchtigen Jüngling auch als ersehnten Sendboten der ihr fremden dunklen Erde empfindet. Sie schenkt ihm dann jenen goldenen Kranz, dessen strahlendes Licht den jungen Athenern bald die Finsternis des Labyrinths auf Kreta erhellen sollte, in dem der Minotauros hauste.

Für den georgisch wirkenden ersten Teil seiner Phantasiereise borgte sich Davidsohn also noch etwas antike Identität aus, und im zweiten begegnete dann einem pubertär-sehnsüchtigen »Knaben« Amphitritens reizvolle Tochter Benthesikyme. Noch war ihm das Reich der antiken Mythologie ein verheißungsvolles Gefilde, in dem er Frucht und Sättigung zu finden hoffte, Erleuchtung auch für das dunkle Labyrinth des Lebens.

Traumkönig

I
Zum Wellenhaus der grünen Amphitrite
Und tote Tiefen der Korallenwälder
Kam er hinab – der fremden Sehnsucht Melder
Und weil sein Volk ihn König hieß und kniete.

Spät tauchte er empor im goldnen Kranze,
Den Tang der See auf Schultern, Brust und Lenden,
Der Schlachten Heil, die starke Drachenlanze
Und Perlenschnüre in den groben Händen.

II
Und gelben Rosen gleichen Deine Glieder,
Benthesikyme.
Meerblüten duftend wallt Dein Haar hernieder
Wie Wogenspiele.

Kaum was Du sprachst und Deine Küsse weckten
Korallenrote Gaben –
Deine Augen heilen den erschreckten
Zornigen Knaben.

Zu dieser Zeit, im Sommer 1908, sah Davidsohn die nächtlichen Phantasiewelten jedoch auch schon als etwas gemeinsam mit Kindheit und Frühling Vergangenes an:

Der Frühling kam. Der Liebe Blütenfahne
Umschlang bei Nacht der Berge graues Haupt.
Du zogst durch Nacht im weißen Mondeskahne
Vom Sternenwahn betrunken und bestaubt.

Der Sommer heut mit siegenden Standarten
Umflammt dir Haus und Garten, prachtumlaubt.
Jetzt lallt dein Mund: ›Wo sind die Kinderfahrten,
Die sternenkühlen? Wo vom Gott geraubt?‹

Noch immer aber trauerte er den trunkenen Fahrten im »weißen Mondeskahne« nach, noch immer sehnte er sich nach ihnen beim Traum seiner selbst. In »Von Mir und vom Ich« begründete Davidsohn die Notwendigkeit, diesem Traum zu folgen – gleich, wohin der ihn führen mochte. Auch dabei konnte er von Erfahrungen ausgehen, die schon Nietzsche konsequent formuliert hatte, nämlich daß es objektive Wirklichkeit nicht gebe und daß das einheitliche Ich ebenso Fiktion sei wie die sogenannten ewigen Werte. Der Essay wirkt bis in Begrifflichkeit und Stil hinein nietzscheanisch. In der Zarathustra-Rede »Von den Verächtern des Leibes« heißt es etwa: »Dein Selbst lacht über dein Ich und seine stolzen Sprünge«, wobei dieses »Selbst« als etwas über das »Ich«, über die persönlichen Gedanken und Gefühle Hinausweisendes zu verstehen ist. Ganz ähnlich zerlegt Davidsohn das Ich in ein dem menschlichen Verstand unzugängliches »Ur-Ich« und in die »Ich-Idee«:

Du sagst: ›Lieber der Sklave eines Menschen, denn der Halbaffe einer Idee!‹ Schön, wie steht es mit dem Halbaffentum der Ich-Idee?

Ein anderes bin ich, der ich bin (Ur-Ich).

Ein anderes das Ich, das ich denke (Ich-Idee).

Oder: Das Ur-Ich = Postulat des Denkens.

Die Ich-Idee = Objekt des Denkens.

Die erste Gleichung: das entschleierte Bild von Sais.
Die zweite Gleichung: der schimmernde Schleier des Grausigsten.

Die Vorstellung des bürgerlichen Liberalismus vom unverwechselbaren Individuum erscheint nun als überlebt und wirkt nur noch wenig verlockend. Auf dem unendlichen Weg nach innen, zum Selbst, wird spontane Begegnung mit ursprünglichem Sein erstrebt, Entgrenzung im Unbewußten. Und da die Göttin von Sais: Wem es gelingt, ihren Schleier zu heben, der sieht, nach Novalis, das Wunder des Wunders – sich selbst. Solange seine geistigen Abenteuer ihren Niederschlag noch im Wort finden, ist Davidsohn gezwungen, eine vom schimmernden Schleier der Ich-Idee ausgehende Ich-Poetik nach wie vor gelten zu lassen, weil er ihrer einfach bedarf. Welches Ich ihm jedoch näher steht, zu welchem es ihn drängt, daran läßt er keinen Zweifel:

Der ästhetische Ichthyosaurus sucht ein festes – also begreifliches Verhältnis zu seiner Ich-Idee. Erzieht sich Eigenschaften an. Die kann er sich merken. Da weiß er, was er an sich hat. Er wird zum Charakter, zu Persönlichkeit, zum Original.

Wir aber sind uns in jedem Augenblick ein Anderes, stets Unbegreifliches.

Wir fühlen Uns, ohne Uns zu definieren.

Er wird zum Halbaffen seiner Ichdefinition.

Wir werden uns zum Dämon.

Es gibt kein höheres Dasein als das Unbegreifliche, und Homer ist sein Prophet.

In einer gereimten Groteske à la Morgenstern schließlich schlagen sich beide gegenseitig tot. Das ist dann wieder einer von den Davidsohnschen Brüchen, die alles vorher Gesagte verulken und zu entwerten versuchen. Wie schon bei den frühen Satiren schafft er damit die Basis für einen spielerisch-ironisch simulierten Sprung ins Nichts.

Die Art seines Umgangs mit der Ich-Idee kann ihm keine sichere Identität bescheren. Im Gegenteil! Loewenson trifft des Freundes »zentrale Einheitlichkeit« genau, wenn er schreibt: »Der diffuse Zickzackkurs, das Proteushafte von Hoddis' Dichten und innerem

Leben offenbart eine unaufhörliche Neuposition seiner Ichidee, den unablässigen Versuch eines Bewußtseins-Ich, seinem Ur-Ich ein Ventil zu sein, das seine Spontaneität urwüchsiger auslösen könne. Jede seiner Ichideen hat er wieder zersplittert, sie aufzusprengen für eine andere, die virulenteren Ur-Ich-Impulsen affin wäre.« (44)

Wie so oft wanderten Loewenson und Davidsohn eines Nachts – es war Ende 1908 – durch Berlin. Sie kamen gerade irgendwo in die Nähe von Schöneberg, als sich Davidsohn müde und blaß an ein Hausgitter lehnte und vorgab, zwischen dem Willen zu sterben oder weiterzugehen nicht mehr aus noch ein zu wissen. Den Fortgang des Dialogs (45) zeichnete der Freund dann folgendermaßen auf:

H. D.: Ich bleibe hier stehen. – Wenn ich jetzt wüßte, welches das oberste Prinzip des menschlichen Sollens ist, so würde ich wissen, was ich jetzt tun soll; ob ich weitergehn oder hier sterben soll. (leise, leidend; sich selbst anklagend.) Warum soll ich denn weitergehn??

Ich: (stehe daneben): Wozu brauchst Du das menschliche Prinzip des obersten ...

H. D.: (leise): Man muß doch wissen, was man tun soll.

Ich: Was geht Dich Schwein an, was ›man tun soll‹? Du Faultier, kannst Du Dich nicht für Dich alleine, von Fall zu Fall entschließen? Was brauchst Du eine allgemein-gültige ›Ethik‹, nach der Du Dich ›richten‹ kannst?!

H. D.: Es handelt sich doch nicht darum, was alle tun sollen, – das könntest Du doch schon wissen –, sondern darum, ein autonomes Soll zu finden. Aufzuzeigen, was das allgemeine Prinzip ist, das bei mir erfahrungsgemäß allen Handlungen zugrunde liegt.

So war denn Davidsohn bei allen seinen Exkursionen auf der Suche nach diesem Sicherheit verheißenden »autonomen Soll«, das aber für ihn nur über die dunklen Kräfte des Ur-Ich hätte errungen werden können. Deshalb durchstieß er wieder und wieder zwanghaft die schützenden Hüllen seiner Identität und der Realität. Zwanghaft zerstörte er eine Ich-Idee nach der anderen und fügte sie jeweils neu. Immer, wenn das geschah – nur dann! –, drängte es ihn zu schreiben, und was aus alledem erwuchs, waren eine Poesie und ein Leben des dauernden Infragestellens, der Negation, als Zeugnis für das Unbegreifliche.

Neopathos gegen Stickluft

Wenn die wetterfühligen, wachen jungen Leute von damals Jahrzehnte später die Atmosphäre der Vorkriegsjahre zu charakterisieren versuchten, kam ihnen immer wieder das gleiche Bild in den Sinn: »Beklemmend schwüle Vor-dem-Gewitter-Stimmung« habe ihm auf der Seele gelegen, schreibt zum Beispiel Friedrich Schulze-Maizier in Erinnerungen an Georg Heym. »Die Luft der Epoche war unatembar geworden –, es roch nach Untergang.« (46) Was der sonst ein bißchen weinerlich-sentimentale und von Heyms Vitalität im Grunde abgestoßene Germanistikstudent aus Erfurt wahrnahm, den Davidsohn in einem mit hehren Bildungswörtern gespickten Gedicht von weiblichen Beinen und halbseidenen Strümpfen träumen ließ (47), das spürte auch Emmy Hennings.

Die Kabarettistin und Dichterin, von deren erotischer Anziehungskraft und geistiger Empfindsamkeit der zwei Jahre jüngere Davidsohn bis zuletzt, bis 1914, nicht loskommen sollte, erinnerte sich: »Eine sonderbar lähmende Schwüle, eine Luft wie vor dem Ausbruch eines Gewitters macht sich bemerkbar. Blutjunge Dichter, wie etwa Georg Heym oder Jakob van Hoddis, dichteten ihre unheimlich-schönen Todessymphonien, fanden erregend neue Worte für ein Weltende, das sie ahnten, als wären schon die Schatten des Unterganges auf ihre noch blühende Jugend gefallen.« (48)

Einige wenige fühlten sich von Ängsten gequält und von Konventionen erdrückt. Diese Bürgersöhne und Bürgertöchter fröstelten in einer für sie alles andere als heilen Welt. Die Harmonie des kaiserlichen Deutschland dünkte ihnen scheinhaft, ein Leben in bürgerlicher Existenz inhalts- und ausweglos zu sein. Sie spürten die gesellschaftliche Hybris einer Zeit, deren böse Illiberalität und latent wirksame Gewalttätigkeit alles Spätere, etwa daß nach 1933 die Mordhemmungen gegenüber Minderheiten und Gegnern so schnell fallen konnten, in nuce schon in sich barg. Die jungen Literaten, aber auch Maler wie Ludwig Meidner, sollten bald ihre Ahnungen in Bildern der Zerstörung und Visionen kommenden

Unheils ausdrücken, das zunächst einmal der große Krieg sein würde. Und mit dem ahnungsvollen Leiden an der Wirklichkeit ging der Wunsch einher, die eigenen Wahrnehmungskanäle zu reinigen und neue Möglichkeiten des Erlebens zu erproben.

So suchte man aus der großstädtischen Vereinzelung heraus den Kontakt zu ähnlich Empfindenden, wollte sich nach ihren Meinungen richten, an ihren Meinungen reiben, und schließlich ließ das allgemeine Bedürfnis auf Umwegen auch ein geeignetes Forum dafür entstehen. Bei der Freien Wissenschaftlichen Vereinigung konnte es zu lebendiger geistiger Auseinandersetzung kaum kommen, wie schon die »Stachligen Opuntien« andeuteten, die Davidsohn seinen Kommilitonen ins Mitteilungsblättchen gesetzt hatte. Und auch sonst unterschied sich der akademische Verein wohl doch nicht so grundlegend von den Couleur-Verbindungen. Kurt Hiller jedenfalls beklagte später den »gigantischen Stumpfsinn der obligaten Gespräche an der Kommerstafel« und die »Bier-Ethik dieser akademischen Spießer«, wogegen schließlich die »behirnte Minderheit der Mitglieder« kaum mehr angekommen sei. (49)

Hiller sollte es nun auch sein, der zumindest den Anlaß für die Sezession lieferte. Kurz vor Weihnachten 1908 war er aus Zürich, wohin ihn der Horror vor dem einjährigen Militärdienst getrieben hatte, mit Eugen Bleulers Diagnose eines »Entartungs-Irreseins« im Gepäck freiwillig nach München zurückgekehrt. Dort internierte man ihn in der psychiatrischen Abteilung des Garnison-Lazaretts, bis er Anfang Februar 1909 als dienstuntauglich entlassen und wegen verminderter Zurechnungsfähigkeit freigesprochen wurde. Während Loewenson schon vorher dafür plädiert hatte, einen intellektuellen Literatenzirkel von der Freien Wissenschaftlichen Vereinigung abzusplittern, scheute Hiller zunächst den Bruch und wollte das weitere Vorgehen davon abhängig gemacht wissen, ob man seinen inzwischen gestellten Antrag auf Wiederaufnahme annehmen oder zurückweisen werde. (50) Immerhin war der Gruppenaustritt vorbereitet worden, denn nach der Ablehnung Hillers verzichteten sieben seiner Anhänger auf die weitere Mitgliedschaft. Unter denen, die der Mehrheit von nun an Belästigungen durch intellektuelle Ansprüche ersparen und sich selbst nicht mehr durch deren feuchtfröhliche Geselligkeit belästigen lassen wollten, waren Loewenson und Davidsohn, der Jurastudent John Wolfsohn und der Philosophiestudent Erich Unger.

Zunächst machte ein von Loewenson verfaßter Aufruf die Absichten des Neuen Clubs bekannt. »Einige«, konnte man am Schwarzen Brett in der Halle der Universität lesen, »halten es nicht für kindlich, nach der Überwindung des ersten, unklaren Übermutes noch Temperament zu zeigen und die Grenzen der reinen Rezeptivität und der reinen Skepsis zu überschreiten. Sondern sie vermeinen, es gebe in den Dingen des Erkennens noch neue Probleme, im Genießen und Gestalten neue Takte. Unter ihnen gibt es Einzelne, die sich nicht scheuen, in Gedankenverkehr mit zirka Gleichwertigen zu treten. Das Statut des Clubs schließt die unnützen Gepflogenheiten der Vereine aus. Wir werden uns anfänglich auf den Vortrag, auf Vorlesungen und Erörterungen beschränken; zu den Veranstaltungen des Neuen Clubs laden wir alle ein, die an dergleichen Gefallen finden.« (51) Organisatorisches und programmatisches Geschäft mag Loewenson damals derart in Anspruch genommen haben, daß er zu nichts weiter kam, denn auf einer Postkarte vom 15. Mai legte ihm Davidsohn nachdrücklich nahe, »uns am nächsten Mittwoch ein drei-Minuten-Thema abzuhandeln«. (52) Zusätzlich zu diesen wöchentlichen Meetings in der Tradition der Freien Wissenschaftlichen Vereinigung fand am Sonnabend, 3. Juli, ein erster öffentlicher Abend statt, bei dem eine Düsseldorfer Schauspielerin neben Gedichten von Stefan George auch solche von Hans Davidsohn vortrug.

Mit einem zweiten Aufruf am Schwarzen Brett wurden »die Produktiven, Intellektuellen und Asozialen« dann für den 8. November in Neumanns Festsäle am Hackeschen Markt eingeladen, wo Loewenson über »Die Décadence der Zeit und der ›Aufruf‹ des ›Neuen Clubs‹! Ein Aufstand« sprach und der inzwischen als Club-Präsident fungierende Kurt Hiller über das »Wesen der Kultur«. (53) Unter den vielen Studenten im Saale waren die künftigen Mitglieder Wilhelm Simon Ghuttmann, Heinrich Eduard Jacob und Friedrich Schulze-Maizier, der bald auch seinen ebenfalls aus Erfurt stammenden Studienfreund David Baumgardt einführen sollte. Im Frühjahr 1910 kamen Georg Heym und Ernst Blass dazu, die zusammen mit Davidsohn das Terzett der bedeutenden Dichter im Club bildeten. Zum engeren Kreis gehörten außerdem noch Armin Wassermann, der Bruder des Romanciers Jakob Wassermann, zeitweise der Maler und Silhouettenschneider Ernst Moritz Engert, der Germanistikstudent Rudolf Majut und – zumindest 1911 bis zum Spätherbst – der dichtende Mathematikstudent Robert Jentzsch, ein guter Freund von Heym wie des Jurastudenten Friedrich Koffka, einem alten Mitglied der Freien Wissenschaftlichen Vereinigung, der dem sezessionistischen Club dann locker verbunden bleiben sollte.

Diese jungen Intellektuellen, Schriftsteller und Künstler verbanden, bei aller Unterschiedlichkeit sonst, der Ekel vor den bestehenden Zuständen und die Sehnsucht nach einem neuen Lebens- und Kunstideal. Auseinandersetzung um Weg und Ziel halfen dem einzelnen, Klarheit zu gewinnen – dank Club und Café des Westens wurde es »in mir und um mich etwas heller« (54), bekannte etwa Blass –, aber man trug sie doch mit »latenter Bösartigkeit« (55), wie Schulze-Maizier meinte, und scharfer Konkurrenzhaltung dem anderen gegenüber aus, so daß letztlich jeder in Gemeinschaft alleine blieb. Unter diesen Umständen ist es kein Wunder, wenn später auch das Verhältnis zwischen den Mitarbeitern der Zeitschriften »Aktion« und »Sturm« gespannt war. (56) »Wer gut hinsieht«, so Jacob 1922 rückblickend, »erkennt, daß der Neue Club nach innen wenig Gemeinsamkeit hat (im Gegenteil: die spirituelle Hochtemperatur der Gespräche entspringt der Reibung zwischen den feindlichen Freunden) – wohl aber nach außen. Die Ablehnung des Gemeinen in Philosophie und Kunst ist stark, rein und glühend, inbrünstig der Wille zu einem neuen Pathos.« (57)

Nietzsche lag in der Luft. Man berief sich auf ihn, wenn »Das neue Pathos«, wie sogar Stefan Zweig im fernen Wien ein Kapitel seines 1910 erschienenen Verhaeren-Buches betitelt hatte, herbeigesehnt wurde, und Loewenson kreierte nun den Begriff »Neopathos«, um das Streben nach erhöhter Vitalität im Neuen Club zu bezeichnen. Denn darum ging es vor allem. Auf jeden Fall wirkten Nietzsches Antriebe zu gesteigertem Selbsterlebnis im Rausche stärker als seine von den Mitgliedern des Clubs zumeist nur instinktiv aufgenommene Zeit- und Zivilisationskritik. (58)

Die Reden der beiden Chefideologen beim ersten öffentlichen Abend offenbarten schon Differenzen über Weg und Ziel, die auf Risse im Neuen Club hindeuteten. Loewenson, der dem »soziologischen Schlacht-Ochsen« (59) Hiller seit längerem seinen eigenen Ästhetizismus entgegengesetzt hatte, führte zwei Möglichkeiten vor, sich der Wirklichkeit zu stellen: »Die intellective Stellungnahme verhält sich zur voluntarischen, wie die objektive zur subjektiven, wie die Vorstellung, die Beschaulichkeit, die Erkenntnis – zum Willen, zur Lebendigkeit, zum Tun; wie die Ruhe zur Bewegung, wie die Parteilosigkeit zum Partei-Ergreifen; wie die Mathematik zur Freiheit; wie das Hinprojizieren der Curven meines Fühlens (oder die Anschauung der Projektionen): zu der Empfindung meines Fühlens selber. Und ich möchte in diesem Zusammenhang eine Lanze brechen für den Voluntarier und gegen den Intellectiven, für den, der lebt und lebendig ist, ganz Ich, ganz Wille und auswählendes Prinzip«. (60)

Über mystischen Vitalitätsrausch wollte Loewenson die unproduktive Erschöpfung der Décadence überwinden und als Voluntarier – Nietzsche ist für ihn der gewaltigste – »Orgien der Lebendigkeit feiern«, während doch der Intellective nur wissen wolle, »wie Orgien der Lebendigkeit ›möglich sind‹«. (61) Hiller jedoch setzte in seiner Rede (62) dem Irrationalismus des Freundes ein höheres Maß an Intellektualität entgegen, dessen nietzscheanisch-antikem Bildungsideal jenes der Weimarer Klassik, dessen ästhetischem L'art pour l'art das Interesse auch an gesellschaftlichen Vorgängen.

Später, zur Eröffnung des ersten Neopathetischen Cabarets am 1. Juni 1910 sollte er, der lieber über den Verstand als den Rausch pathetisch werden wollte, unter anderem sagen: »Dies ist das Kennzeichen einer höher gestimmten Lebendigkeit und des neuen Pathos: das alleweil lodernde Erfülltsein von unserm geliebten Ideelichen, vom Willen zur Erkenntnis und zur Kunst und zu den sehr wundersamen Köstlichkeiten dazwischen. Das neue Pathos ist weiter nichts als: erhöhte psychische Temperatur.« (63) Zwar scheint in diesem vitalistisch gebrochenen Rationalismus alles offen zu sein, aber es bahnt sich zu dieser Zeit immerhin schon an, daß Hiller »Ideeliches« vor allem auf dem Felde von Politik und gesellschaftlicher Reform nutzbar gemacht wissen wollte – im Sinne seines späteren »Tataktivismus«, demzufolge die Welt das vom »tätigen Geist« des einzelnen Menschen Noch-zu-Entwerfende ist.

Alles in allem mag der Begriff »Neopathos« zunächst einmal nur eine Chiffre für die Sehnsucht und den Willen nach Veränderung gewesen sein, die jeder nach seiner Façon, nach seinen geistig-seelischen Gegebenheiten, füllen mußte. Darauf deutet auch das Beispiel Davidsohns hin, der sich für ideologische Festlegungen wohl kaum interessiert haben wird und sein ganz persönliches Neopathos mehr lebte als dachte.

Zweieinhalb Jahre später, am 19. November 1912, wird er dem Arzt in der Heilanstalt Nikolassee einen Zettel überreichen, auf dem er die inzwischen seiner Situation entsprechende Deutung des Begriffes gab. In der fehlerhaften Abschrift des Krankenblattes liest sich dieses »populäre Glaubensbekenntnis« so: »Neopathetik (katholisch). Ich gestehe meine und der Welt Unvollkommenheit ein. Und tue, was mein Inneres von mir verlangt und freue so gut wie es geht. Und kann ich die Welt nicht aushalten, darum gab mir Gott das Lachen und dann lache ich über die ganze Welt inclusive des öden Begriffes des Absoluten. Und über den verkehrten Theosophen, der eine ganze Bibel verschluckte, sie machte ihm aber etwas Bauchschmerzen. Natürlich ist die Sündhaftigkeit (Unvollkommenheit) der Welt unerträglich, wenn es keine Erlösung gibt. Man lachte also herzhaft und entschlossen.« Das einzige, was ihm bleiben sollte, war dieses Lachen, gottergeben, aber verzweifelt, weil ohne Hoffnung auf Erlösung. Von Regeneration des Ich und der Welt ist in diesen fatalistischen Sätzen nicht mehr die Rede.

Aber im Jahre 1909 war er in Aufbruchstimmung, da stellte sich alles noch ganz anders dar. Davidsohn hatte gerade erst einmal sein Ziel klarer in den Blick bekommen und sich auf abenteuerliche Exkursionen begeben, um Traum und Wirklichkeit zu gewinnen. Noch war er frohen Mutes und die ihn antreibende Rigorosität des Alles oder Nichts ironisch gebrochen. »Davidsohn macht«, meldete Loewenson dem Freund Unger am 3. August 1909 ins Sanatorium nach St. Blasien, »eine große (starr-pathetische) Tragödie (3 Akte); aus dem Dionysos-Mythos. (Hat zu Hiller gesagt, er wird sie in einem Vierteljahr fertig haben oder sich totschießen. Verreist nach Harzburg mit seinen Eltern.) – Er ist wahrscheinlich viel bedeutender als Hiller.« (64)

In dem Kurort am Nordrand des Harzes, wo die Familie für den seit langem kränkelnden Vater Regeneration erhoffte, arbeitete er weiter an seiner Tragödie, von der aber nichts erhalten geblieben ist. Nachdem der Vater dann gegen Ende des Jahres gestorben war, stellte Hans Davidsohn die Buchstaben seines Nachnamens anagrammatisch um, verrückte er den Bürgernamen zum Dichternamen und nannte sich von nun an Hoddis, Jakob van Hoddis. Der neue Name tauchte erstmals in einem Loewenson-Brief an Unger vom 6. Januar 1910 auf. »Von Hans dem Hoddissohn«, heißt es da, »habe ich Dich gestern früh grüßen sollen; dafolgedessen hab ich Mittwoch ihn selbst von dir selbst gegrüßt. (Und das verwechselt; aber er hat nichts gemerkt sondern vielmehr gedacht, daß es sich um Causalnexusse handelt.) (Und so waren alle drei Teile selbst befriedigt: du er ich).« (65)

In anderen Briefen scherzte Loewenson über »Jabaks von Hisdodsohn«, »Kobdis van Jahod« oder über »Ja van Hoddiskop«, welch selbiger ein Drama von seltsamer psycho-somatischer Zwanghaftigkeit schreiben wolle, die dazu führe, »daß im 1. Akt alle Zuschauer anfangen gegenseitig zu koitieren im Finstern. Und daß im 2. Akt jeder Zuschauer stirbt, der andrer Meinung ist als der vorgetragenen (wegen wechselhafter Verdrängungen); er dichtet nur noch wissenschaftlich, sagt er, auf Verdrängungen-Verschiebung hin. Man wird später alle Krankheiten (Magenbeschwerden usw.) auf diese Weise heilen können, oder hervorbringen, sagt er.« (66)

Allem Anschein nach hatte also auch Sigmund Freuds Lehre von der Verdrängung uneingestandener Triebwünsche ins Unbewußte und deren Folgen – vermittelt vielleicht durch den Österreicher Franz Grüner, Mitglied der Freien Wissenschaftlichen Vereinigung und Mitbegründer des Neuen Clubs, der aber schon vom Wintersemester 1909 an in Wien weiterstudierte – auf Jakob van Hoddis eingewirkt und sich mit seinem zu dieser Zeit ausgesprochen regen Interesse am Theater verbunden. Damals wohnte er zentral in der Kurstraße, wo heute auf einer Seite der langgestreckte, abweisende Bau des Zentralkomitees der SED steht und auf der anderen Rasen wächst. Dort in Nummer 14 konstituierte sich am Sonntag, 13. Februar, um 10 Uhr die Vereinigung Neue Bühne.

Über eine Notiz am 19. März im »Berliner Tageblatt« wurde Georg Heym darauf aufmerksam und schickte sein Trauerspiel »Die Hochzeit des Bartolomeo Ruggieri«, Urfassung von »Atalanta oder Die Angst«, an Wilhelm Simon Ghuttmann, der ihn dann bald zu einem der Mittwoch-Meetings im Hinterzimmer des Nollendorf-Casinos mitnahm. Das sollte die einzige Wirkung des zur Aufführung bedeutender Werke unbekannter Dichter gegründeten Vereins bleiben, auch wenn bei der Generalversammlung des Neuen Clubs am 24. März neben einem Club-Comité, dem Loewenson, Wolfsohn und Hoddis angehörten, noch ein provisorisches Direktorium der Neuen Bühne mit Hiller, Loewenson, Hoddis, Ghuttmann und Unger gewählt wurde. (67)

Die Augen der Medusa

Oft saß Hoddis stumm und wie erstarrt da, den Kopf leicht gegen die Brust gedrückt. Von unten herauf schaute er sein Gegenüber an, zweifelnd, verächtlich oder freundlich, um plötzlich den Kopf hochzureißen und mit harter, gepreßter Stimme eine beißende Bemerkung, einen hintergründig pointierten Scherz zu machen. Dann senkte er die Augen wieder, sank in sich zurück. Etwas Dämonisches muß von ihm ausgegangen sein, einem sehr Einsamen schon, selbst wenn er damals am geselligen Getriebe des Neuen Clubs noch bestimmend beteiligt war.

Als Max Mechenmal geistert van Hoddis, neben Kurt Hiller als Dr. Berthold Bryller, Georg Heym als Gottschalk Schulz und Ernst

Blass als Spinoza Spass, durch die Prosa Alfred Lichtensteins, der sich selbst als Kuno Kohn auftreten läßt. (68) Mechenmal, von seiner Freundin »süßer Zwerg« genannt, ärgerte sich zeitlebens darüber, daß er so klein war. Der Finsterling ist hinterlistig, feig und verfressen. Es macht ihm Spaß, andere gegeneinander zu hetzen, und den armen, buckligen Kohn bringt er schließlich gar unauffällig um die Ecke.

Bevor Lichtenstein die Mordgeschichte »Der Sieger« aufschrieb, war ihm vielleicht hinterbracht worden, daß sich Hoddis dem totgeborenen Zwillingsbruder gegenüber als Sieger gefühlt und daß er einmal, wie Loewenson berichtet, »in schmunzelnd-borstiger Selbstironie« verkündet hatte, gestern den ganzen Nachmittag über mit dem Schleifen eines Messers beschäftigt gewesen zu sein, »um Ernst Blaß und Alfred Lichtenstein, die in alle seine Erlebnisse hineinkröchen und sie sich aneigneten, zur Strecke zu bringen«. (69) Ähnlich aggressiv sollte er ja bald häufiger reagieren, wenn seine Eigenständigkeit auf irgendeine Weise ins Objekt-Sein abzufließen drohte, wenn also jener Vorgang eintrat, den Jean-Paul Sartre in »Das Sein und das Nichts« als »innere Blutung« bezeichnet.

Aber die künstlichen Groteskkasper Lichtensteins haben kaum noch etwas mit den Gestalten zu tun, denen sie nachgebildet waren, sondern sind nur ganz ferne, ganz vage Reminiszenzen. Mit Kuno Kohn, an dessen Äußerem auch die unglückliche Physis eines verwachsenen Kellners aus dem Café des Westens beteiligt war, schuf Lichtenstein vor allem ein Medium für seine persönlichen Spannungen. Der schon am 25. September 1914 bei Vermandovillers an der Somme Gefallene, poète maudit wie Hoddis, wollte sich bei seinem Marionettenspiel mehr selbst abreagieren denn gezielt dafür rächen, daß ihn Hiller, Blass und Hoddis als Person und geschickten Anempfinder von Stilmitteln anderer wenig schätzten und im Neuen Club dementsprechend behandelten.

Dort erst, im Neuen Club, hatte Rudolf Majut den früheren Mitschüler vom Friedrich-Wilhelm-Gymnasium, der eine Klasse über ihm gewesen war, kennengelernt. So recht vertraut wurde er aber auch jetzt nicht mit ihm. Eine der längsten Begegnungen, zu welcher es zufällig auf der Straße kam, führt Majut vor allem als Beispiel für Hoddis' barsches und ätzendes Verhalten an: Gerade seine zweite »Bestimmungsmensur« hinter sich, trug der Germanistikstudent im Gesichte stolz eine frische, tiefe Narbe zur Schau. Hoddis musterte die prestigeträchtige Verletzung mit scheinbar unwissendem Erstaunen und fragte: »Was ist denn mit Ihnen passiert? Sind Sie in einen zerbrochenen Nachttopf gefallen?« (70)

Klein von Gestalt, mit schwarzgelocktem Kopf, nervösen Händen, schalkhaften Augen – so erschien Hoddis später in der Erinnerung des Malers Ludwig Meidner, der seit 1907 nach anderthalbjährigem Paris-Aufenthalt wieder in Berlin lebte, zunächst lähmende Not leidend. Meidner: »Er sah aus wie ein Südländer, häufig mit verschleierten Augen, lebte heftig und intensiv und war ungemein temperamentvoll. All das, was ihm nicht paßte, wies er barsch und entschieden zurück. Jakob van Hoddis war ein reiner Nervenmensch, zartbesaitet und leicht erregbar. Wenn er dichtete, äußerte sich dies auch körperlich, er zitterte mit Schaum vor dem Mund.« (71)

»Den besessenen, faszinierenden, apodiktischen Dichter« (72) beschwor auch Ernst Blass. Diese Besessenheit verfügte über seinen Körper, sie bestimmte sein Verhalten und peitschte ihn weiter durch seine Odyssee, die ihn mit grausiger Konsequenz in die totale Unabhängigkeit führen sollte. Irgendwann während der zweiten Hälfte des Jahres 1909 war der leicht Erregbare, der Abenteurer mit Schaum vorm Mund, in die Rolle des Perseus (73) geschlüpft.

Während es sich der Traumkönig noch im antik-neuromantischen Ambiente wohl sein lassen konnte und dem Aufenthalt in Amphitritens Wellenhaus neue Erfahrungen zu verdanken glaubte, kam Hoddis nun nicht mehr umhin, Unerhörtes und Schreckliches zu ersehnen – den Blick in die versteinernden Augen der Medusa. Das Gorgonenhaupt verhieß tiefere Erschütterungen, als Andromedas Liebe sie ihm zu bieten vermochte. Sogar im Tode unvermindert magische Kraft ausstrahlend, versprach Medusa Erschütterungen, die den Traum seiner selbst, die sein Ur-Ich hätten beleben und ihm gleichzeitig den Tod bringen können. Aber noch wagte er es nicht, sich dem auszusetzen.

Perseus

Kaum flammt das Schwert an der Meduse Lager
Sie liegt und schläft in felsen-schwerer Nacht.
Wie Blumen fühl ich ihre kühlen Haare.
Es zuckt die Hand – und hat die Tat vollbracht.

Ich habe Andromedens Leib erfahren
Und ihrer Seele zitterndes Erleben.
Doch nie durchzuckte so mich starres Beben
Wie jene die der Gorgo Haupt gewahren.

Nie werde ich das hohe Haupt betrachten,
Das ich vom Rumpf getrennt mit schnödem Streiche –
Es ist der Tod der grüngeschuppten Drachen
Und Schwert und Szepter über alle Reiche.

Und darf ich nie Dich, bleiches Haupt erschauen –
Das jeden Ruhm mir gab und jähe Schätze?
Bei jedem Mahle wo die Gier ich letze
Da fleht die Gier nach Deinem Todesgrauen.

Das Gedicht »Wunderlegende« von Anfang 1910 hat dann jemanden zum Helden, der sich vom Märchenritter zum Vorstadtstrizzi wandelt. »Zauberkram«, den Hoddis in symbolistisch verzierten Gefilden an sich nahm und mit dem er abends in der Neuen Welt, auf dem Neuköllner Rummelplatz, seine »kleine Maus« freihalten wollte, erwies sich nun als »falsches Geld«.

Wunderlegende

Geschuppte Panzer zogen durch die Lichtung
Zu einem grünen Walde hin.
Das ganze ist nur eine Dichtung,
Doch steckt vielleicht ein tiefer Sinn
In diesen Worten.

Denn man kann nicht wissen.

Denn Wunderblumen öffnen jede Höhle,
Wo jeder Saal von goldnen Schätzen protzt,
Und machen schweigen jene Hundetöhle,
Die unterwegs dich grünlich angeglotzt.

Dann stehst du drin und füllst dir deine Taschen
Und hast umsonst den ganzen Zauberkram.
Doch ein paar blutigblaue Schatten haschen
Nach dir zuletzt. Da wirst du wieder zahm.

Und weil du auch noch deine kleine Maus liebst
Gehst abends du mit ihr zur neuen Welt.
Doch wie du deine Zaubergroschen ausgibst,
Kommt der Gendarm – denn es ist falsches Geld.

In einem Gedicht aus der gleichen Zeit, dessen Titel »Der Denker« wohl von Loewenson hinzugefügt worden war (74), setzte sich van Hoddis dann nicht mehr genüßlich und bedacht den Schauern romantischer Phantasie aus und verschmähte auch parodistischen Umgang mit ihr. Nun wagte er den Blick auf der Medusa Haupt, nun wollte er – allen mythologischen Mummenschanz beiseitelassend – in das eigene Unbewußte tauchen und seine tiefsten Wünsche und Begierden befriedigen. Aber mit diesem wie jedem folgenden Gedicht fiel Hoddis etwas weiter aus der Welt und aus dem Leben.

Zu den breiten ungestalten
Tiefen stieg er froh hernieder.
Ströme aber lähmten seine Glieder.
Ratlos kreisten eiserne Gewalten.

Und er rang und immer wieder.

Ihn hieß ein Traum in wilden Felsenspalten
Gold und verderbter Götter Blut erbeuten
Und ihrer Leiber brenne Sinnlichkeiten...

Er bäumte auf, und alle Räume hallten.

Schwarzschillernd im Cabaret

Zu Beginn des Jahres 1910 hatten die Mitglieder des Neuen Clubs beschlossen, während der Semestermonate regelmäßig mit Abenden Neopathetischen Cabarets – wiederum stammte der Name von Loewenson – an die Öffentlichkeit zu treten. Dem Club-Promoter zufolge wurden die Räumlichkeiten für den ersten am 1. Juni in der Friedrichsruher Straße 7 »von einem ernsthaft schwarzgelockten jungen Menschen, schlank mit langen seidendünnen gelegten Haaren« (75) zur Verfügung gestellt. Er tue das nicht unegoistisch, hatte der seine literarischen Freunde wissen lassen, sondern hoffe, das Atelier samt den beiden anschließenden Zimmern werde dadurch historisch ähnlich bedeutsam wie Friedrichshagen als naturalistischer Musenhof. Seine Witterung trog ihn nicht, kam er doch zumindest selbst als beiläufige Erwähnung auf die Nachwelt, und auch die Wohnung Glasers, wie der junge Mann hieß, wäre nun nach Jahrzehnten eine Station spurensuchenden literarischen Gedenkens, wenn die Häuser Friedrichsruher Straße 1 bis 10 nicht inzwischen der Stadtautobahn hätten weichen müssen.

Das Neopathos entfaltete sich also zunächst ziemlich abgelegen. Vom Zentrum her mußte man mit der Bahn anreisen – sie fuhr nachts bis halb 3 Uhr –, und wer vom Café des Westens kam, war gezwungen, den gesamten Kurfürstendamm hinter sich zu bringen. Kurz vor dem Bahnhof Halensee kreuzt ihn übrigens die Joachim-Friedrich-Straße, wo Hoddis bald in Nummer 20 einziehen sollte – in ein graues, damals sicher stattliches Mietshaus mit zwei Erkerreihen wie alle Gebäude hier. Für die mit der Bahn Kommenden war es dann aber nur noch ein Katzensprung die Schwarzbacher Straße herunter bis zum Versammlungsort.

Dort – an die siebzig Leute fanden bei Glaser im vierten Stock Platz – eröffneten die beiden Club-Denker das Programm: Hiller beschwor in seinem »Salut« nicht nur das »geliebte Ideeliche«, sondern ließ auch dem angestrebten Pathos mit Nietzsche »als universale Heiterkeit, als panisches Lachen« nähere Bestimmung angedeihen, während sich Loewenson über »Tragödien der Décadence« äußerte, wobei dieser Begriff für ihn wie beim späten Nietzsche sterile Langeweile und Zerfall ursprünglicher Energien bezeichnete. »Es gibt«, sagte er, »keine Abwechslungen, keine Erlebnisse, keine Spontaneität. Ein furchtbares Stillstehen der seelischen Functionen, ein furchtbares Stummsein. Keine Schmerzen, keine Probleme. Man hat die laue Assoziation eines zu Eis gefrorenen Sees. Man hat seine internen Bewegungen immer krankhaft beobachtet; man hat sich krank-beobachtet, und die Bewegungen kamen nicht wieder. Man hat seine psychischen Vorgänge immer analysiert; man hat sie schließlich paralysiert. Das Bewußtsein lauerte allem auf und hat alles ›zerwußt‹. Jeder Affekt, der sich regte, wurde gelähmt; jedes Gedankending wurde bei seinem Werden gefragt: wie wirst du zustandekommen? Da kroch es wieder ins Nichts zurück.« (76)

Hoddis, dem sich solches Leiden am hellen Bewußtsein schon frühzeitig zu eigenartigen Bildern umsetzte, las anschließend ein auch hiervon zeugendes, nicht lange vorher entstandenes Gedicht, dessen Titel »Tristitia ante ...« auf die sprichwörtliche Traurigkeit nach dem Beischlaf anspielen mag. Die ihm nun feindlich vorkommenden Erlebnissphären Nacht und Stadt ließ er darin metaphorisch als Räume erscheinen, aus denen heraus ein unheimlicher Sog ins Weite, Kalte, Fremde spürbar wird. Grell erleuchtete Großstadt-Landschaft, gleichermaßen lärmend und totenstarr, erscheint als Bild auswegloser Seelen-Landschaft.

Tristitia ante ...

Schneeflocken fallen. Meine Nächte sind
Sehr laut geworden, und zu starr ihr Leuchten.
Alle Gefahren, die mir ruhmvoll deuchten,
Sind nun so widrig wie der Winterwind.

Ich hasse fast die helle Brunst der Städte.

Wenn ich einst wachte und die Mitternächte
Langsam zerflammten – bis die Sonne kam –,

Wenn ich den Prunk der weißen Huren nahm,
Ob magrer Prunk mir endlich Lösung brächte,

War diese Grelle nie und dieser Gram.

Sonst Nietzsche, Nietzsche allenthalben, von dem Loewenson zum Schluß noch Texte über »Rausch und Kunst« vortrug, vor allem aus der »Fröhlichen Wissenschaft«. Beim zweiten Abend am 6. Juli im überfüllten kleinen Saal des »Papierhauses«, Dessauer Straße 2, machte er unter dem gleichen Motto erneut mit Nietzsche-Stellen, nun aus dem »Willen zur Macht« und der »Götzen-Dämmerung«, bekannt. Es ist bezeichnend für Hoddis, daß er auch für Distanz zwischen sich und der Gestalt des großen An- und Aufregers sorgte. »Nietzsche werde überwunden, / Wir beginnen auszumisten / Aus der Welt die ungesunden / Schrankenlosen Egoisten«, hatte er Ende 1909 / Anfang 1910 im Gedicht »Ach« (77) gereimt, sich damit auch einigermaßen scheinheilig der säuerlichen Christenmoral seiner in diesem Gedicht beschworenen Tanten anbiedernd. In »Sonja« aus der gleichen Zeit schreckt ein Sonnenlöwe den Dichter auf, der sich gerade zur Liebe anschickt, und brüllt im dithyrambischen Tone Nietzsches: »Wach auf in deine Einsamkeiten!« Gewiß war solche Ironie vor allem eine Art Abwehr gegen die allgemeine Nietzsche-Begeisterung im Club, durch die sich van Hoddis selbst schon wieder zum öffentlich meinenden und fühlenden Scheinmenschen degradiert vorkommen mochte.

Außer Loewenson lasen beim zweiten Cabaret-Abend noch Heinrich Eduard Jacob, später in den USA Autor erfolgreicher Musikerbiographien, die Prosaskizze »Sommernacht«, der junge Armin Wassermann eine Novelle seines Bruders Jakob Wassermann, Kurt Hiller Gedichte von sich und Max Brod und Tilla Durieux – die eher markant denn schön aussehende Schauspielerin war Attraktion des Abends – Teile aus Frank Wedekinds dann als dritter Akt von »Schloß Wetterstein« wieder veröffentlichter Tragödie »In allen Wassern gewaschen«. Das Stück handelt von einem Amerikaner, der sich ein Freudenmädchen kauft und es zur Selbsttötung aus Liebe zwingt, damit also indirekt lustmordend. Als aggressiv gegen herrschende moralische Verlogenheit angehender Dramatiker war ja Wedekind die andere große Gestalt, welche durch ihr Wirken und Werk den Neopathetikern zur Offenbarung wurde.

Erstmals trat nun auch Georg Heym auf, und Jakob van Hoddis, noch bis Februar 1911 Leiter und Conférencier der Abende, trug wiederum Gedichte vor. Ihre lyrischen Seismogramme sollten dann bei einem Rezensenten vom »Berliner Tageblatt« weitgehend auf Unverständnis stoßen. »Nein, dieser blonde junge Mann«, hieß es über Heym, »hat schon in der Wiege nicht mehr falsch skandiert. Seine Reime sind erlesen, und in jedem neuen Vers hat er ein neues dichterisches Bild mit klangvollen Worten. Da drängen sich Würmer flügelschlagend unter den roten Stirnen toter Schädel. Da wird der Wolkenzug zum Totentanz. Tausend Blumen fallen auf unsere brave Spree, der das eine Lied gewidmet ist. Talent, Talent! Aber wo bleibt der frische, junge Klang? Wo das neue Pathos, das uns versprochen war?«

Und über den vorletzten Beitrag des langen, bis gegen Mitternacht dauernden Abends, den der geplagte Rezensent also ganz absaß, war im liberalen »Tageblatt« zu lesen: »Der Herr nennt sich ohne zwingenden Grund J. van Hoddis. Zuerst machte er der Mode des Tages seine Verbeugung. Sausende Gewalten, unerwartete Reime, Dröhnen und Schmettern. Dann auf einmal kam ein junges, unverschämtes, lustiges Gesicht unter der Maske hervor. Ein Zyklus ›Variété‹. Das ist es! Das kann ein Berliner Großstadtjüngling von 1910. Ein groteskes Verskapriccio nach dem anderen. Das tanzt und lacht und grinst und hat doch viel ernsteren Sinn, als die sausenden Gewalten und die flügelschlagenden Würmer. Herr van Hoddis wird wahrscheinlich auch Kommerzien-, Justiz- oder Sanitätsrat werden. Dann aber wird ein Dichter an ihm verloren gegangen sein.« (78)

Dieser flott schreibende Journalist verbarg also seine Ratlosigkeit hinter jovialem, ein wenig spöttischem Wohlwollen. Er wie auch sein Kollege von der »Vossischen Zeitung«, der die jungen Literaten als »äußerlich wohlgepflegte Kinder aus Berlin W.« (79) beschrieb, ahnte nicht, konnte wohl auch nicht ahnen, wie ernst es ihnen war. Der neue Ton in den Gedichten kam ihm modisch vor, und Gefahren sah er höchstens darin, daß sie allzu stumpfsinnig und phantasielos die Karriereleitern des Kaiserreiches hinaufsteigen könnten. Aber Herr van Hoddis wurde weder Kommerzien- noch Justiz- oder Sanitätsrat, sondern endete nach verschiedenen Privatpflegestationen und Irrenhausaufenthalten in einer Menschenvernichtungsfabrik, und die meisten anderen der an dem Aufbruch um 1910/11 beteiligten jungen Dichter kamen im Ersten Weltkrieg um oder wurden während der Nazizeit vertrieben, gejagt, ermordet.

In einer Rezension über den dritten Abend am 9. November für den »Sturm« schwärmte Else Lasker-Schüler, Hoddis als Sozialdichter fehleinschätzend: »Auf einmal flattert ein Rabe auf, ein schwarzschillernder Kopf blickt finster über die Brüstung des Lesepults. Jakob van? Er spricht seine kurzen Verse trotzig und strotzend, die sind so blank geprägt, man könnte sie ihm stehlen. Vierreiher – Inschriften; rund herum müßten sie auf Talern geschrieben stehn in einem Sozialdichterstaat.« (80)

Außer Gedichten hatte er eine Glosse gelesen, die Frank Wedekinds Stück »Die Zensur. Theodicee zu einem Akt« behandelte. Obwohl als erster – einmal von Beiträgen für die Zeitschrift der Freien Wissenschaftlichen Vereinigung abgesehen – überhaupt veröffentlichter Text in Heft 47 des »Demokraten« erschienen, ist diese Glosse nicht mehr auffindbar. Der zweite Jahrgang des von Franz Pfemfert redigierten und von Georg Zepler herausgegebenen Periodikums blieb wohl nur als Einzelstück erhalten, als Unikat, und im Exemplar der Deutschen Staatsbibliothek Berlin-Ost klafft ausgerechnet da, wo die Glosse stehen sollte, ein Loch: sie wurde herausgeschnitten.

Immerhin läßt sich erschließen, was Hoddis über das 1908 bei Cassirer erschienene und am 27. Juli 1909 in München uraufgeführte Stück gedacht haben mag. Es geht darin um die Synthese von Sinnlichkeit und Sittlichkeit, die dem Schriftsteller Walter Buridan von einem Pater als nicht vollziehbar ausgeredet wird, worauf Buridan seine ihm wahr erscheinende Erfahrung gesellschaftlicher Zensur unterwirft und die Schönheit in der Gestalt Kadidjas verliert. Wenn nun Hoddis und Hiller »den neuen Wedekind schlecht« fanden (81), wie Loewenson Unger schon im Vorjahr brieflich meldete, dann wegen Einwänden, die ähnlich sogar Alfred Kerr und Artur Kutscher, die Propheten Wedekinds, geäußert hatten. Damit setzte sich Golo Gangi alias Erwin Loewenson beim »Internen Abend« des Neuen Clubs am 16. November 1910 im Nollendorf-Casino, Kleiststraße 41, auseinander, nachdem ein auf seine Anregung hin entstandener Vortrag des inzwischen in Wien studierenden Franz Grüner über Freuds psycho-sexuelle Theorien zu hören gewesen war und Hoddis sein verschollenes Märchen »Die Abenteuer der Prinzessin Veronika« (82) vorgetragen hatte.

Loewenson bezeichnete es als falsch und als die Quelle aller Mißverständnisse, den seine innerste Überzeugung fälschenden und schließlich betend zu Kreuze kriechenden Buridan mit dem verehrten Dichter zu identifizieren, mochte der diese Rolle auch selbst gespielt haben. Vielmehr demonstriere er etwas an Buridan und stelle dessen Schwäche bloß. »Hat sich«, so nahm Loewenson Vorbehalte seiner Umgebung auf, »Wedekind wirklich verändert? Hat er nicht wieder die taumelnde Verrücktheit des Lebens, die gefährliche, die heulende, dargestellt? Hat er seine Liebe zu dieser Verrücktheit der Welt etwa verleugnet? Vielleicht weil er von der ewigen Gesetzmäßigkeit spricht (sprechen läßt)? Auch in dieser Tragödie der ewigen Gesetzmäßigkeit spielt das Imponderabile, die Laune, der groteske Zufall eine Hauptrolle.« (83)

Durch den Bildungsschutt

»Jakob van Hoddis fährt Freitag nach Italien. Bis 25. April: postlagernd Florenz, Hans Davidsohn.« Das teilte Loewenson am 5. April 1910 dem nun in Arosa sein Lungenleiden kurierenden Freund Unger mit, um ihm zwei Tage später zu melden, daß er jetzt weg müsse, mit Hoddis und Hiller »Abschied feiern«. (84)

Unterwegs schaute Hoddis in Prag bei Max Brod vorbei. »Empfangen Sie«, so jedenfalls beginnt ein Brief Hillers vom 20. April, »herzlichen Dank für die Freundlichkeit, mit der Sie Hans Davidsohn in Prag aufgenommen haben. Er hat mir aus Wien enthusiastisch über Sie geschrieben.« Der Gastgeber selbst war aber ohne Nachricht geblieben und machte sich darüber anscheinend so seine Gedanken. Hiller beruhigte ihn jedoch am 13. Juli: »Dass van Hoddis nicht antwortet, ist unerhört. Ich habe es ihm längst gesagt. Er ist faul (nicht: gekränkt)!« Und das Wort »faul« war noch unterstrichen. (85)

Eigentlich hatte Hoddis in Italien gar nichts verloren, denn er suchte kein Bildungserlebnis, allenfalls ein negatives. Die Mutter sollte 1912 in der Heilanstalt Nikolassee folgendes erzählen: »Vor 2 Jahren machte er eine Italienreise; damals schon war er verändert, erschien willenlos und apathisch, schlief z. B. in Venedig einen ganzen Tag.« Sein Ruhebedürfnis angesichts abendländischer Artefakte hat er dann nicht versteckt, sondern es war für ihn vielmehr Anlaß zum Renommieren und Provozieren. Der Zyklus »Italien« zeugte davon mit schöner Offenheit.

Hoddis trug ihn neben verlorengegangener Prosa (»Porträts«, »Der Jünger«) am 9. Dezember beim vierten Cabaret-Abend im Café Kerkau vor. In dieses einst zentral an der Ecke Behrenstraße / Friedrichstraße gelegene Etablissement waren diesmal nicht nur Franz Pfemfert und Herwarth Walden gekommen, auch Karl Kraus aus Wien saß unter den Zuhörern. Anschließend sah man ihn plaudernd mit dem kleinen, schwarzhaarigen Conférencier und Leiter der Abende zusammenstehen. »Wie ich von Herrn van Hoddis höre, hat sich Herr Krauss über meine Sachen ihm gegenüber sehr anerkennend geäußert« (86), schrieb Heym zwei Tage drauf an Ernst Rowohlt nach Leipzig. Aber auch Hoddis' Gedichte – ein skurriles »Lebendes Bild« sollte er ja am 28. Februar 1911 in der »Fackel« veröffentlichen – hatten es ihm anscheinend angetan.

Im resümierenden Schluß des fünfteiligen »Italien«-Zyklus werden animalische Grundbedürfnisse mit dem alten steinernen Kulturgut konfrontiert:

So waren wir auch in Italien Gäste,
Und haben dort so manchen Tag verschlafen.
Wir tranken Wein in Kinematographen,
Und krochen durch die Gärten und Paläste.

Und gaben manchmal uns den ungestümen
Fassaden hin, Gewölben und Kapellen,
Schlanken Pilastern und den ungetümen
Und dicken süßen Leibern in Bordellen.

Warum solche Reserve gegen das, was in Oberitalien der Bildungstouristen harrt, gegen Landschaften, die Hallen Michelozzos oder die Frühlingstänze des Sandro Botticelli, vor denen er, statt sie zu besichtigen, lieber aufs Kanapee floh? Van Hoddis verweigerte die gängige Andachtshaltung, weil er Scheu davor hatte, zu sehen wie jene bürgerlichen Genießer, denen sich alles zu sakrosanktem Schutte wandelte. Auf andere Art und Weise aber war Italien allem Anschein nach für ihn selbst noch nicht erlebbar, weswegen er dann überhaupt alle Eindrücke trotzig von sich wies.

Auch hier hatte Nietzsche vorgefühlt und vorgedacht mit seiner radikalen Ablehnung des Historismus, der eigenes Erleben, Selbsterfahrung und Steigerung des Lebens zu Fülle, Macht, Kraft und Schönheit verhindere und den Menschen zum »historischen Bildungsbilde« mache. Durch Nietzsche und Schopenhauer, die zumindest darin übereinstimmten, daß Leben außerhalb seiner selbst keinen Sinn und Zweck hat, wurde der Lebensbegriff zum beherrschenden für die Jahre vor dem Krieg. Von ihm ausgehend diagnostizierte Georg Simmel ein neues Kulturbewußtsein, das sich gegen geistgewordenes Leben als Form wende, gegen das Prinzip der Form überhaupt, weil es den unmittelbaren Ausdruck innerer Bewegtheit behindere, gegen die Klassik auch mit ihrem absoluten Menschheits- und Erziehungsideal. Denn sie stehe doch »durchaus im Zeichen der Form, der gerundeten, in sich befriedigten Gestaltung, die sich durch ihre ruhige Geschlossenheit als die Norm für Leben und Schaffen weiß. Auch hier ist gewiß noch nichts positiv Genügendes und Geklärtes an die Stelle des alten Ideals gesetzt. Gerade deshalb zeigt der Kampf gegen die Klassik, daß es sich zunächst gar nicht um das Aufbringen einer neuen Kulturform handelt, sondern daß das seiner selbst gewisse Leben sich nur von dem Zwang der Form überhaupt befreien will, dessen historischer Repräsentant die Klassik ist.« (87)

So fühlten sich denn einige der Mitglieder des Neuen Clubs auch genötigt, Goethe zu veralbern, im Brockhaus von 1898 ehern vorgeführt als »Deutschlands größter Dichter, zugleich einer der gewaltigsten und reichsten Denker«. Die Harmoniegestalt, welcher zum Beispiel sinnlich wahrgenommene italienische Kunst und Natur flugs zur genialischen Anschauung des Typischen, Gesetzmäßigen, gereift sein sollte, wie man ihnen von frühauf beigebracht hatte, mußte sie einfach reizen.

Eines Tages jedenfalls sagte Hoddis zu Schulze-Maizier: »Ich hoffe es noch dahin zu bringen, daß man den Namen Goethe nur mit ironischem Schmunzeln aussprechen wird.« (88) Dieser Wunsch, aber auch Heyms schmähende Frage, was denn »das Deutsche litterarische Puplicum nur an dem Weimarer Höfling und Kunstbonzen im Nebenberuf hat, an diesem aufgeblasenen Idioten und feisten Wasserkopf« (89), betrafen über die Abneigung gegen alles Klassische hinaus eine Ikone des bürgerlichen Verständnisses von Dichtung, zu der ihn im dritten Gedicht ein redender Florentiner Palast hinführen wollte:

Doch ein Palast stand huldvoll in Florenz,
Er hob sich starr in steile Sonnengluten
Mit reichem, runden, steinernen Gekränz,
Sein Tor verzierten wuchtige Voluten.

Er sprach: O Mensch! du weißt doch, was wir lehren!
Gebildeter! schon Goethe hat erkannt es:
Wer wird das Leben unnütz sich erschweren!
Man stell sich auf und sei was Imposantes.

Du aber liebst dir das Geabenteure,
Du blickst bedenklich selbst zur schönsten Zinnung.
Lockt dich der Hohn, der Zweifel und das Neure?
An meinen Quadern scheitre deine Sinnung.

Entschließe dich, auf Goethes Pfad zu schreiten
Mit Männertritt und würdig froh gelaunt!

Sein weißer Schlafrock glänzt durch die Gezeiten.«
Sprach der Palast. Ich war nicht schlecht erstaunt.

Daß es van Hoddis letztlich darum ging, die mit abgetöteter Kultur zu falscher Harmonie verkleisterte Wirklichkeit hinter sich zu lassen und auf gefährlichem Wege zum Offenen, Freien, Formlosen vorzudringen, wird dann am Ende des zweiten »Italien«-Gedichtes ganz deutlich: »Er steht und grübelt, seine Sinne flehen: / Entdecke dir die Häßlichkeit der Welt.«

Metropolis

1910 überschritt Berlin die Zwei-Millionen-Grenze. Die Stadt wucherte und wuchs allenthalben. Überall wurde gebuddelt und gebaut. Die erste Autodroschke war 1899 durch Berlin gefahren, und am vierten Advent des Jahres 1902 schon hatte ein Polizist mit Trillerpfeife an der »Kranzlerecke«, der zentralen Kreuzung Friedrichstraße/Unter den Linden, den Verkehr regeln müssen. Im Laufe des Jahres 1911 wurde es sogar notwendig, zunächst die Charlotten- und Friedrichstraße in Nord-Süd-Richtung, dann auch die Fahrbahnen Unter den Linden und andere als erste »Einbahnstraßen« des Deutschen Reiches auszuschildern.

Nicht nur die Benzinkutschen vermehrten sich rasant, auch die 1895 im Varieté »Wintergarten« des Centralhotels an der Friedrichstraße dem staunenden Publikum erstmals bekannt gemachte Erfindung, bewegte Bilder auf Leinwände zu projizieren, führte zu einem Boom: An allen Ecken und Enden Berlins wurden nun Flimmer-Zimmer eingerichtet. Während es um die Jahrhundertwende noch kein ständiges Kinematographen-Theater gegeben hatte, sondern höchstens in den großen Varietés am Schluß der

Programme Naturaufnahmen oder Bilder vom Tage gezeigt worden waren, warben um 1910 schon 260 Lichtspielhäuser gegen geringes Entgelt von zwischen 20 Pfennigen und einer Mark um Kunden für ihre optischen Sensationen.

So unterschiedliche Gestalten wie der »Aktions«-Herausgeber Franz Pfemfert (90) und Robert Gaupp (91), Direktor der Tübinger Universitäts-Nervenklinik, dessen Bekanntschaft Hoddis in einigen Jahren wird machen müssen, runzelten ob der beliebten Volksbelustigung bedenklich die Stirnen. Pfemfert war der Meinung, daß sie »der Trivialität Siege feiern hilft und den Geschmack des Volkes verwüstet«, während Gaupp ganz allgemein »Gefahren für Kultur und Gesittung« witterte. Über Schädigungen der Augen wegen des Flimmerns und Wackelns hinaus sah er durch die mühelos aufzunehmenden, suggestiven Bilderfolgen à la »Vampyrtänzerin« oder »Szenen aus dem Verbrecherleben« vor allem die psychische Gesundheit der zumeist hilflosen Opfer bedroht. Dem Seelenarzt schwebten Maßnahmen gegen den Schund gleich Seuchengesetzen vor.

In seinem Zyklus »Varieté«, den er ja beim Cabaret-Abend am 6. Juli 1910 vorgetragen hatte, in »Schluß: Kinematograph« (92), beschreibt Hoddis das Erlebnis derartiger Bilderfluten. So etwas gehörte für ihn auf jeden Fall zur Erfahrung großstädtischer Dynamik und beeinflußte – nicht nur im Gedicht »Weltende« – seine Verstechnik, wenn er die als orientierungs- und zusammenhanglos empfundene Zeit nach dem futuristischen Prinzip der Simultaneität über gereihte, wie durch Filmschnitte getrennte Realitätsfetzen zu fassen versuchte.

Kinematograph

Der Saal wird dunkel. Und wir sehn die Schnellen
Der Ganga, Palmen, Tempel auch des Brahma,
Ein lautlos tobendes Familiendrama
Mit Lebemännern dann und Maskenbällen.

Man zückt Revolver. Eifersucht wird rege,
Herr Piefke duelliert sich ohne Kopf.

Dann zeigt man uns mit Kiepe und mit Kropf
Die Älplerin auf mächtig steilem Wege.

Es zieht ihr Pfad sich bald durch Lärchenwälder,
Bald krümmt er sich und dräuend steigt die schiefe
Felswand empor. Die Aussicht in der Tiefe
Beleben Kühe und Kartoffelfelder.

Und in den dunklen Raum – mir ins Gesicht –
Flirrt das hinein, entsetzlich! nach der Reihe!
Die Bogenlampe zischt zum Schluß nach Licht –
Wir schieben geil und gähnend uns ins Freie.

Auf welche Weise die moderne Großstadt von den jungen Literaten im einzelnen auch immer wahrgenommen und bewältigt worden sein mag: Zunächst einmal verstärkte sie die persönliche Empfindlich- und Empfänglichkeit. So sprach Georg Simmel von »Steigerung des Nervenlebens, die aus dem raschen und ununterbrochenen Wechsel äußerer und innerer Eindrücke hervorgeht« (93). Vor allem die Futuristen und später einige Poseure aus dem »Sturm«-Kreis stammelten großstädtische Dynamik auch nur mit leerem Pathos nach. Einige wenige jedoch verwandelten das, was von außen auf sie einwirkte, ihr Ich-Erlebnis einbeziehend, zu etwas ganz Neuem. Da erschien die Stadt dann als faszinierend und abstoßend, als verlockend und bedrohlich zugleich, wobei immer auch das Ruinöse der erstarrten Wirklichkeit sichtbar wurde.

Solche Erfahrungen isolieren und legen doch gleichzeitig nahe zusammenzurücken. Im Berlin der Jagd nach dem Geld und des billigen Amüsements, wo ihnen höhnende oder allenfalls joviale Verständnislosigkeit begegnete, zogen sie sich deshalb in Fluchtburgen wie den Neuen Club oder das Café des Westens zurück. Letzteres befand sich in der damals um 1910 noch eigenständigen und auf ihre Eigenständigkeit großen Wert legenden Stadt Charlottenburg, die ebenfalls mächtig gewachsen war und nun rund 300 000 Einwohner hatte, am Kurfürstendamm/Ecke Joachimsthalerstraße in einem fünfgeschossigen Gebäude mit pompöser Gründerzeit-Fassade. Bis zum Juni 1932 sollte es existieren, bis das traditionsreiche Café Kranzler Unter den Linden in den Räumen eine Filiale einrichtete. Das zerbombte Eckhaus wurde dann Anfang der fünfziger Jahre durch den Neubau mit dem runden Oberteil ersetzt.

Zumindest des alten Künstlerlokals Name, nichts weiter, lebt seit 1972 schräg gegenüber fort: Ein Café des Westens im als windiges Abschreibungsprojekt entstandenen, passagen-durchzogenen Geschäftsgebäude des Kudamm-Ecks möchte laut Tageskarte etwas von der Atmosphäre jener Mischung aus Kaffeehaus und Tanzcafé vermitteln, wie sie einst zum unverwechselbaren Bild der Weltstadt Berlin gehört habe. Die Lektüre der Karte bei sogenannter Swinging-Evergreen-Musik bietet auch einen historischen Rückblick, der in schöner Mentalitäts-Nachfolge von Charlottenburgs Philisterium zu stehen scheint, das den Bohème-Treff einst Café Größenwahn genannt hatte. Nach 1905, nach Übernahme des Lokals durch den Cafétier und Künstler Pauly, sei es bald »von einem neuen, ungewöhnlichen Publikum« heimgesucht worden, liest man da. »Literaten und Bohemiens nisten sich ein und schmieden bei schwarzem Kaffee, Absinth und qualmender Zigarette Weltverbesserungspläne, stellen paradoxe Behauptungen auf oder beschimpfen das ach so lästige Staatsgefüge. Alsbald hat dann auch Berliner Mutterwitz – bezogen auf manche Überspanntheit literarischer ›Geistesblitze‹ – einen trefflichen Spitznamen für das Etablissement parat: ›Café Größenwahn‹ heißt jetzt das Café des Westens im Volksmund. Auch die turbulente Literaten-Periode geht vorüber, das ›Innenleben‹ des Cafés normalisiert sich und das vom literarischen Ehrgeiz weniger geplagte Boulevardpublikum zieht wieder ein.«

Am alten Café des Westens brauste der Großstadtverkehr damals schon als mächtiger Strom vorbei. Innen soll es ein nicht gerade gemütlich wirkender großer Raum mit Marmortischen, rotbezogenen, auch um die Mittelpfeiler herumgebauten Plüschsitzen und blinden Spiegeln an den Wänden gewesen sein. Die Beleuchtung war jedoch warm und ruhig, nicht so grell wie in anderen Kurfürstendamm-Cafés. Fast schon zum Inventar gehörte ein kleiner, buckliger, rothaariger Mann, der Zeitungskellner Richard, von dem man zur Not auch Geld borgen konnte. Hier also war es, wo Armin T. Wegner zufolge »der Stab unserer Kunstgemeinde gewissermaßen nachtete, denn tagsüber fanden wir uns selten hier ein« (94), wo an verschiedenen Stammtischen alles mögliche diskutiert und geklärt wurde, vom Programm des Neopathetischen Cabarets, für das es im Café Vorverkaufs-Karten gab, bis hin zu dem Problem, wie man eine Zeitschrift nennen sollte, die Pfemfert zu gründen vorhatte. Darüber jedenfalls war von Carl Einstein, Jakob van Hoddis, Anselm Ruest, Ludwig Rubiner und dem Maler Max Oppenheimer eines Abends Anfang Februar 1911 mit Pfemfert gemeinsam, dem dann aber am nächsten Tag selbst die zündende Idee kam, sie »Aktion« zu nennen, bis tief in die Nacht hinein nachgedacht worden. (95) Und an einem anderen Abend ...

»'N Tag, Herr Höxter!‹ In der Tür steht der ›rote Richard‹ und salutiert mit einem Zeitungshalter. ›Am Buffet liegt ein Brief für Sie.‹ Hinter ihm grüßt von oben herab eine Gipsbüste Wilhelms II., mit unbeabsichtigter Symbolik auf den Quasselkasten, das Telefonhäuschen, postiert. Aus der Nische vom Zeitschriftenschrank her ruft mir mit Alter und Programm entsprechendem Temperament der um seinen Führer, den Dr. Kurt Hiller, versammelte Kreis der damals Jüngsten zu, die ›Neopathetiker‹, Inventoren der nach Kerr benannten ›Fortgeschrittenen Lyrik‹: Jacob van Hoddis, Teilhaber meiner Zwei-Zimmer-Wohnung, Georg Heim, der mir hierzu ein geblümtes Biedermeiersofa gestiftet hatte, gestiftet unter der Bedingung, über Zimmer und Möbel wöchentlich einmal zu sinngemäßer Verwendung verfügen zu dürfen, Ernst Blass, Walther Mehring u. s. f.; eben noch die Jüngsten und doch sobald schon der Besten beraubt. Van Hoddis, der nie zu befriedigende Grübler, verschwand im Dunkel geistiger Umnachtung, Heim, eine Art von deutschem Rimbaud, in den Winterfluten der Havel. Zwei Minuten bleibe ich stehen, um Hausschlüsselfragen mit Hoddis zu ordnen (einen verlor er wohl jede Woche), dann treibt es mich weiter, meinen Brief zu holen.« (96)

Bei dem, der gerade – es war wohl ein Montag, denn da kam der Stammtisch des Neuen Clubs immer zusammen – die Drehtür passiert hatte, handelte es sich um John Höxter, einen dem

»Sturm«-Kreis nahestehenden Zeichner und berühmt-berüchtigten Schnorrer. »Er war«, so Loewenson über ihn, »Morphinist und hatte noch andere abweichende Neigungen, die er jeder neuen Bekanntschaft coram publico liebenswürdig, kokett, humorvoll plakatierte.« (97)

Der in seinem Bericht »Ein Tag im Café des Westens« erwähnte Walter Mehring kann zwar, mag der Schüler des König-Wilhelm-Gymnasiums vom Jahrgang 1896 auch noch so frühreif gewesen sein, allenfalls nach der Spaltung des Neuen Clubs und auch Heyms Tod an neopathetischer Geselligkeit im Café ein bißchen partizipiert haben. Immerhin erinnerte sich aber auch Mehring der traurigen Gestalt dieses Bohémien par excellence. »Ein Leberleiden«, schreibt er, »hatte ihn zum Morphinisten gemacht, und die Not ihn zum Pumpgenie. Doch sein Aussehen, seine ausgemergelte, gleichsam oxydierte Gestalt erhöhte nur noch seine Kredite eines Moribundus; dem man höchstens noch zwei Tage zu leben gab, weswegen ihm jeder Mitfühlende, ob Kollege, ob Gönner das allernotwendigste spendierte: das Geld für noch zwei Tage Morphium!« (98)

Die Wohnung unterhielt wohl Hoddis und nicht Höxter, der zeitweise sogar mit vom monatlichen Wechsel Doris Davidsohns gezehrt haben mag. Und Georg Heym schließlich, dem von seinem wohlhabenden, bornierten Vater auch dann kein möbliertes Zimmer bewilligt wurde, als er schon Referendar war, bekam Schlüssel und Nutzungsrecht für die Wohnung nach terroristischen Belästigungen durch die Familie. Eines Tages hatte sich diese nämlich – was bei ihm einen Anfall ohnmächtiger Wut auslöste – samt Besuchs-Tante aufgeregt vor seinem Zimmer versammelt, in dem er gerade liebend mit einer Freundin befaßt war. (99)

Höxters Augen wanderten flink durchs Lokal. Zunächst bewegte er sich, der zwar eine zerfasernde Jacke, aber grünseidene Strümpfe und Lackschuhe zu tragen pflegte, zum Tisch der um Herwarth Walden versammelten Mitarbeiter des »Sturm«. Die erste Nummer dieser neben der »Aktion« zur Schaltstelle einer großen Kunstwende werdenden Zeitschrift, in der konstruktivistisch mit Worten gespielt und die Symbiose von Dichtung, Malerei und Musik angestrebt wurde, war am 3. März 1910 gerade erst erschienen. Bei dem gestenreich, hastig und apodiktisch sprechenden Walden, der manchmal wiehernd auflachte, saß Else Lasker-Schüler, seine Frau. 1911 sollten sie sich nach zehnjähriger Ehe trennen.

Bald ging der gebückte, aber noch junge Mann mit den scharf geschnittenen Gesichtszügen weiter, um dann bei Erich Mühsam, Ferdinand Hardekopf und René Schickele, bei Emmy Hennings und Lotte Pritzel hängenzubleiben – jenen beiden Frauen, die im Leben seines Wohngenossen Hoddis neben der Mutter und Schwester Marie die größte Rolle spielten und die dieser auch hier im Café des Westens kennengelernt hatte.

Wo Emmy Hennings weilte, konnte Robert Jentzsch nicht fern sein, war er doch gerade dabei, Feuer für sie zu fangen. In einem Gedicht »An Jacob van Hoddis« (100) stellte Jentzsch aber erotische Zweisamkeit mit wem auch immer als Schauspielerei dar, bei welcher man Intensität vor allem durch die Zuschauer, durch andere, erfahre. Das tat der 20jährige, bald zum Wintersemester 1911/12 nach München überwechselnde Mathematikstudent mit koketter Kühle kund. »Denn wohl ist uns«, so die vierte und letzte Strophe, »doch einzig im Café, / Wenn wir bei Vermouth, Mocca und den frischen / Pariser Waffeln in der Ecke sitzend, / Die Schweinchen-Verse des van Hoddis lesen.«

Worte gingen hin und her. Das Pointen-Pingpong war ein mit Leidenschaft geübter Sport in diesem Milieu, und die Puppen-Pritzel gehörte zu den geistreichsten Wortspielerinnen. »Gerade die graziöse, erotische Linie, die ihre ornamenta spiritus allen hemmenden Regeln zum Trotze verband, überschneidet doch allzu oft jenen Strich, der die öffentliche Moral von der privaten trennt« (101), stellte Höxter anerkennend fest.

Durch die surrogathaften Formen solcher Geselligkeit und allerlei falschen Zauber wurden manche Besucher dieser Fluchtburg schon auch desillusioniert. Sie blieben eine Zeitlang weg, saßen dann aber bald wieder an den kleinen Marmortischen. »Ich habe das Café satt«, notierte sogar Else Lasker-Schüler, der es doch so etwas wie eine Heimat war, »aber damit will ich nicht behaupten, daß ich ihm Lebewohl für ewig sage, oder fahre dahin Zigeunerkarren. Im Gegenteil, ich werde noch oft dort verweilen. Gestern ging es Tür auf, Tür zu, wie in einem Bazar; nicht alles dort ist echte Ware: Imitierte Dichter, falsches Wortgeschmeide, Similigedanken, unmotivierter Zigarettendampf.« (102)

Noch über Jahre hin geisterte der dürre schwarzhaarige Mann mit der gelben Gesichtsfarbe ruhelos als Überbleibsel der alten Berliner Bohème durch die Künsterlokale. Vor allem das Romanische Café war in den Zwanzigern sein Stammquartier. Dort begegnete auch Wolfgang Koeppen noch der sich schnorrend von Tisch zu Tisch bewegenden Gestalt, die ihm »wie ein liebenswertes Gespenst« erschien. (103) Während der ersten Nazi-Jahre – Juden durften nun keine öffentlichen Gastwirtschaften mehr betreten – emigrierte Höxter nicht, sondern blieb in Berlin. Kurz nach der sogenannten »Reichskristallnacht« fuhr er dann am 12. November 1938 in den Grunewald, nahm Gift und erhängte sich.

Auch noch mit anderen bildenden Künstlern hatte Hoddis zu dieser Zeit Umgang; mit dem Maler Kay Heinrich Nebel zum Beispiel, damals Freund seiner Schwester Anna, oder – sie überlieferten sein Bild – dem Silhouetten-Schneider Ernst Moritz Engert und Ludwig Meidner. Die Weltstadt Berlin, erinnerte sich jener, sei damals das große Erlebnis nicht nur für ihn, den im schlesischen Bernstadt geborenen Kleinstädter, sondern auch für den Berliner van Hoddis gewesen. Lange nach Mitternacht – bis gegen 5 Uhr konnte man im Café des Westens vor einer Tasse Kaffee oder einem Glas Bier für jeweils 25 Pfennige sitzen, ohne vom Kellner gemahnt zu werden, etwas nachzubestellen – lange nach Mitternacht hätten sie häufig zusammen den qualmigen Raum verlassen, um geradeaus durch die Straßen zu marschieren, bis der Morgen graute.

Meidner erzählt: »Wir waren gar nicht müde und schließlich, als die Frühsonne die obersten Häuserkanten beleuchtete, fragten wir einander immer noch nicht, in welchem Stadtviertel wir gelandet wären. Es war zumeist der äußerste Norden oder Nordosten der Stadt, aber immer noch Häuserzeilen, die fröhlich-traurigen Mietskasernen von Berlin mit den zahllosen traurig-fröhlichen Balkonen und dazu die ersten Zeugen des anbrechenden Berliner Wochentags, der uns in jenen Tagen in seiner Nüchternheit gar nicht nüchtern und banal vorkam, sondern schön, großartig, einmalig, ja, erhaben und von unausdrückbarem Reiz. So verliebt waren wir in diese Stadt.« (104)

Morgens

Ein starker Wind sprang empor.
Öffnet des eisernen Himmels blutende Tore.
Schlägt an die Türme.
Hellklingend laut geschmeidig über die eherne Ebene der Stadt.
Die Morgensonne rußig. Auf Dämmen donnern Züge.
Durch Wolken pflügen goldne Engelflüge. (105)
Starker Wind über der bleichen Stadt.
Dampfer und Kräne erwachen am schmutzig fließenden Strom.
Verdrossen klopfen die Glocken am verwitterten Dom.
Viele Weiber siehst du und Mädchen zur Arbeit gehn.
Im bleichen Licht. Wild von der Nacht. Ihre Röcke wehn.
Glieder zur Liebe geschaffen.
Hin zur Maschine und mürrischem Mühn.
Sieh in das zärtliche Licht.
In der Bäume zärtliches Grün.
Horch! Die Spatzen schrein.
Und draußen auf wilderen Feldern
Singen Lerchen.

»Und du Stadt-Verzückter, Jakob van Hoddis!« (106), sollte Meidner dem Freund später aus der Erinnerung noch einmal beschwörend zurufen. Das Gedicht »Morgens«, außer den im Frühjahr 1914 für den Druck hinzugefügten ersten sechs Versen 1910 entstanden, verrät schon etwas von der Faszination durch den mächtigen Organismus Großstadt, wie sie ja auch Ernst Stadler oder der Berlin haßliebend zugetane Georg Heym verspürten. Hoddis habe es, so Loewenson, aus dem Kopf nachts in der »Aktion«-Druckerei niedergeschrieben, als Pfemfert etwas »Sozialkritisches« wünschte. (107) Aber die Verse sind doch mehr ein Lobgesang, eine fast mythische Hymne auf die Stadt, auch wenn ihr Naturgewalten, starker Wind, beim morgendlichen Erwachen neues Leben einhauchen müssen, auch wenn sie sich den Menschen untertan macht, ihn denaturiert.

In dieser Aneinanderreihung von Eindrücken kommt der Dichter als Subjekt nicht vor. Die folgenden Verse (aus der Zeit zwischen Herbst 1909 und Frühjahr 1910) zeigen ihn jedoch im Zwiespalt zwischen als angenehm erinnerter Vergangenheit mit trunken machender Liebe und qualvoller Gegenwart. Dabei wandelt sich auch das Bild der Stadt von einer zur anderen Strophe überraschend, und etwas fröhlich Helles wird auf einmal düster.

Denn seine Liebe war wie roter Wein.
Wir gingen lachend auf den breiten Straßen.
Von Licht und Farbe war ein helles Schrein.
Ein Irres war in Dingen wie in Maßen...

Die aufgeregten Straßen dieser Stadt
Maschinen und Signale, die mich hetzen,
Die Dächer drohend unter Himmelsfetzen
Durchspähend suche ich den alten Traum.

Schließlich, auch noch im Jahre 1910(108), erscheint die Stadt endgültig als Ort des Verderbens und bedrückend dumpfer Enge, vor der – wenn schon vom »alten Traum« der Erinnerung keine Rettung kommt – allenfalls Flucht in betäubende nächtliche Phantasiewelten erlösen könnte.

Stadt

Wie schön ist diese stolze Stadt der Gierde!
Ihr Elend und geschmähter Überfluß
Und schwerer Straßen sehr verzerrte Zierde.

Schamloser Tag entdeckt dir die Konturen.
Die Häuser stehn befleckt mit Staub und Ruß,
Es flirrt um Eilende und Wagenhaufen
Furchtsame Weiber, Männer, blasse Huren...

Ich starre lange in die schnelle Pracht
Ein Dumpfes ahnend drunten im Gedränge –
Ich weiß wie sie des blöden Tages Strenge
Gewaltig preisen: daß er herrschen macht.

(Es zieht sie nur zur wohlumbauten Enge.)

Komm! laß uns warten auf die kranke Nacht
Der schweren dröhnenden Gedankenpränge.

Weltende

Ruhe, Sicherheit und Harmonie der Zeit erwiesen sich als scheinhaft, dem herrschenden Frieden war nicht zu trauen. Schon seit Anfang 1906 lag Alfred Graf von Schlieffens Angriffsplan fix und fertig in einem Schrank beim Generalstab am Alsenplatz. Das gestörte Verhältnis zu Frankreich eskalierte gerade zum zweiten Marokko-Konflikt, und während die Rüstungsindustrie Konjunktur hatte wie nie zuvor, kamen am 3. September 1911, einem Sonntag, an die 200 000 Berliner auf der Treptower Spielwiese zusammen, um gegen den drohenden Krieg zu demonstrieren.

Was jedoch den jungen Schriftstellern und Malern vom Neuen Club und aus dem Café des Westens das Atmen schwer machte, was sie bedrückte, war weniger die akute Gefährdung des Friedens als vielmehr, daß er »so faul ölig und schmierig wie eine Leimpolitur auf alten Möbeln« (109) war. Georg Heym, der das in seinem Tagebuch schrieb, sehnte gar Krieg oder Revolution herbei, nur damit irgend etwas geschehe in der großen, leeren Friedhofsruhe. Kampf erschien ihm wie vielen seiner Altersgenossen vor dem Ersten Weltkrieg als vitalistisches Lebensprinzip.

Auch der damals in Berlin lebende Maler Max Beckmann, später strikter Kriegsgegner, erwog am 9. Januar 1909 in seinem Tagebuch, »daß es für unsere heutige ziemlich demoralisierte Kultur garnicht schlecht wäre, wenn die Instinkte und Triebe alle wieder mal an ein Interesse gefesselt würden« (110), womit er den Krieg meinte. Zu dieser Zeit malte Beckmann gerade seinen »Untergang von Messina« als allgemeines Symbol – Messina könnte auch Berlin sein – des ringsum von Gefahren umgebenen, bedrohten Lebens und stellte das Bild noch im Frühjahr bei der Sezession aus. Die Naturkatastrophe vom 28. Dezember 1908, bei der 83 000 von den 150 000 Einwohnern der sizilianischen Stadt umgekommen waren, ragte apokalyptisch in eine Zeitstimmung diffuser Ängste hinein. Gewiß hatte Jakob van Hoddis die grausigen Fotos vom massenhaften Tod und Elend, wie sie in mehreren Nummern der »Berliner Illustrirten Zeitung« veröffentlicht worden waren, zu Gesicht bekommen. Und jetzt schon verdüsterte der Halleysche Komet, welcher im Mai 1910 an der Erde vorbeirasen und sie unter Umständen mit seinem Schweif berühren sollte, grell die Gemüter, jetzt schon weckte er Furcht vor noch schrecklicheren Springfluten und Überschwemmungen, vor verpesteter Luft und Erstikkungstod.

Das Bewußtsein der allgemeinen Krise zumindest, die sie später einholen wird, war diesen Neopathetikern gemeinsam, und böse Ahnungen sprachen aus ihren Versen und Bildern. Heym schrieb seine Visionen von Untergang, Zerstörung und Krieg, Lichtenstein prophezeite Sterbesturm und großes Morden, Meidner beschwor mit grellfarben detonierenden Kaskaden aus Pinselstrichen zerberstende Städte, Jüngste Gerichte und Weltuntergänge, aber ein kleines Gedicht von zwei Strophen, acht Versen, traf den Nerv der Zeit doch am empfindlichsten, und für wenige Außenseiter, die etwas davon merkten, wurde es zum Signal, zum Fanal.

Weltende

Dem Bürger fliegt vom spitzen Kopf der Hut,
In allen Lüften hallt es wie Geschrei,
Dachdecker stürzen ab und gehn entzwei
Und an den Küsten – liest man – steigt die Flut.

Der Sturm ist da, die wilden Meere hupfen
An Land, um dicke Dämme zu zerdrücken.
Die meisten Menschen haben einen Schnupfen.
Die Eisenbahnen fallen von den Brücken.

Dieser gereimte Weltuntergang fand erstmals am 11. Januar 1911 auf Seite 6 der Berliner Wochenzeitschrift »Der Demokrat« statt. Nach Auseinandersetzungen mit dem Herausgeber und Besitzer, mit Georg Zepler, einer führenden Gestalt der Freidenkerbewegung, gründete Franz Pfemfert kurz darauf, am 20. Februar, »Die Aktion«. Akuter Anlaß war, daß Zepler ein Agreement brach, demzufolge Pfemfert insgesamt redaktionell verantwortlich sein und Zepler nur die beiden letzten, der Freidenkerbewegung gewidmeten Seiten betreuen sollte, als er eigenmächtig in der Druckerei einen schon gesetzten Artikel Kurt Hillers in letzter Minute aus dem Blatte nehmen ließ. Mit seiner »Aktion« schuf der später Rosa Luxemburg und Karl Liebknecht freundschaftlich verbundene linke Demokrat und Pazifist, von dem schon 1911 in Leitartikeln auf die wachsende Kriegsgefahr hingewiesen worden war, das wichtigste Forum für eine Literatur im Aufbruch.

Verlag und Wohnung befanden sich in der Nassauischen Straße 17. In den feineren westlichen Vororten, zu denen Wilmersdorf gehörte, hieß der Hinterhof Gartenhof, das Hinterhaus Gartenhaus, mochte Pfemfert auch die weniger beschönigenden Benennungen bevorzugen, und es galt selbst für Wohlhabendere durchaus als standesgemäß, sich dort einzumieten. Das heute noch Gartenhaus genannte Gebäude betritt man vom Hof hinter der Kirche der selbständigen evangelisch-lutherischen Gemeinde Zum Heiligen Kreuz aus. Ein alter, knarrender Treppenaufgang führt eng gewunden nach oben, wo der Verleger im vierten Stockwerk wohnte und werkte. »Dort war eine Art Arbeitszimmer, und Pfemfert saß hinter einem Tisch vor einem Berg von Briefen und Manuskripten, die Zigarrenkiste mit dem Tabak vor sich, aus der er sich ständig die Zigaretten stopfte. Er war immer zu sprechen und für jeden, von früh morgens bis spät in die Nacht. Die Tür war für jeden Besucher offen.« (111)

Hoddis, der sich häufig aus dieser Tabakkiste und auch aus des Verlegers Samowar bedient haben mochte, schrieb seine die verlogene Harmonie der Zeit lustvoll destruierenden Katastrophen-Strophen irgendwann während des Jahres 1910, vielleicht schon Anfang Mai, als die Kometenfurcht ins Kraut schoß. Jedenfalls erinnerte sich Hiller: »Sein berühmtes Gedicht ›Weltende‹, womit tatsächlich die ›fortgeschrittene‹ oder ›expressionistische‹ Lyrik eröffnet worden ist, kannte ich lange, bevor Franz Pfemfert es druckte.« (112) Um diese Zeit entstand auch ein titelloses Gedicht, das sich zwar noch ganz stimmungshaft entwickelt, aber doch so etwas wie Ruhe vor dem »Weltende« zu atmen scheint:

Und heute ging ich auf den dumpfen Straßen
Durch Volk und Frauen und auf lauten, freiern,
Quadraten Plätzen, wo sich Wagen stauen
Und sah die Stadt in ihren Nebelschleiern
Und Bauten, Staub und Streiten, und wo draußen
Der rohe Meergott ihre Dämme küßt.

Die bedrohten Dämme brachen dann im lyrischen Bilde jener kleinen Vers-Apokalypse. Obwohl »Weltende« zum Hit ohnegleichen geworden war, betrachtete Hoddis das Gedicht nicht als abgeschlossen, es begleitete ihn noch eine Weile. So enthält ein stockfleckiges, »Der Tag der Städte« betiteltes Schulheft beim Nachlaß, das er im späten Frühjahr 1913 anlegte, neben korrigierten Erstdrucken auch eine handschriftliche »Weltende«-Version, die nicht nur in der Zeichensetzung von der gedruckten Fassung abweicht, sondern statt »liest man« steht dort auch »sagt man«. (113)

In »Das poetische Prinzip«, dem vierten und letzten Teil seiner, wie er es selbst nannte, »Gedankendichtung, Denkdichtung in Prosa« (114), spricht Johannes R. Becher von der eigenen Vergangenheit. Der ehemalige politisch-messianische Erlösungsträumer beklagte nun in den fünfziger Jahren als sozialistischer Klassizist und Kultusminister der DDR, »wie leblos veraltet« ihm ein Großteil der Beiträge vorkam, als er nach langer Zeit wieder einmal ein paar Nummern der »Aktion« durchblätterte, wie unverständlich ihm all diese »literarischen Exzesse« nun erschienen. Eigentlich lasse sich ja Vergangenes schon im Bezug zum Künftigen vergegenwärtigen, aber er halte es doch für unmöglich, das unverwechselbare Aroma dieser Jahre nachzuschmecken, »vergangene Zeiten in der nur ihnen eigenen, besonderen und nicht wiederherstellbaren Traumhaftigkeit – guter und schlechter – einzufangen«.

Becher war im Herbst 1911 als Student der Medizin und Philosophie für ein Semester nach Berlin gekommen und hatte dort auch lockeren Kontakt zu einigen Mitgliedern des Neuen Clubs. Sogar mehr als 40 Jahre später noch verleitete ihn die ungeheure Wirkung von »Weltende« dazu, seiner Jugend nachzuschwärmen. »Diese zwei Strophen«, schrieb er, »o diese acht Zeilen schienen uns in andere Menschen verwandelt zu haben, uns emporgehoben zu haben aus einer Welt stumpfer Bürgerlichkeit, die wir verachteten und von der wir nicht wußten, wie wir sie verlassen sollten. Diese acht Zeilen entführten uns. Immer neue Schönheiten entdeckten wir in diesen acht Zeilen, wir sangen sie, wir summten sie, wir murmelten sie, wir pfiffen sie vor uns hin, wir gingen mit diesen acht Zeilen auf den Lippen in die Kirchen, und wir saßen, sie vor uns hin flüsternd, mit ihnen beim Radrennen. Wir riefen sie uns gegenseitig über die Straße hinweg zu wie Losungen, wir saßen mit diesen acht Zeilen beieinander, frierend und hungernd, und sprachen sie gegenseitig vor uns hin, und Hunger und Kälte waren nicht mehr. Was war geschehen? Wir kannten das Wort damals nicht: Verwandlung. Erst viel später war von Wandlungen die Rede, dann vor allem, als wirkliche Wandlungen zur Seltenheit geworden waren. Aber wir waren durch diese acht Zeilen verwandelt, gewandelt, mehr noch, diese Welt der Abgestumpftheit und Widerwärtigkeit schien plötzlich von uns – zu erobern, bezwingbar zu sein. Alles, wovor wir sonst Angst oder gar Schrecken empfanden, hatte jede Wirkung auf uns verloren. Wir fühlten uns wie neue Menschen, wie Menschen am ersten geschichtlichen Schöpfungstag, eine neue Welt sollte mit uns beginnen, und eine Unruhe schworen wir uns zu stiften, daß den Bürgern Hören und Sehen vergehen sollte und sie es geradezu als eine Gnade betrachten würden, von uns in den Orkus geschickt zu werden.«

Es war also ein Gefühl der Überlegenheit und Freiheit, das diese Verse zu wecken vermochten, der Befreiung von Angst und Schrekken. Sie konnten das deshalb, weil in ihnen das Unheil, so Peter Rühmkorf, »weniger vorausgesehen als, in effigie, exekutiert wird«.(115) Wegen der Gleichzeitigkeit des Geschehens aus Versatzstücken lebendiger Natur und toter Menschlichkeit wird die untergangsreife Realität im Gedicht, das wie ein teilnahmslos fressender Moloch funktioniert, zermalmt und zermahlen. Während Dachdecker abstürzen, steigt die Flut, während die meisten Menschen einen Schnupfen haben, fallen Eisenbahnen von den Brücken.

Mit dem »Simultanismus« hatten kurz zuvor die Futuristen neue Erfahrungen von Zeit, Raum und Geschwindigkeit gefeiert, was ihnen später einige Wortspieler aus dem »Sturm«-Kreis nachtaten. Hoddis jedoch lag vordringlich weder daran, Bewegung darzustellen, noch konnte Gleichzeitigkeit für ihn eine beliebig anwendbare Technik sein, die nichts mit seiner Existenz zu tun gehabt hätte. Ihm wurde etwas anderes daraus. Zunächst einmal dachte er an die Möglichkeit, »Weltweite zu erzeugen«, d.h. Welt zu gewinnen, wie Becher sich erinnerte. »Jakob van Hoddis aber«, schreibt er, »dozierte uns, während wir Nächte hindurch die Stadt von einem Ende zum anderen durchstreiften (wir waren nämlich Peripatetiker), daß schon bei Homer dieses Gefühl der Gleichzeitigkeit vorgebildet sei. Der Vergleich nämlich sei bei Homer nicht dazu da, um eine Sache zu verdeutlichen, sondern um in uns das Gefühl der Gleichzeitigkeit, der unermessenen Weltweite zu erzeugen. Wenn Homer eine Schlacht schildere und das Geklirre der Waffen vergleiche mit dem Schlag eines Holzfällers, so habe der Dichter diesen Vergleich nur gebraucht, um uns zu zeigen, daß während des Schlachtvorgangs gleichzeitig auch Waldstille sei, erschüttert vom Schlag der Holzfäller...«

Hineingerissen in den Sog der Entgrenzung, sehnte sich Hoddis ebenso nach Welt wie nach dem gefährlichen Sirenen- und Medusenreich der Phantasie, sein Dämon sollte ihn aber immer wieder hinter die Grenzen von Realität, Erfahrung und Bewußtsein ins Leere treiben. Homer, für ihn der Prophet des Unbegreiflichen, war sein Vorbild bei dem Bestreben, Welt zu gewinnen. Dafür nutzte er die Gleichzeitigkeit des Geschehens als Versuchsanordnung, gab Realität ein und wartete, was geschah. Das Experiment endete dann so, daß Welt und Wirklichkeit in »Weltende« simultan zerstört, zur Kenntlichkeit entstellt und als sprachlich objektivierte Spannung der Zeit sichtbar gemacht wurden.

Das Gedicht löste eine neue lyrische Sehweise aus. Gerade wegen seiner Offenheit – gleichzeitige Ereignisse könnten sich ad infinitum aneinanderreihen – vermittelte es den Eindruck umfassender Sicht auf die Welt, eine Welt ohne Mittelpunkt allerdings. Aber was da ausgelöst wurde, beeindruckte programmatisch vor allem andere junge Dichter und später auch viele wissenschaftliche Verallgemeinerer. Von Hoddis her gesehen jedoch bezeichnen die acht Verse eine Station seines ganz persönlichen Scheiterns, seiner inneren Odyssee, weshalb dieses Experiment auch nicht beliebig wiederholt werden konnte.

Weil Hoddis selbst es war, den es verschlagen hatte, vermochte er kaum solch befreiende, fast hysterische Freude zu verspüren wie Becher, sondern allenfalls ein kurzes Gefühl der Erleichterung gepaart mit Leere, worauf ihn sein Dämon gleich wieder drängte, neue Grenzen zu überschreiten. Dabei ging er dann andere Wortwege, nahm anderen Kurs und scheiterte anders. Gleich Odysseus suchte Hoddis, der dem homerischen Helden der praktischen Vernunft so Unähnliche, die heimatliche Felseninsel und sollte schließlich auch sein Ithaka finden.

Vor Becher hatte schon der 1956 verstorbene Schriftsteller und Verleger Alfred Richard Meyer seine Gedanken zurückwandern lassen in jene Zeit, als er noch »Lyrische Flugblätter« und eine Zeitschrift »Die Bücherei Maiandros« herausgab, und Meyer kam nicht umhin, ebenfalls »Weltende« zu zitieren, das, so schreibt er, »mich wie Hunderte anderer Berliner beunruhigte«. (116) Außerdem wurde auch ihm die Atmosphäre latenter Boshaftigkeit wieder gegenwärtig, die den Berliner Kreis der Jungen durchsetzte. Im Neuen Club war Intellektualität eben keineswegs von liebevoller Toleranz humanisiert. Solche Gemeinschaften im Zeichen des Aufbruchs aus brüchiger Realität führten schöpferische Gestalten, denen individuelle Prägung und Einsicht Weg und Ziel vorgaben, mit nur wetterfühligen Mitläufern zusammen, die sich um der Profilierung willen erst recht ihrer Haut wehren mußten. Und dadurch etwa, daß poetisch Errungenes häufig auch zu »Marktwerten« hochgetrieben wurde und den Rang des Individuums in dieser Subkultur bestimmte, holte der herrschende Sozialdarwinismus die jungen Dichter auf seltsamem Umwege wieder ein.

Solches Prestige-Gerangel spielte im Zusammenhang mit dem »Weltende« schon allein deshalb eine große Rolle, weil das Gedicht so vielen unter die Haut gegangen war. Meyer: »Man kann sich heute beim besten Willen nicht mehr vorstellen, mit welcher Erregung wir abends, im Café des Westens oder auf der Straße vor Gerold an der Gedächtniskirche sitzend und bescheiden abendschoppend, das Erscheinen des ›Sturms‹ oder der ›Aktion‹ erwarteten, nicht so sehr auf den Rausch des Gedrucktseins bedacht als vielmehr scharf nach der Möglichkeit lugend: mit Worten angegriffen zu sein, die wie Ätzkalk oder Schwefelsäure wirken konnten. Überall in der Luft lag unheimliche Feindschaft, der wir zu begegnen hatten. Die Sitten des Waffen-Studententums waren hier kaum angebracht. Nur von Georg Heyms drohender Brachialgewalt flüsterte man. Hatten sich schon wieder neue Fronten ergeben? War ein neuer Überläufer festzunageln? Welches Lager drohte, sich zu spalten? Knisterte es nicht irgendwo im Gebälk einer Freundschaft? Wer stieg? Wer fiel? Alle Börsenberichte waren für uns von nebensächlicher Bedeutung. Wir selbst waren die Marktwerte! Und jeder wußte darum. Wie heißt der neue Mann? Alfred Lichtenstein-Wilmersdorf. Und sein Gedicht ›Die Dämmerung‹ betitelt. Verdrängt das ›Weltende‹ des Jakob van Hoddis?« (117)

In Lichtensteins am 18. März im »Sturm« erschienenen Versen spielt ein dicker Junge mit einem Teich, wird ein blonder Dichter vielleicht verrückt, stolpert ein Pferdchen über eine Dame, klebt ein fetter Mann an einem Fenster, schreit ein Kinderwagen, fluchen Hunde. Ohne Zweifel hatte van Hoddis' großer Wurf dafür auslösende Bedeutung, und es trifft auch zu, was Pfemfert anmerkte, als er »Die Dämmerung« am 4. Oktober 1913 in der »Aktion« nachdruckte: »Man erinnere sich des schönen: Weltende... des

Jacob van Hoddis, erschienen im ersten Jahre der AKTION. Tatsache ist, daß A. Li. (Wi:) dies Gedicht gelesen hatte; bevor er selbst ›Derartiges‹ schrieb. Ich glaube also, daß van Hoddis das Verdienst hat, diesen ›Stil‹ gefunden zu haben, Li. das Geringere, ihn ausgebildet, bereichert, zur Geltung gebracht zu haben.« (118)

Für Lichtenstein wurde dann wirklich zur raffiniert gehandhabten Technik, was bei van Hoddis von existentieller Notwendigkeit erzwungen worden war. Aber dennoch sollte man Lichtenstein weder als reinen Nachahmer abtun, noch ihn wegen seiner Virtuosität favorisieren. Beider Ergebnis, nämlich die zur Kenntlichkeit entstellte Realität, mag vergleichbar sein, vom Ansatz her jedoch bleibt Lichtenstein bewußt dem Visuellen verhaftet. Ihm geht es um Wahrnehmung, neue Sicht, und die künstlich irrationale, scheinbar naive Impression ist wohl schon das, was er »›ideeliches‹ Bild« nennt. »Lichtenstein weiß«, heißt es in einer Selbstinterpretation, »daß der Mann nicht an dem Fenster klebt, sondern hinter ihm steht. Daß nicht der Kinderwagen schreit, sondern das Kind in dem Kinderwagen. Da er nur den Kinderwagen sieht, schreibt er: Der Kinderwagen schreit. Lyrisch unwahr wäre, wenn er schriebe: Ein Mann steht hinter einem Fenster.« (119)

Neben dem jungen Dichter aus dem gerade nach Berlin eingemeindeten Wilmersdorf setzten sich auch Becher, Max Herrmann-Neisse, Ernst Blass, Paul Boldt, Ferdinand Hardekopf und noch viele, viele andere simultan über Raum und Zeit hinweg, ließen das Mechanische Leben gewinnen und das Menschliche Leben verlieren und zeichneten auf diese Weise Bilder der Entfremdung. Zwar kündete etwa Georg Heyms »Die Menschen stehen vorwärts in den Straßen« mit ähnlichen Mitteln eigenständig und originell von den Untergangsstimmungen um 1910 vor Auftauchen des Halleyschen Kometen, aber vielen war die Technik des »Weltendes« auch zur reinen Schablone geworden. Massenhaft entstanden jene ausgeklügelten »bürokratischen Versprodukte« (120), von denen Becher spricht. Da frönte mancher nur dem schnellen Reiz einer Attitude (121), während Jakob van Hoddis auf immer neuen Wegen vor immer neue Abgründe gelangte.

Ein Präsident wird gestürzt

Die Verse von Hoddis prägten also, sie befruchteten, zündeten, steckten an, und allgemein war man sich durchaus des Ursprungs solcher Wirkung bewußt. Bei nächtlich trunkenen Heimwegen von ihrem Münchner Stammcafé zum Beispiel pflegten Becher und sein Freund Heinrich F. S. Bachmair, die Hoddis beide flüchtig von Berlin her kannten, im Zeilenstil zu improvisieren. »Es bildete sich«, so Bachmair, »eine ›Schule‹ um ihn, deren Anhänger sich ›Neopathetiker‹ nannten.« (122) Auf jeden Fall war er also zur zentralen Gestalt geworden.

Die Jahre 1910 und 1911 sollten seine literarisch ergiebigsten bleiben; da entstanden einige Gedichte von später kaum mehr übertroffener Vielfalt und Kraft des Ausdrucks. »Aurora« erschien als erstes veröffentlichtes überhaupt am 4. Januar 1911 im »Demokraten«, wo dann ja am 11. »Weltende« folgte. Auch im »Sturm« (die Zyklen »Varieté«, »Italien«, »Der Tag der Stadt«) und der inzwischen von Pfemfert gegründeten »Aktion« (zunächst »Der Träumende« am 20. Februar, ein dem Maler-Freund Nebel gewidmetes Gedicht) begann er nun zu veröffentlichen. Beim fünften Abend des Neopathetischen Cabarets am 18. Januar im Café Austria, Potsdamer Straße 28, dort wo es heute, nahe der Mauer, öd und leer ist, las Hoddis unter anderem die früher schon vom Publikum wohlgefällig aufgenommenen »Varieté«-Gedichte, von denen Gottfried Benn durchaus zu seinem »Nachtcafé« angeregt worden sein könnte. Der sechste Abend war für den 27. Februar ebenfalls im Café Austria vorgesehen, mußte aber wegen der Querelen im Neuen Club ausfallen.

Was sich da nun zutrug, meldete Baumgardt brühwarm seinem Freund Friedrich Schulze-Maizier, der im November nach München gegangen war. Schulze-Maizier hatte als Club-Mitglied nicht die besten Erfahrungen gemacht, aber zu seinen Aversionen gegen geltungssüchtige literarische Betriebsamkeit kam schon auch ein gehöriger Schuß Antisemitismus, wenn er etwa mitunter »Judentaktik« am Werke sah. »Daß der Neue Club in die Brüche geht«, antwortete er Baumgardt am 1. Februar, »ist meine letzte Sorge. Hiller weiß nicht minder als Davidsohn und Golo Gangi sehr genau, daß der Club für jeden von ihnen die denkbar wichtigste Institution der Welt ist. Seien wir doch ruhig ein bißchen grob: Keiner der Herren des N[euen] C[lubs] hat den Fonds oder die Courage oder die nötige Phänomenalität, um aus eigener Person und Macht sich literarisch durchsetzen zu können. Höchstens van Hoddis! Dem jetzt vielleicht mit dem Erfolg auch der Wille zur Macht etwas geschwollen ist? – Nun, dieses Motiv zum ›Krach‹ würde mir immer noch sympathischer sein als irgend ein anderer Stunk. Vielleicht kann van Hoddis es sich leisten, auch einmal den Un-sozialen zu markieren. Die Anderen gewiß nicht. Diese N[euen] C[lubl]er sind doch ein Musterbeispiel des sozialen Phänomens und des ›addierten Zusammens‹, das als Zusammen zu immerhin ganz stattlichen und markanten Wirkungen kommt, auf die es in der Isolation wohl doch nicht rechnen dürfte. Sogar der Meister Heym hat das recht gut begriffen.« (123)

Bis dahin hatte Hoddis als Vorbereiter und Conférencier der Cabaret-Abende fungiert, ein Amt, das dann beim Comité-Treff am 8. Februar der inzwischen aus dem Sanatorium in Arosa nach Berlin zurückgekehrte Erich Unger übernahm. Für den »Weltende«-Dichter, dessen Ansehen um diese Zeit beträchtlich war, bedeuteten die schon lange schwelenden ideologischen Auseinandersetzungen wie auch Streitereien um Georg Heyms »Atalanta« mehr erwünschten Anlaß und Vorwand, gegen Hiller vorgehen zu können, als Ursache seines auf ihn bezogenen Mißbehagens.

Wie aus einem Brief Ghuttmanns an Heym hervorgeht, hatte sich Hoddis im November 1910 sogar noch bereit erklärt, 250 Mark für eine auf 1100 Mark veranschlagte Aufführung des Einakters an den Kammerspielen beizusteuern, was Hillers Vorschlag ausschloß, das Stück in einem gemieteten Saal von jungen, also noch unerfahrenen Schauspielern auf die Bühne bringen zu lassen. (124) Der oberste Neopathetiker wiederum glaubte sich zu erinnern, die einen hätten ihm vorgeworfen, das Projekt ungenügend zu fördern, während umgekehrt Hoddis wütend darüber gewesen sei, daß er es überhaupt befürwortet habe.

Auf jeden Fall stellte Hoddis im Comité zunächst den Antrag, Hiller zu ersuchen, sein Amt sofort niederzulegen, und dann, ihn aus dem Club auszuschließen, worauf man übereinkam, der Generalversammlung folgende Fassung vorzuschlagen: »Das Comité beantragt die Amtsentsetzung Dr. Hillers.« (125) Dem präsidierenden »Glatzenschwein« (126) nun – der Ton war rauh und wenig herzlich im Neuen Club – stellte sich die Affäre rückblickend alles in allem folgendermaßen dar: »Eine Meinungsverschiedenheit rein administrativer Art: ob nämlich Heym's dramatische Arbeit ›Atalanta‹ mit Unterstützung durch die Clubkasse aufgeführt werden solle oder nicht, bildete den äußern Grund; die wahre Ursache lag tiefer. Sie lag, wie ich glaube, in Ressentiments von drei, vier etwas Jüngeren und Undurchgedrungenen gegen mich, den etwas Älteren und zu ›arrivieren‹ Scheinenden, den ihr simpel-neidischer Kontrainstinkt loszuwerden trachtete. Die treibende Kraft war van Hoddis. Seit 1907 mir freundschaftlich fest angeschlossen, betätigte er plötzlich einen rasenden, fanatischen Haß gegen mich. Eigentlich wußte niemand, weshalb. Aber dieser Haß ward mehreren zur Welle, auf der sie das Boot ihrer heimlichen, billigen Mißgunst mit Lust tanzen ließen. Es kam zu einer Abstimmung, März 1911, in der ich zwar formell siegte, aber doch unglorreich genug, um meinen Austritt aus dem Club für angemessen zu halten.« (127)

Unangemessen wie zumeist reagierte dagegen Hoddis. Sein Haß wurzelte gewiß auch im Ärger darüber, wie fix und wenig von Zweifeln geplagt der eifrige Ismen-Produzent – mit seinem Sensationismus hatte er ja wesentlich zur Verunsicherung des Freundes beigetragen – für sich selbst jeweils neuen, fertigen Sinn und öffentliche Wirkungsmöglichkeiten fand. Hoddis jedoch, dem die Wirklichkeit seelen- und sinnlos erschien, feindlich, konnte das nicht, und so reagierte er denn seine übel gemischten Gefühle für den optimistischen Logiker in Mordphantasien und Bildern des Ekels ab (128):

Logisch läßt sich's nicht begründen
Daß ich dir das Leben lasse
Krächzend bricht's aus meinen Schlünden,
Daß ich deine Sünden hasse.

Auf die Gasse muß ich spein,
Wenn ich dein gedenke
Fühl ich mich in dich hinein
Rieche ich Gestänke.

Kurt Hiller, der sich am 13. März 1911 in der »Aktion«, »gelangweilt durch das taktlose Verhalten einiger Mitglieder«, offiziell und öffentlich vom Neuen Club verabschiedete und bald darauf mit Blass und Armin Wassermann das literarische Kabarett »Gnu« gründete, hatte einst gerade Hoddis' Lyrik vor aller anderen geschätzt. Zwar ließ er sich später über die »originelle und kuriose Dürftigkeit des Œuvre eines kleinen Schizophrenen« (129) aus, schrieb aber doch auch: »Der dichterisch stärkste Vertreter unserer Anschauungen war Jakob van Hoddis, dessen Gedichte weitgehend meiner Theorie von der Gehirnlyrik, genauer: von einer lyrischen Synthesis aus sensualen, sentimentalen und mentalen Elementen, entsprachen. Auch als der junge, sich wild und ›verrückt‹ gebärdende Wilhelm Simon Ghuttmann ein neues Genie in unseren Kreis einführte und behauptete, was dieser Georg Heym schrieb, stelle alle unsere Produkte in den Schatten, und auch als dieser Georg Heym nach seiner ersten Vorlesung in unserem Kreise 1910 nun auch begeistert aufgenommen und anerkannt wurde, blieb Hoddis doch derjenige, dessen Gedichte einem Teil unseres Kreises den eigenen kunsttheoretischen Erkenntnissen, oder besser, Wunschvorstellungen adäquater schienen als Heyms Wucht der Phantasie.« (130)

Aber Hoddis interessierten kunsttheoretische Erkenntnisse oder Wunschvorstellungen allenfalls dann, wenn sie als Wege zum Ur-Ich gangbar erschienen, und was den Krach im Neuen Club anbetrifft, so praktizierte er sein ganz persönliches Neopathos, als er den dort geistig aufreizend dominierenden, immer selbstgewissen Förderer vor den Kopf und von sich wegstieß: Er gab dem manischen Zwang nach, sich von allen Zwängen zu befreien; er trat den Rückzug an und begann seinen Vormarsch in die totale Unabhängigkeit.

Auf dem Rückzug

Den größten Teil des ersten Halbjahres 1911 verbrachte Hoddis in München. Zunächst liebäugelte er noch mit der Absicht, dort sein Studium fortzusetzen, nachdem man ihn in Berlin am 24. Januar wegen »Unfleißes« exmatrikuliert hatte. Vielleicht waren solche Andeutungen der Mutter gegenüber aber auch nur Vorwände, vielleicht ging es ihm damals schon einzig darum, sich als Schriftsteller zu etablieren. Im Juni kehrte er zurück und blieb diesen besonders schönen und warmen Sommer über an der Spree. Das ruhelose Hin und Her zwischen München und Berlin, wozu noch ein Abstecher nach Paris kam, pendelte sich jedoch ein.

Sicher war es auch Lotte Pritzels erotischer Zauber, der ihn immer wieder nach München lockte. In den November 1911 im »Sturm« veröffentlichten »Briefen aus Norwegen«, die dann kurz darauf vermehrt als Briefroman »Mein Herz« herauskamen, ließ Else Lasker-Schüler einen Zustand erotisch-fetischistischer Irritation bei ihrem Bekannten aus dem Neuen Club und dem Café des Westens durchblicken. »Jakob van Hoddis der Rabe,« munkelte sie, »ist mit einer Puppe durchgebrannt. Immer saß er schon im Sommer auf dem Sims vor dem Schaufenster bei Friedländer in der Potsdamerstraße 21, und schmachtete zwischen turmhohen Hüten und Rosenkapotten das süße Marquisechen an in den Pfauenpantöffelchen. Eine Seele, die für sechzig Mark zu kaufen war.« (131)

Mit den Cabaret-Abenden ging es nun weiter. Den sechsten am 15. Mai im Salon Cassirer, Viktoriastraße 35, bestritt Georg Heym alleine. Auf dem Programm des siebten am 16. November im oberen Saal der Sezession (Café Kutschera) Kurfürstendamm 208/209, an Stelle des heutigen »Karrees«, einem Neubau mit Theatern, Galerien, Buchhandlungen, Lokalen und einem Trödelmarkt, stand dann Hoddis' Prosatext »Doktor Hackers Ende«, wo der angsterfüllte Protagonist, vergebens die Welt seiner Träume beschwörend, schließlich von einem kleinen Hund gefressen wird, und beim achten Auftritt der Neopathetiker am Sonnabend, 16. Dezember, ebenfalls im Saal der Sezession, war das verschollene »Fragment aus den Lebensbeschreibungen unheilbarer Moralisten« von ihm zu hören. Es wurde wieder sehr spät, ehe die Zuhörer endlich nach einem Engertschen Schattendrama aus dem halbrunden, oben mit vielen roten Lämpchen gespickten Säulenvorbau der Sezession auf den nächtlich ruhig gewordenen Kurfürstendamm treten konnten.

Daß Hoddis auch nach der Spaltung des Clubs weiter gegen Hiller wütete und eine wohl mögliche allgemeine Versöhnung hintertrieb, war Teil seiner Fluchtstrategie, bei der Zweifel am Pathos des Intellektualisten eben allenfalls taktische Bedeutung hatten. Nach und nach zog er sich von allen ihm nahestehenden Menschen zurück. Schon im Jahr zuvor hatte Doris Davidsohn das veränderte Verhalten des Sohnes ihr gegenüber bemerkt. »Pat. war früher von der Mutter sehr eingenommen, seit 2 Jahren gegen sie. [...] Die Abneigung gegen die Mutter datiert vielleicht daher, daß er nicht so viel Geld bekam, als er selbst wünschte.« Das erzählte sie dem behandelnden Arzt in Nikolassee, und Laura Henschel, die Tante, gab dort an: »Pat. verlangt sehr viel von der Mutter; er beschuldigt die Mutter, daß sie Steuern hinterziehe, falsche Angaben mache; sie sei reich und leugne dies.«

Solche und andere schlicht bösartigen Anwürfe waren ebenfalls nur als Anlässe vorgeschoben. Da wurde Aggressivität zum einzigen ihm noch möglichen Weg, um auf Distanz gehen zu können. Zweifellos lag der Schlüssel für sein Verhalten auch bei der Mutter, und was nun geschah, stellte allem Anschein nach die letzte Phase bestimmter Wechselwirkungen in der Familie dar, von Wechselwirkungen zwischen den Eltern, zwischen Mutter und Sohn vor allem. Nach des Vaters Tod hatte Hoddis große Anstrengungen gemacht, sich aus der Umklammerung der Mutter zu befreien. Indem er sie übel behandelte, zerriß Hoddis die symbiotischen Fesseln und konnte sich endlich wandeln, konnte ein anderer werden. Er war aufgebrochen zum endgültigen Rückzug, wurde deshalb auffällig, und in der Familie sorgte man sich nun um ihn. Schwester Anna glaubt, bei einem Treffen mit der Mutter im Herbst 1911 in Venedig »zum 1. Mal von Hans' Erkrankung« gehört zu haben. (132)

Auch von Georg Heym, dessen Dasein allein ihn schon verstört haben muß, versuchte er zu jener Zeit loszukommen. »Der dummste Mensch, den ich kenne«, urteilte Loewenson in einem Brief vom 5. Juni 1911 über den vor Vitalität Strotzenden, der immer nur vom Tode dichtete. »Er ist so lächerlich dumm, daß ich ihn gern habe. Weil er so wahnsinnig unverschämt u[nd] kindisch revolutionär ist. Furchtbar deutsch.« (133) Wie sich Loewenson dann fast ein halbes Jahrhundert später erinnerte, schätzte und entwertete der eine am anderen, was ihm selbst als Lyriker fehlte, also Hoddis an Heym »das instinkthaft-naive Sich-von-selbst-Ausströmen seiner emotionalen Bildersprache in sich wandelnden Einzelsituationen« und Heym an Hoddis »die epigrammatische Kondensation von Unermeßnem zu einem Vers«. (134)

»Verstehen werden mich einmal ganz: Guttmann. Wolfsohn. Hoddis. Nicht: Schulz [= Friedrich Schulze-Maizier]. Nicht: Ernst [= Ernst Balcke], denn wir kennen uns schon zu lange«, notierte er am 1. September in sein Tagebuch, und unter dem 31. Dezember liest man: »Problem Heym – van Hoddis. Hoddis ist der verhaltene, Heym der laute. Zwei Arten der Energie. Da die verhaltene stärker ist, scheint Hoddis der stärkere. (Rein als Person – die Leistungen betrachte ich hier nicht) Re vera: Hoddis trägt keine Maske, Heym ist maskiert. Ihm beliebt es, als Naturbursche zu erscheinen. Solange er andere braucht, muß er ihnen Gelegenheit geben, sich wenigstens in dieser Hinsicht – Schliff, Intellect – ihm überlegen zu zeigen (da sie mit der Leistung nicht konkurrieren können.) Es genügt vollkommen für seine Pläne, daß sie ihn nicht um alles beneiden zu müssen glauben. Ergo: ist Heym auch als Phänomen der stärkere. Das Problem Heym – van Hoddis scheint quatsch zu sein. Denn Hoddis kann ja garnichts. Wie kann man nur so blind sein.«

Aber das Problem wirkte trotzdem weiter. »Ich verbiege«, heißt es am 20. November 1911, »Jentzsch u. Hoddis alles. Hoddis, Jentsch verbiegen mir alles. Jentsch, ich, verbiegen Hoddis alles. Der Irrsinn der Natur, uns 3 auf einen Klumpen zu werfen. Ich hätte am Äquator, Jentsch am Südpol, Hoddis am Nordpol wohnen müssen. Oder besser auf drei um Ewigkeiten getrennten Sternen.« (135)

Den Unvergleichbaren war vieles gemeinsam. Sie zogen einander an, vermieden es aber, Übereinstimmungen festzustellen. Gleichzeitig stießen sie einander ab und richteten Mauern aus ihrer Verschiedenheit zwischen sich auf. Kurz nach dem Erscheinen seines Gedichtbandes »Der ewige Tag« Mitte April beauftragte Heym den Rowohlt-Verlag, auch ein Exemplar an Hoddis nach Halensee in die Joachim-Friedrich-Straße 20 zu schicken. (136) Darin stand das ihm gewidmete Gedicht »Die Schläfer«, aus dessen giftigen Todesträumen jedoch gewiß keine persönlichen Anspielungen herausgelesen werden können. Hoddis aber antwortete (falls »Am Lietzensee«, wie anzunehmen, im Sommer 1911 entstanden ist) mit einem persönlich wirkenden, fast verächtlichen Abschiedsgedicht. Den, der da spricht, belästigt nicht nur die physische Gegenwart, ihm geht auch der Traum des anderen, die Essenz seiner geistigen Abenteuer, störend nach.

Am Lietzensee
Meinem Freunde Georg Heym

Die rote Sandsteinbrücke packt
Staubig die andere Seite vom schwärzlichen Tümpel.
Laternen. Das verirrte Mondlicht zackt
Über Sträucher und Wellen und träges Gerümpel.

Doch zu uns tönt der Abendschrei der Stadt.
Ich spüre noch die Lust der vielen Straßen
Und Trommelwirbel um Fortunas Rad.
Doch du stehst vor mir schläfrig und verblasen.

Feindselig reichst du mir die plumpe Hand,
Von neuem Zorn die starke Stirn betört.
Und als ich längst schon meinen Weg gerannt
Hat alle Schritte noch dein Traum gestört.

Am 16. Januar 1912, zwischen 15 und 16 Uhr, ertranken Georg Heym und sein Freund Ernst Balcke beim Schlittschuhlaufen auf der Havel. Hoddis, der zunächst an Mord glaubte, war bestürzt. Später führte er den Tod des Freundes auf eigene magische Wirkungen zurück. (137) Als er einmal im Neuen Club mit dem Messer auf ihn losgegangen war, hatte es sich um einen Scherz gehandelt; da wollte er Heyms Weigerung durchbrechen, das Ausnahmeprodukt eines ungebrochen hymnischen Gedichtes allseits bekannt zu machen. (138) Nun aber kam ihm quälend zu Bewußtsein, daß er Heym in Gedanken wirklich hatte lossein wollen. Während der Beisetzung, die am 24. Januar mittags auf dem Friedhof der Luisengemeinde in Westend stattfand, mag er daran gedacht haben.

Kurz darauf – am 3. April fand noch ein Gedächtnisabend für Heym im Neuen Club statt – machte sich Hoddis zusammen mit Baumgardt, Ghuttmann, Loewenson und Jentzsch an die Herausgabe des Nachlaßbandes »Umbra vitae«, der Anfang Juni bei Rowohlt erschien. Dieser Tod ging ihm nahe, und dieser Tod ging ihm nach. Als Hoddis 1919 von Frankenhain aus in Erfurt war, ließ er Schulze-Maizier wissen »Ich schreibe jetzt ein Trauerspiel: Der Tod Georg Heyms« und soll sehr erregt gewesen sein, als er das sagte. (139)

Weißer von Gedankensonnen

Vierzig Jahre vor Jakob van Hoddis hatte sich schon einmal ein anderer Dichter auf den gefährlichen Weg ins Freie gemacht. Es war ein Sechzehnjähriger – Arthur Rimbaud. Zwar gehörte Rimbaud auch für Heym zu den »Göttern« (140), mit denen er das Gefühl angstvoller Zerrissenheit und sinnlosen Kreisens im Wirklichen teilte, zwar ähnelte er ihm auch durch seine maskuline Brutalität, das seltsam zu seinen poetischen Visionen von Grauen und Tod konstrastierende naturburschenhafte Naturell. Was jedoch den durchlittenen Bezug von Leben und Werk, von Wort und Existenz anbetrifft, so steht Hoddis dem französischen Heros der inneren Freiheit näher, als ihm der früh verstorbene Freundfeind kommen konnte.

»Ein anderes bin ich, der ich bin (Ur-Ich)«, hatte Hoddis schon in dem frühen programmatischen Essay »Von Mir und vom Ich« das Unbegreifliche zu definieren versucht, nach dem ihm der Sinn stand, und bei Rimbaud liest man ganz Ähnliches: »Denn: Ich ist ein Anderer«, heißt es am 14. Mai 1871 in einem Brief aus Charleville. Schreiben als verwandelndes Suchen und Finden seiner selbst im Wort, bei dem man sich um so fremder wird...

Auf seinem »Trunkenen Schiff« ließ sich Rimbaud vom Strom rauschhaft entfesselter Sinne zum Meer treiben, ins Unbekannte, Ferne, Fremde. Dort, wo unter den Wogen meergrüne Herden zogen und Blumen mit Pantheraugen blickten, wo wanzenzerfressene Riesenschlangen von den Bäumen fielen und Fische sangen, wo Sternengewölbe bluteten und silberne Sonnen an fiebernden Himmeln standen, dort erlebte er gewiß größere Sensationen als van Hoddis, dessen Abenteuer der Entgrenzung vor allem über das Hirn führten. Die Fruchtlosigkeit späterer Fahrten vorausahnend, erschien Rimbaud der Wellentod im Meer der Sehnsucht noch als Alternative zum Leben in Europa, das ihm wie ein kalter, schwarzer Tümpel vorkam. Bei van Hoddis dagegen wurde das Wunder, zu dem ihn der Traum seiner selbst führte, bald schon im Gedicht selbst zu Talmi, für den zu sterben sinnlos und töricht wäre.

Fast verächtlich entsagte Rimbaud der Literatur in dem Augenblick, als mit dem Phantasierausch ein Gefühl der Leere einherzugehen begann, als ihm aufging, daß Kunst zu schwach ist, um aus dem Gefängnis der Realität zu befreien und das Unaussprechliche ganz auszudrücken. Er wurde – das ein weiterer, ganz anderer Befreiungsversuch – konsequenter Tatmensch, hastete von Land zu Land und führte dann zwischen Aden und Harrar ein furchtbares, von kleinen Hoffnungen animiertes Abenteuerleben, während in Paris schon irgendwelche Literaten dabei waren, ein ästhetisches Evangelium aus seinem Sonett über die Farbwerte der Vokale abzuleiten.

Anders Hoddis. Er hielt sich weiter ans Wort und protokollierte seine verschiedenartigen Versuche der Entgrenzung. Erst nach und nach löste Hoddis die für Rimbaud von vornherein schon bedeutungslosen Bindungen durch Kulturbewußtsein, Familiensinn oder Freundschaft, gleichzeitig neue Wirklichkeiten hinter der Wirklichkeit suchend. Als ihm dann keine Ziele mehr sichtbar waren, die in

Beziehung zur Realität gestanden hätten, zog er sich ganz daraus zurück. Und unterwegs griff immer wieder die Angst nach ihm ...

Hundert starke Arme langen
Aus dem Sumpfe nach dir hin.
Donner brummen. Goldne Schlangen
Packen dich an Brust und Kinn.

Und sieh, ein Greis mit weißen Flammenhaaren
Schreit dich pathetisch dabei an:
›Du sollst nun mal zur Hölle fahren!
Da, sieh dir deine Wunder an!

Sind es nicht Farben, die in Fieberjahren
Dein traumbetörtes Auge sich ersehnt?
Bewundre Blitze, die ins Fleisch dir fahren!
Belausch den Tod, der schon im Hirn dir dröhnt!‹

Und wütend läufst du immer weiter,
Das Ganze ist zwar zaubertoll,
Doch ist es weiter gar nicht heiter,
Wenn man am Wunder sterben soll.

Wahrscheinlich stammen diese vier Strophen aus der ersten Hälfte des Jahres 1910. (141) Schon damals also hatte Hoddis Situationen tödlicher Bedrohung durchzustehen. Am Sumpfe seines Scheiterns prophezeite ihm ein Greis zynisch das nahe Geschick, dem einst ersehnten, inzwischen aber fadenscheinig gewordenen Wunder zum Opfer zu fallen. Vom Weiß der Flammenhaare des Alten scheint etwas diffus Gefährliches auszustrahlen. Während Georg Trakl, ein gleichfalls leidvoll vom unlebbaren Leben zeugender Dichter, mit Farben auch Gegensätzliches beschwört – weiß sind schneeige Unschuld und Verschimmeltes, toter Kalk und Anemonen –, deutet es immer auf allerhöchste Not hin, wenn in Hoddis' Gedichten etwas Weißes aufleuchtet. Und Weiß ist bei ihm die am häufigsten vorkommende Farbmetapher.

»Horch, es klingt der gläserne Tod durch die wüste Stunde. / Und es erstarrt im Mittagswunder der Traum und die Kraft eures

Lebens.« So endet das Gedicht »Karthago«. Wenn man von den Erkenntnissen der Goetheschen Farbenlehre ausgeht, daß der »zufällig undurchsichtige Zustand des rein Durchsichtigen Weiß« genannt werden kann, »so wie ein zermalmtes Glas als ein weißes Pulver erscheint«, dann erschließt sich Hoddis' metaphorisches Weiß folgendermaßen: »Die äußere Realität ist für ihn durchsichtig, vordergründig, nicht ernst zu nehmen. Sein Denken ist ausgerichtet auf etwas hinter den Dingen. Aber das Dahinterliegende entzieht sich ihm, die Durchsicht erreicht kein Ziel. Die ›nie gekannten lichten Städte‹« – er beschwört sie im Gedicht »Aus blauen Wunden glomm die müde Nacht« – »sind unerreichbar. Deshalb wird die vordergründige, an sich durchsichtige Realität zermalmt wie Glas und erscheint als Weiß.« (142) Weiß vor lauter Bewußtheit, ganz hell erleuchtet, wurde außerdem das dahinterliegende nächtliche Gefilde der Phantasie und konnte nun keinen Schutz mehr bieten, keine Fluchtmöglichkeit mehr sein. Die Realität rächte sich: Auge in Auge mit Medusa dröhnte ihm der Tod ins Hirn.

Qualvolles Leiden am Bewußtsein, am grellen Licht von Gedankensonnen, offenbart auch ein anderes zwischen Herbst 1910 und Herbst 1911 entstandenes Gedicht. (143) Immer noch sehnte sich Hoddis danach, im nächtlichen Phantasiereich unwirklich zu werden, doch nach jedem neuen Versuch fand er sich desillusioniert in der Wirklichkeit wieder, geblendet von Sonnen, die nun nicht Quell des Lebens und der vitalen Triebe waren wie bei Rimbaud, sondern grausame, zerstörerische Gestirne. Schließlich blieb ihm nur noch der Schrei als lindernder Ausdruck seiner Hilflosigkeit.

> Und goldne Nacht enthülle mich als Traum.
>
> Es muß verruchte Märchengötzen geben,
> Die steinern drohen durch den großen Raum.
>
> Und jäh wie Leid, das mein Gehirn zerreißt,
> Entströmt die Lust der Nächte allen Bronnen.
> Nächte sind weißer von Gedankensonnen
> Als je der tiefe Tag im Süden weiß.

Schwärzliche Mauern starren zu den Sternen
Von müden Männern hastig aufgebaute.
Hellgrüne Himmel bersten. Aus den fernen
Vorstädten stößt zu dir das laute
Geschrei der Sklaven, die die Fäuste heben.

Grüße den Schrei! Denn du, weißt du denn jetzt
ob dich Verzweiflung durch die Straßen hetzt
Oder die Seligkeit zu leben?

Auch diese Verse deuten darauf hin, »daß das große Thema van Hoddis', die Zerstörung der Realität, der Weltuntergang, nicht primär ist, sondern die Folge des mißlungenen Versuchs, der vordergründigen Realität zu entfliehen. Van Hoddis ist kein sozial engagierter Dichter, wie das offenbar die Meinung von Else Lasker-Schüler war, sondern ein reiner Mystiker. Er zerstört die Realität, weil er trotz allen Versuchen, über sie hinauszukommen, auf sie zurückgeworfen wird.« (144)

Flucht unters Kreuz

Die Gemeinschaft der Neopathetiker begann sich 1912 aufzulösen, denn da setzte zum Beispiel Baumgardt sein Studium in Heidelberg fort und Jentzsch in München. Beim neunten und vorerst letzten Cabaret-Abend am 3. April im Architektenhaus Wilhelmstraße 92/93 standen Gedichte aus dem Nachlaß Georg Heyms im Mittelpunkt. Sie wurden von Ghuttmann und Jentzsch gelesen, die übrigens auch einige von Hoddis vortrugen.

Der war seit Mitte Februar erneut in München, um vor allem wieder zu versuchen, sich dort die Basis für eine Existenz als freier Schriftsteller zu schaffen. Wie er bald dem Nikolasseer Arzt erzählen sollte, sei es ihm jedoch schwer gemacht worden, in die richtigen Kreise hineinzukommen, weil ihm die Mutter das notwendige Geld vorenthalten habe. »Entweder muß man als wohlhabender Mensch auftreten oder wie ein Schwein herumlaufen«, meinte er, der sich offenbar für die zweite Möglichkeit entschieden hatte.

Sein Onkel, der Ingenieur Hermann Kempner, wohnte in der Thierschstraße, schräg gegenüber dem Wilhelms-Gymnasium, im Parterre eines stattlichen Gebäudes, das auch einen sieben Jahre später dort verstorbenen Volksschriftsteller und Dichter des Bayerischen Waldes namens Maximilian Schmidt beherbergte. Seltsam die Vorstellung, Hoddis und jener alte, »Waldschmidt« genannte Hofrat, dessen auf einer Tafel am Hause ehrend gedacht wird, könnten sich da ab und zu begegnet sein.

Von ihrem Bruder informiert, sah Doris Davidsohn den Münchner Aufenthalt des Sohnes so: »Hier geriet er in einen mystisch-katholischen Kreis hinein, gewann ähnliche Neigungen. Pat. schrieb schon sehr wenig an die Mutter, schrieb nur alle 4 Wochen eine Karte um Geld. Juli blieb eine Nachricht aus. Damals benahm er sich einem Onkel gegenüber sehr auffällig. Er kam verhungert hin, dann blieb er die ganze Nacht sitzen, berührte nicht das Bett; dann verließ er ganz abrupt das Zimmer, wollte fortfahren. Dann kehrte er wieder zum Onkel, zeigte sich in Gesellschaft auffallend still, sprach nichts, rauchte viel. Auf eine Ermahnung des Onkels wurde er zu diesem furchtbar ausfallend, schrieb ihm einen seltsamen Brief, bot ihm Ohrfeigen an. Überhaupt äußerte er immer, er würde jeden ohrfeigen. Pat. telephonierte oder telegraphierte fast täglich von München aus. Mitte August kehrte er zur Mutter zurück. Diese erfuhr, daß er in München zwei Wohnungen hatte. Pat. lief ganz zerlumpt herum, verbrauchte das Geld für alles andere, nicht für Anzüge und dergl.«

Schon Mitte April war Hoddis von Ghuttmann, der inzwischen auch nach München gekommen war, als »in Nerven gesetzt« (145) beschrieben worden. Im Juni atmete er acht Tage lang Äther ein und hatte dabei, nach eigenem Bekunden, »angenehme Empfindungen«. Eine andere, stärkere Droge beeinflußte ihn jedoch nachhaltiger: In der Hoffnung, daß sich seine persönlichen geistigen Spannungen im festgefügten System der nach Freud »allgemeinen Neurose« (146) Religion lösen könnten, wurde er dem als Propheten des Unbegreiflichen verehrten Homer untreu und wandte sich haltsuchend dem Katholizismus zu. Für den besonderen Verlauf dieser Konversion sorgten zwei Frauen. Sonst grundverschieden, war ihnen außer der Bubikopf-Frisur noch jene feenhafte Hintergründigkeit gemeinsam, die bei homerischen Göttinnen, Nymphen oder Zauberinnen, bei Kalypso und Kirke etwa, größte Nähe verheißt, aber dann doch keine Erfüllung bietet, sondern nur Irritation.

Die charmante, geistreiche Lotte Pritzel, seine große Liebe, hatte ihn zwar schon beim ersten München-Besuch beherbergt, aber – davon gibt Loewenson Kunde – nicht mit ihm geschlafen. Sie bezauberte Hoddis und wollte gleichwohl unberührt von ihm bleiben. In gewissem Sinne entsprach Lotte Pritzel ihren morbiden Wachspuppen, von denen der Ruch des Unschuldigen, Heiligen wie des raffiniert Lasziven, Lasterhaften ausgeht. Seine Sehnsucht richtete sich von nun an auf beides und führte zu einem mystisch-obszönen Delirium, aus dem ihn dann die andere Freundin herauszuhelfen versuchte.

»Die sinnenoffne Instinktnaivität der lyrisch-benervten und -nervösen Emmy Hennings, zu der er floh und die jeden zu trösten pflegte, sie drängte diesen Widerspruchsgeist«, so jedenfalls Loewenson, »vollends zur katholischen Religion, zu der sie sich später selbst bekehrt hat.« (147) Ihre mystische Kindlichkeit hatte etwas Offenes, Einladendes. Bald ging die gefühlsgelenkige, immer ein wenig echauffiert wirkende Flensburger Kapitänstochter auch einfühlsam auf Johannes R. Becher ein, der seiner »blonden Muse« die 1912/13 geschriebene Sammlung »Verfall und Triumph« zueignete. Sie war, wie er später gestand, »mein erstes poetisches Wagnis, mein leidenschaftliches Abenteuer, das mich mitten hinein in die Literatur wirbelte und mich mit Leonhard Frank, van Hoddis, Hardekopf zusammenbrachte«. (148)

Den jungen Becher verband aber auch mit Lotte Pritzel, der er 1919 die »Gedichte um Lotte« dedizieren sollte, eine enge Freundschaft, und Emmy Hennings war – verwirrende Verhältnisse! – Ferdinand Hardekopf und Robert Jentzsch ebenfalls liebend zugetan. Dem dichtenden Mathematikstudenten fällt sie zum Beispiel in ihm gewidmeten Versen des 1913 bei Kurt Wolff in Leipzig erschienenen Heftchens »Die letzte Freude« nachmittags, nachdem es vier Uhr geschlagen hat, von keiner Zeit mehr wissend in die Arme. Ob ähnliches auch Hoddis widerfahren war oder nicht – auf jeden Fall klingt in diesen Gedichten etwas vom Stil und Ton seiner Angst-Visionen an, die nicht mehr aus den zauberischen Tiefen romantischer Phantasie kamen.

Nachdem sich Emmy Hennings dann endgültig Hugo Ball verbunden hatte, wurde sie durch ihn zur Dada-Muse und schließlich mit ihm zusammen sehr fromm. »Was ›glaube‹ ich?«, fragte sie in einem 1919 erschienenen Roman. »Römisch-katholisch bin ich. Konvertitin. Unruhe ließ mich Religion versuchen, eine andere. Ich versuchte mir zu helfen.« (149) Vorerst jedoch, im Frühjahr 1912, versuchte sie Jakob van Hoddis zu helfen, der von hochgradiger Unruhe umgetrieben wurde.

In München besuchte er abends und nachts die bekannten Treffpunkte der Schwabinger Bohème, das Café Stefanie Ecke Theresien-/Amalienstraße, vom sogenannten Volksmund ebenfalls »Café Größenwahn« genannt, vielleicht auch ab und zu das schräg gegenüberliegende Café Bauer, das Becher und Bachmair bevorzugten. Beide Lokale sind als Folge von Kriegszerstörung und neuer Bebauung spurlos verschwunden, das Haus in der Türkenstraße 57 jedoch, wo die resolute Kathi Kobus 1903 ihr Künsterlokal »Simplicissimus« eröffnet hatte, gibt es heute noch. Dort, in den durch einen Gang miteinander verbundenen beiden engen, immer dichtbesetzten Räumen trat zu dieser Zeit gerade Emmy Hennings jeweils zwischen 19 und 3 Uhr als Vortragskünstlerin auf.

Nach einem dänischen Volkslied und einer Wedekind-Ballade schmetterte die zierliche blonde Sängerin, von dem alten Klavierspieler begleitet, »Nur Liebe ist Leben / Schöneres kann es nicht geben«. Dann stieg sie vom Podium, ging zur Theke, an der wachsam die Wirtin thronte, nahm einen Schluck Ananasbowle und begann durch das schmale Lokal zu wandern, um für jeweils 30 Pfennige Postkarten mit ihrem Porträt zu verkaufen. Das waren notwendige Nebeneinnahmen, denn Kathi Kobus konnte nicht viel Gage zahlen. Immerhin bekamen die Künstler aber auch noch gratis von der Suppe mit großen Leberknödeln, die den Stammgästen gegen Mitternacht serviert wurde.

Das Publikum fluktuierte zwischen »Simplicissimus« und Café Stefanie, an dessen kleinen Marmortischen man die gleichen Leute traf. Da hockten etwa der inzwischen in der Künstlerpension Fürmann wohnende Silhouettenschneider Engert und Jung-Verleger Heinrich Franz Seraphikus Bachmair, zu dem Hoddis Kontakt pflegte. Auch der Maler, Graphiker und Schriftsteller Richard Seewald sollte bald Mitarbeiter an Bachmairs Zeitschriften werden. In der Erinnerung sah er die nächtlichen Gäste den dicken Friesvorhang hinter der Glastür zerteilen und das Café betreten: »Lotte Pritzel, der Puma, schiebt sich etwas linkisch und knabenhaft herein und durch die Tische dahin, wo ihre Freunde sitzen, die Brüder Strich, der Philosoph und der Literaturhistoriker, der später den Lehrstuhl in Bern bestieg. Der Schauspieler Kalser gehört zu ihnen. Ach, an Lottes Wegen sind alle gelegen, balhornisierte Mühsam blasphemisch. Sie war der liebenswerteste Amoralist, den ich je kennengelernt habe: in der Freundschaft großherzig bis zur Selbstaufgabe, von durchdringendem Verstande und mit einem zynischen Witz begabt, der stets ins Schwarze traf.« John Höxter, ab und zu auch als Gast-Bohémien in München, hatte ihren Berliner Caféhaus-Entfaltungen von Charme und Geist ja mit ähnlichen Worten gehuldigt.

Und Seewald sah Emmy Hennings vor sich, die nur schnell herein- und wieder hinausflatterte, weil sie gleich im »Simplicissimus« singen mußte, und ihm kam Hoddis in den Sinn, »klein und schwärzlich mit wulstigen Lippen«. (150) Auch in Bechers autobiographischem Roman »Abschied« spielen beide eine Rolle. Emmy heißt dort Magda und sieht »unheimlich verworfen aus, mit ihrem gelben Haarschopf«. Bei ihr am Tisch sitzt Hoddis, »der Kleine mit dem roten Schal«, und lobt später Bechers »›Arie des tobsüchtigen Onkels‹ als spezifisch neopathetisch, darin vor allem das Simultane enorm gelungen sei, auch der Vergleich bei Homer sei auf dem Prinzip der Simultaneität aufgebaut«. (151)

Zusammen mit Ghuttmann, der wiederum für zwei Wochen in München gewesen war, kehrte Hoddis Mitte August nach Berlin zurück. Des Freundes besorgniserregender Zustand könnte sich vielleicht bessern, wenn man ein Buch von ihm herausbrächte, schrieb Ghuttmann am 31. August an Baumgardt, den er bat, bei seinem Vater das dafür notwendige Geld aufzutreiben. (152)

15 Jahre später sollte Doris Davidsohn dem Hoddis in die Tübinger Universitäts-Nervenklinik aufnehmenden Arzt erzählen, ihr Sohn habe während der Wochen, die auf die Rückkehr aus München folgten, bei einem Priester Unterricht genommen und stundenlang vor Heiligenbildern gelegen. Aber van Hoddis blieb zu dieser Zeit nicht unproduktiv, sondern erntete auch die lyrische Frucht seiner Konversion. Teils waren es nichtssagende, beflissen christlichen Topoi nachgehende Versgebilde, teils setzte er aber seine noch ganz und gar nicht erledigte persönliche Grundproblematik frisch gewonnener Heilshoffnung aus und bat Gott um Erlösung aus dieser Hölle der Wirklichkeit:

Gebet II

Nimm, Herr, den Geist aus träger Stunden Licht,
Aus diesem Tag der klar umgrenzten Enge.
Die Nebellande locken. Leise spricht
Dein Wort von Sonnen blasser Untergänge.

Die Angst wächst

Anfang September 1912 reiste Hoddis nach Wolbeck bei Münster, um sich dort in einem privaten Kurhaus einzuquartieren. Sein Abschied von der Mutter muß frostig gewesen sein, denn inzwischen glaubte er Anzeichen dafür wahrzunehmen, daß sie schon den Vater wahnsinnig gemacht habe und nun versuche, auch ihn an den Abgrund des Wahnsinns zu drängen. Der hochgradig Mißtrauische wollte auf jeden Fall erst einmal weg von Berlin und war deshalb freiwillig hierhergekommen – vielleicht auf Anraten

Laura Henschels, die sich in dem Kurhaus schon einmal gut erholt hatte.

An der vom Zentrum mit dem alten Drostenhof wegführenden Hofstraße ducken sich heute wie damals ein- und zweistöckige Klinkerhäuser. Ganz hinten, dort wo der Münsteraner Stadtteil in melancholische Landschaft übergeht, stehen die Gebäude des Sanatoriums, das von etwa 1880 bis zu den ersten sechziger Jahren als solches betrieben wurde. Dann war in den drei stattlichen Häusern ein Altenpflegeheim untergebracht, und nun dienen sie notdürftig Wohnzwecken. Die Bushaltestelle an der anderen Straßenseite heißt aber noch »Kurhaus«.

Um ein Bild davon zu bekommen, wie es hier früher ausgesehen haben könnte, muß man sich für das Haus jenseits des Flüßchens Angel und den spitzgiebeligen Bau vorne naturfarbene Sandstein-Wände statt der weißen Kunststoffplatten-Verkleidungen vorstellen. In letzterem wohnte der leitende Arzt, damals erst seit kurzem Dr. Wilhelm Lackmann, zu dem Hoddis immerhin so viel Vertrauen hatte, daß er ihm einmal Gedichte vorlas. Lackmann war Schüler von Otto Binswanger in Jena gewesen und versuchte nun in dem Familienbetrieb auch seine psychiatrisch-neurologischen Interessen fruchtbar werden zu lassen. Bis dahin nämlich hatte man fast ausschließlich auf Kneippsche Anwendungen gesetzt, ließen sich doch leicht verstimmte Sanatoriumsgäste mit Güssen, Bädern, Wickeln, Packungen und Wassertreten sowohl sinnvoll beschäftigen als auch angenehm ermüden und erfrischen.

Das langgestreckte Sandsteingebäude hinter dem spitzgiebligen macht mit den regelmäßigen Fensterreihen und der Madonna an der Nordwest-Ecke den Eindruck eines alten Spitals. Darin befanden sich aber nicht nur die Patientenzimmer, sondern auch Frühstücksräume und ein repräsentativer Gesellschaftssaal, von dem aus man über eine Freitreppe den Park betreten konnte. Was davon übriggeblieben ist – würdige Gruppen alter Bäume und ein quadratisch gefaßter Seerosen-Teich, einst springbrunnen-sprudelndes Bassin mit Putten –, hat heute jenen Charme des Verfalls, von dem ein Sog in die Vergangenheit auszugehen scheint.

Wenn sich Hoddis auch in keinem ausgeglichenen Seelenzustand befand, so war er doch wenigstens damit zufrieden, wie er es in Wolbeck angetroffen hatte. Der große Park und die ländliche Ruhe, aber auch das gute Essen behagten ihm. Ansonsten erinnerte sich Lackmann später daran, daß der Patient nie seine Kleider gewechselt und fast täglich – auch der Arzt selbst war Nachtarbeiter – bis gegen 3 Uhr geschrieben habe. Häufig strebte er durch den vom Hauptgebäude über die Angel führenden Gang der Kapelle zu, um enthusiastisch seine geistlichen Exerzitien abzuleisten. Der ihm »übersteigerte Gläubigkeit« attestierende Leiter des Sanatoriums sah den Patienten mit niemandem anderen sprechen als dem Kaplan.

Gebückt wie unter einer Last schlich Hoddis dicht an den Wänden entlang durch die Gänge und Räume, steif lief er die Hofstraße herauf und hinunter oder auch zur kleinen Kirche des Landstädtchens hin, und oft saß er zusammengesunken im Park. Lackmann fand den Patienten »verschüchtert«. Aber es war tief im Unbewußten wucherndes Grauen als Folge entfremdenden Wirklichkeits- und Weltverlustes, was ihn, dem aus dem Glauben kein Heil werden sollte, äußerlich immer auffallender prägte. Die Augen blickten nun häufig wie abwesend, seine Sprache war stockend und hart, das gelbliche Gesicht wirkte maskenhaft erstarrt, als habe er sich krampfhaft gegen die Angst gewappnet. Hoddis spürte, wie sie wuchs und ihm immer mehr die Luft nahm.

Und zur allgemeinen Lebensangst kam noch das Gefühl ganz direkten Bedrohtseins. Ein Rechtsanwalt und der Leiter des Kurhauses, so wähnte er Doris Davidsohn zufolge, seien bestochen worden, ihn zu betrügen und auf ewig in Anstalten verschwinden zu lassen. Dazu Lackmann: »Ich sah in ihm in erster Linie den Patienten, der zerrüttet und verwirrt war. Er war mehr seelisch als geistig erkrankt und kapselte sich ein. Ich sah keinen Grund, warum er in eine geschlossene Anstalt hätte überwiesen werden sollen. Er verließ uns fluchtartig, als er hörte, daß ihn seine Familie abholen lassen wollte.« (153)

Van Hoddis, dessen Befürchtungen also anscheinend nicht ganz unbegründet waren, hielt sich vom 5. September bis zum 8. Oktober in dem Sanatorium auf. Fünf Tage, bevor er es überstürzt verließ, hatte Ghuttmann aus Berlin an Baumgardt geschrieben, daß Hoddis unbedingt dort heraus müsse, damit ihm wieder schöpferische Arbeit möglich werde, und daß er in Berlin am besten zu Freunden ziehen sollte. (154)

Vorerst blieb er aber noch einige Tage in Wolbeck – in einer Pension, die ihm seine Schwester Marie bei einem Besuch besorgt hatte. Am 13. Oktober schrieb er von dort an Loewenson: »Meine Münchner Erlebnisse sind erledigt. Ich bitte, die Neopathetik wieder zu schaaren. Wir müssen ein Programm durchsetzen. G[h]uttmann wird Laufbursche. Ich bin entschlossen. Besprechung in Berlin. Torturiert die Familie die mich finanziell betrügt. Ich muß einen anständigiergen Monatswechsel gesichert haben. Notariell. Argument: Man darf kein Bohemien sein und muß gesellschaftlich gentlos anständig auftreten.«

Und sieben Tage drauf wandte er sich noch einmal mit einem hastig geschriebenen, von großer Verwirrung zeugenden Brief aus Wolbeck an den Freund. »Progr[amme] müssen«, hieß es da, »besprochen werden. Mein Programm ist Krieg dem intellectuellen Antisemitismus u[nd] seiner Logostheorie Krieg der Aufklärung der Kabbala dem Talmud dem Hoffmansthal der protestantischen Mystik dem Protestantismus Willi Wundt etc. Im übrigen darf jeder glauben was er will. Nur Geld muß ich haben.« (155)

Gewaltsam ins Irrenhaus

Dann tauchte Hoddis wieder in Berlin auf. Er kam auch zur Mutter nach Charlottenburg in die Roscherstraße 5, soll von ihr Geld gefordert, sie gar bedroht haben. Am 31. Oktober 1912 vormittags war Hoddis nach einer längeren Besprechung mit Franz Pfemfert zur Bankierswitwe Laura Henschel in die Regentenstraße 11 gegangen. Die von ihm geschätzte Tante – gleich 1933 nach Holland emigriert, sollte sie 1944 als 85jährige noch im Konzentrationslager Westbark enden – redete beruhigend auf den Gereizten ein, der sich anscheinend auch um sein Erbe betrogen wähnte. Aber dann schellte es. Vor der Tür stand ein von zwei Pflegern begleiteter Arzt, um ihn auf Veranlassung der Familie abzuholen.

Sein heftiger Widerstand wurde durch Injektionen des Beruhigungsmittels Hyposin gebrochen, bevor man ihn in die private Nervenheilanstalt »Waldhaus« nach Nikolassee brachte. Die zur schloßartigen Anlage erweiterte graue Gründerzeit-Villa, deren Mittelrisaliten ein Relief mit girlandentragenden Putten ziert, dient heute noch den gleichen Zwecken. Das introvertierte Anwesen an der Potsdamer Chaussee – auch ein Stückchen märkischer Kiefernlandschaft gehört dazu – wird ringsum von einem kräftigen Drahtzaun umgeben.

Durch die chemische Zwangsjacke des Hyposin apathisch geworden, schlief Hoddis auf seinem Zimmer im »Waldhaus« bald ein. »Zeigt sich«, notierte der Arzt am folgenden Tag, »bei der Untersuchung entgegenkommender, ist jedoch sehr sprunghaft in seinen Erzählungen, unterbricht sich selbst öfter, führt oft den Gedankengang nicht zu Ende. Der Ton wird oft überhebend und gereizt, die Aussprache ist manieriert, jede Silbe betonend. Während des Sprechens grimmassiert er, fletscht die Zähne, zieht den Mund schief, reißt die Augen auf und zieht die Stirn in Falten. Er springt öfter auf, läuft umher, die Hände zittern stark.«

Der das Krankenblatt anlegende Nervenarzt stellte nun seine Standardfragen, um klassifizieren zu können, was an dem Zugang abweichend erschien. Er erkundigte sich zum Beispiel danach, ob Hoddis Stimmen höre. »Jetzt höre ich nichts, früher habe ich vielleicht geträumt«, antwortete der Patient. Und wie es denn mit Visionen sei, wollte man von ihm wissen. »Ich sage ja, ich habe so lebhaft geträumt, daß ich nichts weiß, obs nur Traum oder wirkliche Vision war; da habe ich dann auch öfter meinen Namen brüllen hören.« Brüllende Stimmen, von einem nietzscheanischen Löwen oder einem Greis mit Flammenhaaren, tönen ja ängstigend auch durch seine Vers-Visionen. »Liegt am Tage oft halb angekleidet auf der Chaiselongue, studiert die Psalmen und katholischen Gebetbücher, zeigt ein anmaßendes, überhebendes Wesen, grimmassiert, spricht über seine Eltern in despektierlichem Tone«, heißt es am

4. November in dem Krankenblatt. Vor allem, wenn es um die Familie gehe, werde er sehr mitteilsam.

Inzwischen waren die Freunde nicht untätig geblieben. Brieflich hatte Loewenson den Psychiater Arthur Kronfeld informiert, einen alten Bekannten Hoddis' schon aus den ersten Studienmonaten, der auch dem Neuen Club nahestand und nun gerade als Assistenzarzt an der Universitäts-Nervenklinik in Heidelberg wirkte. Er versprach, nach Berlin zu kommen, damit man klare diagnostische Einsichten gewinnen und überlegen könne, wie dem Internierten am besten zu helfen sei. Kronfeld überwand Doris Davidsohns Widerstände und war zwischen dem 19. und 23. November mehrmals bei ihrem Sohne. Der erzählte ihm wie anderen Besuchern, sein Arzt hier habe ihn hypnotisieren wollen. Das sei jedoch unmöglich, weil man Katholiken nicht hypnotisieren könne.

Beim Zusammensein im »Waldhaus« glaubte Kronfeld auch bemerkt zu haben, daß Hoddis, von starken Energien getrieben, vor etwas floh und daß er etwas suchte. Mit der Zerstörung seiner katholischen Überzeugungen wäre deshalb therapeutisch nichts gewonnen, denn an deren Stelle träten vielleicht »Lao-Tse oder bramahnische Ontik als neues Relief für gefühlte Notwendigkeiten ethischer Art«, wie Kronfeld später an Loewenson schrieb. Nein, rationale Argumente müßten in diesem Fall wirkungslos bleiben. Statt dessen gelte es vielmehr, jene tief in Hoddis' Konstitution verwurzelten Energien umzulenken, die sich einerseits aus dem wiederkehrenden Gefühl des dogmatischen Hingegebenseins und andererseits aus Unsicherheit nach außen, Geltungswillen und unfreudiger Einsicht in eigene Grenzen gebildet hätten. »Das aber – ja das – na wenn es geht, dann nur am Beispiel ihrer direkten praktischen Befriedigungsmöglichkeit (seine ironische Lyrik wahnsinnig loben, drücken, das andere mit Zögern, mit Lächeln (aber nicht verletzend) beiseitesetzen, so lange von ›Phase‹ sprechen, bis er selber, der ja doch letzten Endes sich selber und seinen Erfolg will, in die leichter beschreitbare Bahn eingeleitet. Ebenso: in verhüllter Absicht auf ihn geistige Probleme diskutieren, die, ohne mit der Katholik was Direktes zu tun haben, sie doch im Kerne treffen: Freiheit, Kunstzweck, Soziologie – und sowie er katholische Definitiva sagt, auf Diskussion verzichten und tun, als habe er nicht für Sie gesagt; einfach überhören, an alter Stelle weiter. Ebenso im Sexuellen!).« (156)

Diese Therapie-Ratschläge mochten gut gedacht gewesen sein und zeugten schon auch von einigem Verständnis für Hoddis' Situation. Irgendwelchen Erfolg versprachen sie aber nicht, drängten doch seine Energien derart heftig und ausschließlich zu seinem Ur-Ich hin, daß man ihnen so nicht hätte beikommen können. Nach Arthur Kronfeld – er sollte später als Moskauer Professor und Klinikdirektor im selben Jahr Opfer des stalinistischen Terrors werden wie van Hoddis des faschistischen Massenmordes – wandte sich am 29. November das alte Mitglied der Freien Wissenschaftlichen Vereinigung und Mitbegründer des Neuen Clubs John Wolfsohn an die Anstalt und kündigte an, den Patienten rechtlich vertreten zu wollen. Aber der hilfsbereite Gerichtsreferendar, den der trotz jüdischer Freundin und jüdischer Freunde sonst schon auch zeitkonform ein bißchen antisemitisch empfindende Georg Heym in seinem Tagebuch neben Ghuttmann und Baumgardt zu den »einzelnen geradezu reizenden Exemplaren der semitischen Rasse« (157) rechnete, brauchte dann nicht mehr tätig zu werden. Denn am 7. November nutzte Hoddis die Zeit des Abendessens und machte sich davon – »wahrscheinlich mit Hilfe anderer Pat.«, wie im Krankenblatt zu lesen ist, wahrscheinlich aber auch mit Hilfe von Freunden, wie die Mutter später in Tübingen vermutete.

Vier Tage darauf kündigte Franz Pfemfert in der Nummer 50 der »Aktion« eine Artikelserie seines Autors mit dem Titel »Gewaltsam ins Irrenhaus« an, die jedoch nicht erschien. Hoddis hielt es für geraten, Berlin sofort zu verlassen und fuhr nach Heidelberg, wo David Baumgardt das Wintersemester über studierte. Bei ihm in der Leopoldstraße 64 quartierte er sich zwei Wochen lang ein. Es ist ein graues Haus mit leeren Fensterhöhlen schräg gegenüber der alten Universitätskirche, weit hinten an der heutigen Friedrich-Ebert-Anlage, die dem lärmenden, stinkenden Autoverkehr als Durchgangsschneise dient.

Daß sein Gast »etwas abseitig, schweigsam und leicht verstört« zu sein schien, führte Baumgardt auf eine vorübergehende Depressionsperiode zurück. »Wie normal Hoddis damals noch auf mich wirkte, geht aus einem unserer Gespräche hervor, in dem er mir bekannte, daß er auf eine Freundin, die öfters zum Abendbrot kam, ›neidisch‹ sei, aber sich dann ›getröstet‹ fand, als ich ihm erklärte, daß er auf sie besonderen Eindruck gemacht hätte. Wir sprachen selbstverständlich über Philosophie und Dichtung; und daß er dabei nicht zu redselig war, war ich schon von Berlin her gewohnt.« (158)

Aus Paris und München

Kurz vor Weihnachten verließ Hoddis Heidelberg und reiste nach Paris. Dort konnte man ihm im Café du Dôme begegnen. (159) Die Bar an der Ecke, in welcher sich tagsüber vor allem Bürger aus dem Quartier aufhielten, war vom Boulevard Raspail aus zugänglich, und eine Treppe führte zu einem weiteren engen Raum hinauf, der seinen Ausgang nach der Rue Delambre hatte. Hier begegnete Hoddis auch alten Bekannten aus Berlin. Carl Einstein – er bereitete zu jener Zeit gerade sein Buch über Negerplastik vor – redete leise und eindringlich auf den abgerissen aussehenden und nervös wirkenden Landsmann ein. Sein Gefährte Ludwig Rubiner dagegen, aktionistischer linker Kultur- und Gesellschaftskritiker, saß bei dem Futuristen und Präfaschisten Emilio Filippo Tommaso Marinetti, der aus Rom zu Besuch war. Ganz unterschiedliche Wirkkräfte des Jahrhunderts stießen sich da noch gesellig im engen, qualmigen Raume.

Aus Paris bekam Loewenson dann einen am 25. Januar 1913 abgestempelten Brief. Als »Adresse bis auf weiteres« war Paris VI, Rue de Boulogne 49, angegeben. »Im Namen des Vaters des Sohnes und des Heiligen Geistes. Lieber Erwin, lieber Freund!«, so begann die lange Epistel, in der sich Hoddis zum Katholizismus bekannte, weil die Religion alles, was in den Systemen als abgründiger Tiefsinn erscheine, so kindhaft einfach ordne, und schließlich post scriptum feststellte: »Das Cafféhaus ist von Idioten bevölkert. Ich möchte gerne eine Zeitschrift haben um ein katholisches Judentum zu gründen. Vor allem zu[r] Bekämpfung des Protestantismus.« (160)

Das Judentum scheint für Hoddis, wenn er sich auch selten dazu äußerte, eine verhältnismäßig große Rolle gespielt zu haben. In dem Gedicht »Die Stadt« zum Beispiel leiten ihn sieben Fackeln, die an den siebenarmigen Leuchter im Tempel von Jerusalem denken lassen. Nur legte er sich nicht fest, sondern lehnte die Tradition des rabbinischen Schrifttums, des Talmud, ebenso ab wie zionistische Bestrebungen. Nach einer von Hiller überlieferten despektierlichen These fand er: »Der Zionismus ist die hysterische Form der Assimilation« (161), was aber auch als Abwehrreaktion gegen seine Eltern zu verstehen gewesen sein mochte, die ja vorgehabt hatten, später einmal nach Palästina zu gehen.

Jedenfalls war ihm seine ethnisch-religiöse Herkunft dauernd bewußt, und seiner Sehnsucht nach Erlösung wuchs, selbst wenn sie sich auf andere Hoffnungsbilder richtete, auch aus jüdischen Urgründen ihre besondere Triebkraft und Rigorosität zu. Dafür spricht der beiläufige Schluß eines am 10. März 1913 in München – nun hielt er sich also wieder in der Stadt seiner Wirrnis auf – abgestempelten Briefes an Loewenson. »Mein Judentum (übrigens) bricht wieder durch«, bekannte er dem Freund. »Der Katholicismus war nur ein Abenteuer.« Dennoch konnte sich Hoddis bis zum endgültigen Verstummen und sogar darüber hinaus nicht ganz davon lösen. Das Kreuz erscheint häufig auf den nach dem Frühjahr 1914 entstandenen Buntstiftzeichnungen, und Baumgardt zufolge soll er auch später noch die »Confessiones« des Augustinus mit sich herumgetragen haben.

Ansonsten verwahrte sich Hoddis in diesem Brief unangenehmen Tones gegen die Möglichkeit, man könnte ohne ihn eine neopathetische Zeitschrift erscheinen lassen. »Es tut mir leid«, tadelte er Loewenson, »daß ich Deinen so schönen Mut brechen muß. Eine Zeitschrift, wo nur die Herausgabe von 1½ Nummern gesichert ist, ist eine Blödheit. Baumgardt ist auch der Ansicht. Ferner halte ich meinen Protest aufrecht. Eine Neopathetische Zeitschrift, bei der ich nicht führend (redakti[e]r[e]n) beteiligt bin ist eine Unziemlichkeit. Baumgardt ist auch der Ansicht.« (162)

Mit Baumgardt hatte er nämlich Mitte Februar noch einmal über das Projekt gesprochen wie vorher in München schon mit Schulze-Maizier, der seinem Freund den zu erwartenden Besuch in einem Brief vom 8. Februar angekündigt hatte: »Herr van Hoddis wird dich anfang nächster Woche in Heidelberg aufsuchen und dir trotz der über ihn verbreiteten Gerüchte einen durchaus vertrauenswürdigen Eindruck machen.« (163) Da gingen also inzwischen schon Gerüchte um über ihn. Als Folge seiner unsteten Lebensweise wußten die Freunde und Bekannten nun auch oft nicht mehr so genau, wie es mit ihm stand und wo er sich gerade aufhielt.

Für Kurt Hiller gar galt Jakob van Hoddis, der dem lyrischen Ziel »ehrlicher Formung der tausend kleinen und großen Herrlichkeiten und Schmerzlichkeiten im Erleben des intellektuellen Städters« zuerst nahegekommen sei, schon 1913 als »ohnmächtiges Genie, heute verschollen«. (164) Nein, verschollen war er nicht, aber niemand konnte mit ihm rechnen. Und wenn Hoddis überraschend irgendwo auftauchte, dann wirkte er alles andere als liebenswert. Johannes R. Becher, der dem vier Jahre Älteren sowohl in Berlin als auch in München begegnete, beschrieb ihn später so: »Er war zwerghaft, von verwahrlostem Äußern, grau, unrasiert, pickelig – von den Händen schon nicht zu sprechen –, mit einem mehr als reinigungsbedürftigen Wollschal zu jeder Tageszeit behaftet, scheu, verspielt und schon ein wenig irre, und bald darauf endete er auch in einer Thüringer Irrenanstalt.« (165)

Aber immer noch gab es Menschen wie Loewenson und Baumgardt, die ihn und seine Erfahrungen zu verstehen versuchten und die sich weder von den äußerlichen Sonderbarkeiten noch von der Aggressivität des Freundes abschrecken ließen. Es muß etwas an dieser zunächst abstoßend wirkenden Gestalt gewesen sein, das zu ihr hinzog. Töne ergreifender Resignation, die zu jener Zeit in ihr klangen, kamen noch nach außen, wurden noch hörbar. Da spricht etwa der Dichter mit sich selbst – ein einsamer Wanderer an der januargrauen Seine, denn aus dem auf einer Schreibmaschine ohne Umlaute getippten Typoskript aus dem Marbacher Nachlaß läßt sich schließen, daß die folgenden Verse in Paris entstanden sind:

Wir gehen schweigend an dem weiten Strande
Und denken kaum – einst sprachen wir so bang:
Wer hört den Dank aus trägem Nebellande?
Wer hört den wehen Sang vom Untergang? [166]

Bin ich noch der, der Gottes Heere zwang?

Komm! laß uns sterben, denn die Sonne kreißt
Und zürnt den Stätten wo ich Kühlung fände.
Die hellen Meere sind vereist.
Die Wälder ruhn. Sie harren auf das Ende.

Im April kehrte Hoddis von München nach Berlin zurück, nicht nach Paris, wie er die Familie, von der er sich immer noch bedroht und verfolgt fühlte, glauben machen wollte. Am 22. Mai schrieb Loewenson einer Freundin, Hoddis habe von seiner Mutter zum Geburtstag einen Brief mit 100 Francs bekommen, in welchem sie sich auch besorgt nach seinem Befinden erkundige. Daraufhin sei man überein gekommen, »daß er einen Brief schreiben u[nd] mir geben solle, ich werde hingehen u[nd] erst mal die Stimmung prüfen u[nd] Garantieen verlangen für seine Sicherheit, dann erst den Brief, der aus Paris sein soll, übergeben«. (167)

Das geschah aber nicht, der Brief blieb bei Loewenson liegen und Doris Davidsohn erst einmal ohne eine Antwort, die so hätte sein sollen: »Liebe Mutter! Ich habe mich über Deinen Brief und Dein Geschenk sehr gefreut. Es geht mir nicht schlecht. Ich war im April in München, wo ich einen vorteilhaften Vertrag mit einem dortigen Verleger abschloß. Am 1. September wird ein Gedichtband von mir erscheinen: Der Tag der Städte. Ein Novellenband wird folgen. Außerdem hat er mich zur Mitarbeit an einer demnächst erscheinenden Zeitschrift aufgefordert. Du siehst es sind alle Bedingungen zum Wohlergehen vorhanden. Das einzige, was mich beunruhigt, ist die Möglichkeit eines zweiten derartigen Vorgehens von Deiner Seite wie im Herbst. Ich möchte am liebsten nach Deutschland zurück. Sogar nach Berlin. Es wäre allerdings angebracht, sowohl wegen meiner Aufträge, die mich sehr in Anspruch nehmen, als auch wegen der Vorfälle im vorigen Herbst, wenn wir uns eine Weile nicht sehen würden. Die Bezahlung meines Rechtsanwalts und ein Gutachten eines deutschen Gerichtsarztes meine ›geistige Gesundheit‹ bestätigend, haben mich viel Geld gekostet. So daß meine Übersiedlung nach Berlin nicht sehr leicht für mich wäre. Du müßtest mir vor allen Dingen bindende Garantieen geben, daß jene medicinischen Belästigungen von Seiten der Familie nicht mehr vorkommen.« (168)

Was er über seine Pläne schreibt, klingt großsprecherisch, aber van Hoddis hatte zu jener Zeit wirklich Drucke früherer Gedichte ausgeschnitten, in ein Schulheft geklebt und überarbeitet. Darunter ist etwa das schon 1910 entstandene und am 4. März 1911 im »Sturm« veröffentliche Gedicht »Die Stadt«, in dem er sich mit dem umherirrenden Odysseus identifiziert und resigniert Bilanz zieht.

Die Stadt

Ich sah den Mond und des Ägäischen
Grausamen Meeres tausendfachen Pomp
All meine Pfade rangen mit der Nacht.

Doch sieben Fackeln waren mein Geleit
Durch Wolken glühend jedem Sieg bereit.

›Darf ich dem Nichts erliegen darf mich quälen
Der Städte weiten Städte böser Wind?
Da ich zerbrach den öden Tag des Lebens!‹

Verschollene Fahrten! Eure Siege sind
Zu lange schon verflackt. Ah! helle Flöten
Und Geigen tönen meinem Gram vergebens.

Diese vier Strophen stellen allein schon wegen ihrer episch-betrachtenden Haltung eine Ausnahme in seinem Werk dar, sie wirken, als habe er sich eine Atempause verschaffen wollen. Das stockfleckige

Schulheft beim Nachlaß, auf dem »Der Tag der Städte« steht, enthält aber noch titellose Fassungen, die allem Anschein nach aus dem Frühjahr 1913 stammen. Dadurch, daß Hoddis sein Gedicht nun von der ersten in die dritte Person transponierte, versuchte er offenbar, weiter Abstand zu gewinnen und der lähmenden Resignation Herr zu werden. (169)

Er sah den Mond und des Aegaeischen
Grausamen Meeres tausendfachen Pomp.
All seine Pfade rangen mit der Nacht.

Doch sieben Fackeln waren sein Geleit
Durch Wolken glühend, jedem Sieg bereit.

Dem Nichts erliegt er heute: ›Darf mich quälen
Der Städte, weiten Städte böser Wind,
Da ich zerbrach die drohende Burg des Lebens!‹

Verschollene Fahrten! Eure Siege sind
Zu lange schon verflackt. Ah! helle Flöten
Und Geigen tönen seinem Gram vergebens.

Der Verleger, mit dem er verhandelt hatte, war der junge Heinrich F. S. Bachmair. Wenn auch aus den geplanten Gedicht- und Novellenbänden nichts wurde, so publizierte Hoddis doch immerhin in zwei Zeitschriften Bachmairs – in der ersten Nummer der Zweimonatsschrift »Die Neue Kunst« vom 25. Juli 1913 den Prosatext »Doktor Hackers Ende« und in Nr. 5 der Zweiwochenschrift »Revolution« vom 20. Dezember 1913 die Gedichte »Der Freund« und »Klage«.

Dabei handelte es sich um ein Sonderheft für Otto Gross, das dessen Freund Franz Jung (170) herausgegeben hatte. Den gegen das wilhelminische Bürgertum aufbegehrenden 36jährigen Psychoanalytiker, der Freuds Lehre eine revolutionäre Wendung zu geben versuchte, hatte sein Vater, ein bekannter, in Graz lehrender Kriminologe, in Jungs Berliner Wohnung von der Polizei festnehmen lassen, weil er angeblich unheilbar krank und abhängig von einer erpresserischen Anarchistenbande sei. Mit dem zunächst in Tulln nahe bei Wien und dann in der schlesischen Landesanstalt zu Troppau Gefangengehaltenen solidarisierten sich nun außer Jung und Hoddis auch Ludwig Rubiner, Erich Mühsam, Ernst Blass, Blaise Cendrars, Wilhelm Simon Ghuttmann, René Schickele, Alfred Lichtenstein, Peter Baum, Else Lasker-Schüler, Erich Unger, Richard Hülsenbeck und Johannes R. Becher, in dessen autobiographischem Roman »Abschied« er als Doktor Hoch auftaucht und ab und zu – Gross war opiumsüchtig – mit einem an der Spitze abgebrochenen Zahnstocher »eine Prise des weißlich glitzernden Pulvers in die Nase« schaufelt. (171)

Der sich mehr und mehr zuspitzende Konflikt, den vorher, am 6. Dezember, schon die Berliner »Aktion« aufgenommen hatte, erschien als beispielhafte Auseinandersetzung zwischen jung und alt, zwischen Söhnen und Vätern, zwischen lebendiger Hoffnung und starrer Macht, Staatsmacht auch. Da wurde den jungen Literaten und Künstlern erschreckend deutlich, mit welch brutaler Abwehr ihre antibürgerliche Radikalität unter Umständen rechnen mußte. Sicher gemahnte Hoddis das Schicksal von Otto Gross an sein eigenes, denn immerhin hatte auch er schon die rigiden Methoden zu spüren bekommen, mit denen versucht wurde, Abweichungen von der Norm wieder zurechtzubiegen.

Qual bedrohter Identität

Noch war sein Wille auf- und auszubrechen lebendig, noch stand ihm der Sinn nicht danach, endgültig in die Unwirklichkeit zu fliehen. Romantische Phantasiewelten, die sich als gefährliche Gefilde erwiesen, hatten die eine Richtung angezeigt, um über die von ihm zerstörte und ihn zerstörende Realität hinauszukommen, die bergenden Topoi des katholischen Glaubens eine andere.

In den ersten drei Versen des Gedichtes »Klage« (172), das zwischen Sommer 1912 und Frühjahr 1913 entstanden sein mag, klingt zunächst ein bekanntes Motiv an: Die Nacht hat ihn nicht als Traum enthüllt, nicht unwirklich gemacht, und die Sonne des Bewußtseins mordet nun alle seine Träume, so daß die Tage still, grell, weiß werden. Erfüllung lockt, aber Hoddis ahnt schon, daß ihm Geborgenheit in Gott kaum vergönnt sein werde.

Klage

Wird denn die Sonne alle Träume morden,
Die blassen Kinder meiner Lustreviere?
Die Tage sind so still und grell geworden.
Erfüllung lockt mit wolkigen Gesichten.
Mich packt die Angst, daß ich mein Heil verliere.

Wie wenn ich ginge, meinen Gott zu richten.

Eine dritte und noch nicht letzte Möglichkeit, dem Ur-Ich zum Durchbruch zu verhelfen, bezeichnen Grotesken unterschiedlichen Ausdruckscharakters. Da sucht etwa »in stummer Stunde« ein beinernes Wesen jemanden heim, der dieses vormalige Fräulein Meyer dann zur Liebesfeier einlädt und seine Lippe aufs Gerippe preßt, bevor man des Reimes wegen auch noch gemeinsam eine Schrippe verzehrt (»Orgie«).

Neben solch juvenil-zynischen Pflichtübungen im makabren Genre, die immerhin noch mit einigem spielerischen Behagen provozieren, stehen jedoch auch vollkommen andersgeartete schwarzhumorige Versgebilde. Sie wirken so, als singe da jemand im dunklen Walde ganz laut, um seiner Angst Herr zu werden. Wie automatisch folgt Vers auf Vers. Hoddis hat den Verstand ausgeschaltet und läßt sich nun auf klingenden Worten treiben. Da werden also logische Bezüge von ihm nicht mehr mit bewußter Aggressivität zerstört, sondern er versucht halluzinierend zur eigentlich poetischen Wirklichkeit des Unbegreiflichen vorzudringen. Früchte dieser neuen und eigenständigen Position vor allem waren es, was ihn später als Ahnen der Dadaisten und Surrealisten erscheinen lassen sollte.

Überraschend frühe Entstehungszeiten raten davon ab, ein dafür typisches Gedicht wie »Hundert starke Arme langen« und vor allem auch die am 3. Januar 1914 als Teil von »Der Teufel spricht« in der »Aktion« gedruckten, jedoch unter Umständen schon vor Herbst 1911 geschriebenen Verse »Im Saale weiße Fliegenschwärme« als Auflösungserscheinungen oder als Markierungspunkte auf dem Weg in den Wahnsinn anzusehen (173), sie ermutigen auch kaum dazu, an ihnen zielgerichtete Entwicklungslinien und Phasenverläufe abzulesen (174). Nein, da scheint Vorsicht geboten, selbst wenn vom Atem der Zecher berauschte weiße Fliegen »wie verrückte Tanten / Zu Bekannten / Und Folianten / Und zu unbekannten Kanten« schwirren, selbst wenn dann, nach kurzem Innehalten, in tönendem Klingklang so weitergereimt wird: »Siehste woll! / Der Mann ist toll. / Seine Nase glüht und thront / Durch die Dünste wie der Mond, / Wenn er aufgeht. / Ob er, schrecklich zugerichtet, / Immer unerhörter dichtet, / Bis er draufgeht?«

Weder die polemisch ironischen noch die grotesk surrealen Gedichte jedoch sind so ergreifend wie jene, in denen Hoddis von sich selbst spricht und seine ausweglose Situation mit der Ergriffenheit des Leidenden ins Allgemeinverbindliche zu heben vermag. Im »Nachtgesang« aus der Zeit zwischen Frühjahr 1911 und Sommer 1913 erlebt man mit, wie der Kampf wieder einmal verlorengeht. Eigentümliche Bilder von pathetischer Wucht stellen Leiden am Bewußtsein, Leiden an der Realität und sein Scheitern dar. Die Nacht ist kein Raum mehr, in dem der dennoch bis zuletzt romantisch Sehnsüchtige zu seinem Ur-Ich durchdringen könnte. Sie hat nichts Bergendes mehr, kein Geheimnis, sondern erscheint hell wie der Tag. Von den Qualen dauernd bedrohter Identität – kaum sonst noch einmal im Werk von Jakob van Hoddis kommen sie so direkt zur Sprache wie hier – wären Tod und Weltuntergang Erlösung.

Nachtgesang

Das Abendrot zerriß die blauen Himmel.
Blut fiel aufs Meer. Und Fieber flammten auf.
Die Lampen stachen durch die junge Nacht.
Auf Straßen und in weißen Zimmern hell.

Und Menschen winden sich vom Lichte wund.
Die Strolche schreien. Kleine Kinder schluchzen,
Von Wäldern träumend, ängstlich. Ein Verrückter
Hockt lauernd auf im Bette: Soll ich fliehen?

›Was sind wir aus dem Mutterleib gekrochen
Denn jeder möchte doch ein andrer sein.
Und jeder bohrt dir seine Augen ein
Und drängt sich schamlos ein in deinen Traum
Und seine Glieder sind in deinen Knochen
Als gäb es keinen Raum.

Und Menschen wollen immer noch nicht sterben
Und keiner wallt so einsam wie der Mond.
Und selbst der Mond bedeutet nur Verderben.
Denn seine Liebe wird mit Tod belohnt. –

Tief unter mir erstirbt die kranke Nacht.
Und grauenhaft steigt bald der Morgen auf.
Flugs schlägt er tot das Schwarz.
Was tut er wilder
Als Bruder Gestern, den die Nacht verschlang?‹

Trompetenstöße vom verfluchten Berge –
Wann sinken Land und Meer in Gott?

Mag dieses Gedicht auch wie ein großes Finale wirken, so bezeichnet es doch wiederum nur eine Station seines Scheiterns. Ein folgerichtiger, gerader Weg ins Schweigen, ins Refugium der Unwirklichkeit, wird aus Hoddis' Lyrik nicht sichtbar. Vielmehr probierte er einige Jahre lang im »Zickzackkurs« (Loewenson) eines Auf und Ab, eines Hin und Zurück alle ihm erdenkbaren Möglichkeiten der Entgrenzung durch und notierte die Ergebnisse, während sich sein Lebensraum im Wirklichen immer mehr verengte.

Verpuppung

Im Frühjahr und Sommer 1913 mußte es auch noch Wochen gegeben haben, in denen er freier atmen konnte. Da engagierte sich Hoddis etwa im Comité des Neuen Clubs oder half Loewenson bei den Vorarbeiten für eine Zeitschrift »Neopathos«. Aus dem Gefühl heraus, daß ihn die katholische Orthodoxie doch nicht genügend zu fesseln vermochte, wurde er vorübergehend wieder offener.

Nun konnte man ihn sogar im Café des Westens gesellig disputierend erleben und zwar ausgerechnet, falls sich Walter Mehring richtig erinnert, mit Hiller und Blass über Lichtenstein, über die Schluß-Verse von dessen im Sommer 1912 entstandenem Stadtflucht-Gedicht »Der Ausflug«. Mehring zitiert sie etwas frei (»Wir werden drohend und so hilflos / gegen den unsinnig großen / tötlich blauen, blanken Himmel / die entfleischten, dumpfen Augen / die verwunsch'nen / und verheulten Hände aufheben ...«), um dann fortzufahren: »Und nächtelang diskutierten die besten Schriftdeuter: Jakob van Hoddis; Ernst Blaß; Kurt Hiller jedes Beiwort, jeden Hiatus, jede Metapher: – ›gegen den unsinnig großen ...‹ – Nicht schlecht! – ›tötlich blauen, blanken Himmel‹ – Ja, das geht zur Not – meinetwegen in Blau! – ›die entfleischten, dumpfen Augen ...‹ – Dumpf? das Adjektivum ist stumpf! – ›die verwunsch'nen ...‹ – Verwunschen? Hahaha! Verwünschte, verwaschene Romantik! – ›... verheulten Hände ...‹ – Klingt ganz originell. Bildhafte Alliteration! Aber: aufheben: das Verbum sollten Sie sich aufheben; für später ...« (175)

Kurz nach der Rückkehr nach Berlin, noch im Mai, hatte er Emmy Hennings gebeten, sie möge doch die in München zurückgelassenen Sachen zusammenpacken und ihm schicken. In dem Brief stellte er seine derzeit vorherrschende stille, wahre Liebe zu ihr dem leidenschaftlichen Verfallensein an Lotte Pritzel gegenüber, welches sich aber doch bald als mächtiger erweisen sollte, und versicherte der Freundin: »Mein Glaube wird wieder stärker. Nicht so nervös und so fanatisch wie vorher, auch nicht mit soviel Selbstquälerei. Ein Heiliger werde ich wohl nie werden. Ich bin zu eitel, zu ehrgeizig und zu sinnlich dazu. Aber, Gott sei Dank, ich glaube wieder. Ich hoffe, daß es dich freut und Du mich wieder lieb hast.« (176)

Wer ihn dann jedoch im zweiten Halbjahr 1913 besuchte, konnte seltsame Erfahrungen machen. Die Wände seiner Atelierwohnung bei Halensee waren über und über von eigenen Bildern bedeckt, aus denen schon auch angstvolle Anspannung sprach. »Malte damals sehr viel religiöse Darstellungen mit bunten Bleistiften«, erzählte die Mutter später dem ihn in die Tübinger Nervenklinik aufnehmenden Arzt. Fünf Buntstift-Zeichnungen (177) auf den auseinandergerissenen Umschlagteilen eines Schulheftes, auf einem Tütchen der Zigarettenfabrik Yenidze, auf Pack- und Zeichenpapier lassen ahnen, wie es damals bei und in ihm aussah: Nackte Frauen sind von Kreuzen und Sonnen umgeben; ein Mensch krümmt sich in grell sonnenerleuchtetem Raum; zwischen farbig umrandeten Feldern erkennt man Fische, Bäume, Nackte, Sonnen, Kreuze; um ein Pferd herum schließlich wurden eine indianerhafte Gestalt, ein Baum, zwei Frauen, zwei kleine Pferde und das Kreuzeszeichen gruppiert. Nach wie vor bedeutete ihm das Kruzifix Symbol ersehnten Heiles und blieb es auch weiterhin.

Seine Sinnlichkeit, die für ihn möglicher Weg und auch Antrieb war, über die Realität hinauszugelangen, stellte jedoch das Kreuz in eigenartigen Zusammenhang mit verzerrten Frauenkörpern. Dazu kamen noch ein Lieblingssymbol seit Kindertagen, das Pferd als Verheißung der Freiheit, und die Sonne als Zeichen für die alles zerstörende, ihn auf die Wirklichkeit zurückwerfende Vernunft. »Weh mir, dem Gott die nackten Sonnen wies«, beginnt ja ein titelloses, zwischen Sommer 1912 und Frühjahr 1913 geschriebenes Gedicht und »Wird denn die Sonne alle Träume morden« seine »Klage« aus der gleichen Zeit.

Immer wieder verhinderten die grellen Verstandessonnen, daß er sich von den Fesseln des Ich und dessen Fiktionen befreien, daß er unwirklich werden konnte. Auch der Held von Carl Einsteins das Realitätsmodell der Zeit radikal in Frage stellendem Roman »Bebuquin« ersehnte dieses Wunder und begab sich auf der Suche danach zunächst ins »Museum zur billigen Erstarrnis«: Er »betrat einen mühsam erleuchteten Raum, wo eine Puppe, dick, rot geschminkt, gemalte Brauen, stand, die seit ihrer Existenz einen Kuß warf. Erfreut über das Unkünstlerische setzte er sich wenige Schritte der Puppe entfernt. Der junge Mann wußte nicht, was ihn in das Banale zog. Hier fand er eine stille, freundliche Schmerzlosigkeit, die ihm jedoch gleichgültig war. Was ihn immer anzog, war der merkwürdige Umstand, daß ihn dies ruhig konventionelle Lächeln bewußtlos machen konnte.« (178)

Während jedoch Bebuquin die Ruhe dieses Puppendings wie alles Leblosen letztlich widerstrebte, gab Hoddis sein Ich vorübergehend in einem Ding auf. Er streifte nicht unberührt durch das »Museum zur billigen Erstarrnis« wie Bebuquin, wie später auch die mit dem scheinhaften Warensortiment der Wirklichkeit subversiv taktierenden Dadaisten, sondern er versuchte, sich selber zu verpuppen und über die Entindividualisierung wenn schon nicht das Wunder, so doch wenigstens Schmerz- und Bewußtlosigkeit zu finden.

Nun ist für ihn und für alle, die ähnliche Erfahrungen machen, nach Ronald D. Laing »jemanden mögen gleichbedeutend mit sein wie diese Person: sein wie eine Person wird gleichgesetzt mit dasselbe sein wie diese Person und darum mit Identitätsverlust. Hassen und Gehaßtwerden können so als weniger bedrohlich für die Identität empfunden werden als Lieben und Geliebtwerden.« (179) Bei unverbindlicheren Beziehungen zu Freunden und Verwandten entzog sich Hoddis dem drohenden Identitätsverlust dadurch, daß er sie einfach abbrach. Seine unglückliche Liebe, die als bedrohlich wahrgenommenen erotischen und sexuellen Empfindungen, brachten ihn jedoch dahin, sich vorübergehend ganz aufzugeben. Was er da versuchte, war Abwehr des im Bewußtsein lauernden Gefühls von lähmendem Grauen durch vollkommene Identifikation, war Selbstnarkose. Größte Fremdheit in größter Vertrautheit suchend, größte Ferne in größter Nähe, wandelte sich Jakob van Hoddis zum Ding, zum Objekt der Geliebten – zur Lotte-Pritzel-Puppe.

Als solche trat er Loewenson eines Tages im Herbst oder Winter 1913 entgegen: das Gesicht grüngelb changierend geschminkt, die Lippen grellrot gefärbt und in einem knabenhaften Matrosenanzug mit kurzen Hosen. Die Wohnung ließ Hoddis den Freund nicht betreten. Vielleicht wollte er verhindern, daß Loewenson die bunten Zeichnungen sah, mit denen seine Fluchtburg dekoriert war. Ungeachtet der besonderen Situation, ungeachtet des Gefühls von Fremdheit zwischen ihnen, unterhielten sich beide jedoch »gemütlich und ›gebildet‹« eine dreiviertel Stunde lang im Treppenhaus miteinander, wobei Hoddis »kein anormales Wort sprach«. (180)

Polemik als Haltsuche

Seine Liebessehnsucht konnte kein Du mehr finden, und sein Haß auf frühere Freunde, auf Hiller etwa, wirkte weiter. Er brauchte diesen Haß als Schutz vor der vermeintlichen Gefahr, daß ihm Nahestehende in seine Erlebnisse eindringen könnten. Fast scheint Hoddis erleichtert gewesen zu sein, wenn sich Vorwände ergaben, unter denen eine weitere Bindung, die ihn noch mit der Wirklichkeit verknüpfte, gelöst werden konnte. Schließlich lag ihm auch nichts mehr an der Freundschaft von Erwin Loewenson, dem langjährigen und geduldigen Wegbegleiter.

»Er hatte«, schreibt dieser über den Anlaß für den Bruch, »ein eklatant wirres, aber radikales Durcheinander, zur Diagnose des Zeitalters sozusagen, geschrieben und dieser Aufsatz war in der Aktion anonym erschienen. Auf meine Frage erklärte er dies mit Nachdruck für sein ›philosophisches System‹; so ernsthaft, daß ich innerlich den Kopf schüttelte. Nach einiger Zeit ließ er einen Brief mit emphatischen Komplimenten von K. H. an den Autor jenes Aufsatzes, den kennen zu lernen er Verlangen trage, abdrucken und dahinter seine Antwort, diesmal mit Unterschrift: sie strotzte von peinlichen Beschimpfungen und enthielt die Mitteilung, daß sein Aufsatz nur ein wohlberechneter Jux gewesen sei. Bei nächster Gelegenheit gab ich ihm vorsichtig zu verstehen, daß man sich selbst desavouiere, wenn man an einen früheren jahrelangen

Freund öffentlich so schreibe – und ich war sofort für ihn erledigt. Mit bösen Haßaugen saß er da und sah mich stumm an; als ich ihm einen längst geschriebenen Brief avisierte, der ihn versöhnt hätte, stand er auf, drehte sich mit elegant glatten Abschüttelbewegungen um und sagte, schon im Fortgehen, in einem Ton von obenher, daß ich meinen Ohren nicht traute: ›Es ist überflüssig.‹« (181)

Ob es sich bei dem Anlaß zur Trennung von Loewenson wirklich um die im folgenden skizzierte Polemik gegen Kurt Hiller handelte, kann zwar trotz auffallender Übereinstimmungen nicht als vollkommen gesichert gelten. Immerhin spricht nahezu alles dafür, daß jener am 11. Oktober 1913 in der »Aktion« unter dem Pseudonym August Stech veröffentlichte »Aufruf zum Manifestantismus« (182), der ähnliche Folgen wie die von Loewenson geschilderten hatte, Jakob van Hoddis' und nicht, wie auch vermutet wird, Franz Pfemferts Werk war (183).

Stech geht in der Glosse vom Futurismus aus und bezeichnet ihn als Unfug. Aber wenn Marinetti auch mit der Erfahrung berauschender Gegenwart nichts eigentlich Neues mitteile, so müsse man ihm doch zumindest deren Verdichtung zu Gesten und Manifesten hoch anrechnen. Bisher habe sich nämlich Kunst wegen der Unklarheit, aus welchen Motiven und gedanklichen Voraussetzungen sie erwachsen sei, immer als Bluff erwiesen. Deshalb rügt Stech dann Goethes Verdikt der Ismen und fordert gedankliche Formeln, die die perspektivischen Konstellationen des Menschen zu den Dingen zu regeln vermögen. »Und traumhaft glutvoll«, heißt es gegen Schluß, »flammen wir in der neugeschaffenen Welt. Und der ISMUS ist etwas Berechtigtes, vielleicht das einzig berechtigte von allem, was gedacht werden kann. Denn diese Endung bedeutet die panische Besitzergreifung der Welt durch einen Gedanken.«

Gerade solche Sätze hören sich nun wirklich so an, als stammten sie von Kurt Hiller selbst, dem enthusiastischen Produzenten vielfältiger Ismen. Stech-Hoddis hegte jedoch mit seinem Manifest zunächst gewiß nicht die Absicht, den früheren Freund zu parodieren, sondern er meinte die darin pathetisch beschriebenen Methoden zur Vergeistigung der Welt bitterernst. Erst als ein zustimmender Brief Hillers für den Pseudonymus beim Verlag der »Aktion«

einging, während Pfemfert gerade sein Pamphlet »Der Karriere-Revolteur« (184) gären ließ – es erschien am 6. Dezember 1913 –, erst dann muß Hoddis aufgegangen sein, daß schon auch Töne des einstigen Förderers bei ihm selbst mitklangen. Er disponierte also flugs um und beteiligte sich nun an Pfemferts Partie. Der rupfte das »fette Jüngele«, eine »Kreatur, deren Lebensinhalt in Schmarotzen, Intrigieren, Hinter-den-Kulissen-hetzen besteht«, auf fast acht Spalten und setzte mit einer anschließenden Glosse eben dadurch gleich noch einmal nach, daß er auch den Fan-Brief vom 13. Oktober 1913 abdruckte.

Hiller gab sich darin peinliche Blößen, die nun unfair gegen ihn ausgespielt werden sollten. »Sehr geehrter Herr August Stech, Ihren Aufruf zum Manifestantismus möchte ich«, so die schmeichelnde Epistel, »gern geschrieben haben. Ich würde ihn zu meinen besten Arbeiten rechnen. (So was ist mir noch nie passiert!) Dieses sage ich Ihnen, ohne zu wissen, wer Sie sind. Vielleicht sind Sie das Inkognito eines meiner Feinde. In diesem Fall erwarte ich von Ihrem Takt, daß Sie mich durch Weitergeben meiner enthusiastischen Konfession nicht blamieren. Am liebsten wäre es mir, wenn August Stech gar kein Pseudonym wäre. Dann nämlich wüßte ich: ich habe (vor Gott) einen Bundesgenossen. Hochachtungsvoll und freudig Kurt Hiller. P. S. Die Adresse ist mit verstellter Handschrift geschrieben, damit Pfemfert, dieser Rüpelknirps, nicht wisse, von wem der Brief ist.«

Die kommentierende Antwort verfaßte wohl, anders als Loewenson vermutete, besagter Rüpelknirps persönlich, dem das Schreiben von Hoddis zur freien Verfügung übergeben worden sein mußte. »Eine nackte Verulkung seines Rabbinismus«, meinte Pfemfert sarkastisch, »bekehrt ihn, und er schwört blindlings zu einem Bundesgenossen (vor Gott) dem er sehend die Weihen seiner Anerkennung versagt hat.« Unterschrieben war die Glosse mit den Namen jener fünf Phantasiegestalten, die am Schluß des Stech-Aufrufes weitere Manifeste angekündigt hatten.

Solche inhaltlich wenig aufregende Polemik mochte kaum dazu angetan gewesen sein, die Beteiligten dem Walten des Weltgeistes näher zu bringen. Hoddis' Rolle dabei macht jedoch deutlich, auf welche Weise er immer noch nach ideologischem Halt suchte und beim Versuch, seine bedrohte Identität zu retten, gleichzeitig wieder ein Stück von ihr aufgab.

Ins Ungebundene

Mit dem Neuen Club ging es langsam zu Ende. Das Comité löste sich auf, alle Befugnisse einem einzelnen übertragend – an Oskar Goldberg, den alten Bekannten auch von Hoddis schon seit Schülertagen, der aber im Club bis dahin nur eine Nebenrolle gespielt hatte. Zu den Vollmachten für sein nun beginnendes diktatorisches Regime war der das verlorene metaphysische Zentrum des Judentums beschwörende Mystiker, den Thomas Mann im »Doktor Faustus« als Dr. Chaim Breisacher auftreten ließ, deshalb gekommen, weil man sich von seinem Organisationstalent eine gesunde finanzielle Basis für die Club-Arbeit erhoffte, vor allem für die Zeitschrift »Neopathos«. Ihr erstes Heft sollte zunächst im Mai, dann im Oktober 1913 erscheinen, aber schließlich versandeten die schon weit gediehenen Planungen.

Bei einer öffentlichen Club-Veranstaltung am 20. Dezember im »Grünen Saal« an der Köthener Straße 38, die vom Landwehrkanal heute auf die Mauer zuführt, las Hoddis Gedichte. Nachdem er auch beim fünften Autorenabend der »Aktion« am 17. Januar 1914 mit »Prosaskizzen« beteiligt gewesen war, stellte ihm der autoritäre Goldberg ohne Loewensons Wissen das Ultimatum, entweder nur hier oder nur dort in Erscheinung zu treten, worauf sich Hoddis für die Pfemfertsche Zeitschrift entschied. Im »Kleinen Briefkasten« der »Aktion« vom 14. Februar konnte man dann lesen: »Jakob van Hoddis teilt mit, daß es ihm endlich gelungen sei, aus der neopathetischen Gemeinschaft ausgeschlossen zu werden.« (185)

Den Ankündigungen nach war Hoddis beim sechsten Abend der »Aktion« am 7. März nicht dabei, aber beim siebten am 4. April las er »Aus eigenen Manuskripten« und beim achten am 25. April »Verse« – nach Loewensons Notiz auf dem Typoskript von »Wir gehen schweigend« eben dieses Gedicht aus der Pariser Zeit, dann das »Indianisch Lied« und den »Nachtgesang«. Das war Hoddis' letzter öffentlicher Auftritt. Danach ließ Pfemfert noch »Karthago« (2. Mai), »Tohub« (16. Mai), »Der Visionarr« (23. Mai) und das »Indianisch Lied« (4. Juli) drucken als abschließende Zeichen einer nachvollziehbaren Dichter-Existenz.

Dies Lotte Pritzel gewidmete letzte Gedichte ist eines der wenigen, vielleicht überhaupt das einzige, in dem Hoddis von der Liebe nicht unter der Maske des Zynikers spricht. Nach balladesken Versen und sprachreflektorischem Dialog geht das amorphe Gebilde in reine Liebeslyrik über:

> Doch der weißen Rose vergesse ich nie,
> Die auf schwarzen Rossen einst kam.
> Denn sie zwang ihren Krieger aufs zitternde Knie
> Und der Pfeil am Bogen ward lahm,
> Welt vergessen und Träume verhöhnen,
> Tode verachten im Walde der Tiere.
> Doch wie kann ich vergessen ein Lächeln der Schönen,
> Ihrer Augen nackte Wildheit und ihre unberührte Brust!
> Jener Brand von Schönheit, der täglich die Welt verwirrt,
> Jene schattenhafte Trauer, die um meinen Wigwam abenteuert.
> Giftige Pfeile von der Rose der Brenta entsandt.
> Warum kennt mich der Tod und lockt mich vergebens?
> Warum bin ich heiter, wenn über endlosem Land
> Die dröhnende Sonne verbrennt wie am sagenhaften Abend des verendenden Lebens?

Was für ihn einst möglicher Weg in die Freiheit gewesen war, hatte van Hoddis hier also in die Distanz ferner Erinnerung gerückt. Beim Erstdruck der »Aktion« wie auch in der 1918 von Pfemfert herausgebrachten Auswahl schlossen sich weitere Strophen (186) an, in denen weiße Bewußtheit das ersehnte Geborgensein in der Liebe unmöglich erscheinen läßt:

O Nacht zärtlicher Sterne Gefunkel
In liebesklarer Luft
Lebendigen Traumes Flammendunkel.
Über schmalen Wegen der Bergeskluft,
Hoch im Gebirg' in den eisigen Gipfeln ein Raunen.
Musik der Seele. Tanz und Märchen erstaunen.

Mehr als zu sein und mehr als nicht zu sein!
Wer darf den Leib denn denken, den er liebt!
Wer darf vermessen durch die Wälder schrein,
Daß Gott ihm nie den Tag der Schönheit gibt?

Farbiger Rauch steigt auf aus den Städten der Qual,
Wo der weiße Bruder bedächtig die Tonpfeife raucht,
Wie ein Feuer von Fieberträumen hingehaucht,
Fern am lauernden Horizont.

Wann genau und unter welchen Umständen Jakob van Hoddis endgültig in eine andere Lebensform überwechselte, läßt sich nicht eindeutig rekonstruieren. »Sommer 1914«, so die Angaben der Mutter 1927 in Tübingens Universitäts-Nervenklinik, »sehr ruhig und geordnet. Dann plötzlich wieder ausgerückt nach München. War damals rücksichtslos. Lebte ganz unruhig, war garstig, dann wieder den ganzen Tag im Bett. War dann die größte Zeit des Krieges bis 1922 in Frankenhain«. Im Frühsommer 1914 also reiste er allem Anschein nach noch einmal nach München. Dafür spricht nicht nur Doris Davidsohns Zeugnis, sondern auch, daß sein letztes Manuskript mit den kurzen Prosatexten »Trilogie der Leidenschaftslosen« dort bei Emmy Hennings zurückblieb.

»1914 war die Krankheit so offensichtlich vorgeschritten, daß die Familie ihn«, Loewenson zufolge, »erst nach Jena in eine Nervenheilanstalt brachte, dann 1915 in Privatpflege gab, zu einem Lehrer in den Luftkurort Frankenhain bei Gräfenroda.« (187) Der Aufenthalt in Jena ist nicht nachzuweisen, aber die ihm bekannte Universitätsstadt könnte durchaus Zwischenstation auf seinem Weg in den Thüringer Wald gewesen sein.

»Was van Hoddis betrifft, so steht«, wie Kurt Hiller meint,

»jenseits alles Umstreitbaren basalten fest, daß er spätestens Anfang 1914 in klinische Geisteskrankheit verfiel: nicht in Psychopathie (welche ja mehr oder weniger Anstandssache war für hochgestufte Intellektler), sondern in richtigen Wahnsinn: damals sprach die Wissenschaft von Paranoia oder von Dementia praecox, heute bevorzugt sie die Vokabel Schizophrenie. Da van Hoddis nicht als gemeingefährlich galt, brauchte er in kein Irrenhaus; er kam an der bayerisch-thüringischen Grenze zu einem Gärtner und half ihm, halb willig, als ungelernter Arbeiter.« (188)

Auf jeden Fall muß Hoddis spätestens im Sommer 1915 in Frankenhain bei dem damals 43jährigen Rektor Emil Siegling gewesen sein, denn am 1. August schrieb er dort einen Spruch ins Poesiealbum der Tochter. Wie sich diese erinnerte (189), kam er aus dem nahegelegenen Bad Elgersburg, wobei es sich wohl um den von Hiller genannten Ort an der »bayerisch-thüringischen Grenze« handelte. Eines Tages habe der dort praktizierende Arzt Dr. Moritz Bruhn den Patienten zu ihren Eltern vermittelt, deren anfängliche Bedenken mit dem Hinweis zerstreuend, daß der sonderbare junge Mann völlig harmlos sei, und zumindest anfangs habe Bruhn noch jeden Monat einmal in Frankenhain nach ihm geschaut.

Inzwischen war Krieg. Zu den wenigen Publizisten, die ihre Stimme gegen das massenhafte Morden erhoben, gehörte Franz Pfemfert. Der Klarsichtige hatte schon von 1911 an unbeirrt davor gewarnt, »wie der schauerlichste Menschenplan, der Weltkrieg, seiner Ausführung entgegenging«. Nichts sei jedoch geschehen, das Grauen zu verhindern, stellte er später fest. Selbst die Gesinnungsfreunde hätten seine mahnenden Artikel in der »Aktion« kaum zur Kenntnis genommen. »Sie waren froh, ihre Verslein von mir gewertet und gedruckt zu wissen, ihre Novellen, ihre kleinen, eitlen Nichtigkeiten. Das Massengrab wartete; ich warnte.« (190)

Pfemfert wagte es, trauernd des schon Anfang September 1914 umgekommenen französischen Dichters Charles Péguy zu gedenken oder Sondernummern über Literatur und Kunst der Feindesländer Frankreich, England, Rußland, Belgien und Italien herauszubringen. Und bald konnte er die Stoffmenge für seine seit April 1915 erscheinende Rubrik »Ich schneide die Zeit aus«, in der die herrschende geistige Norm als Zitat vorgezeigt wurde, kaum mehr bewältigen. »Tausend Kreuze stehn und künden, / Deutschland, wie du treu gesät, / Wie mein Volk aus heil'gen Gründen / Ewig, ewig aufersteht!«, dichtete etwa Walther Nithack-Stahn, Pfarrer an der Kaiser-Wilhelm-Gedächtniskirche, in einem »Osterspruch für unsere Feldgrauen«, und von der damals 51jährigen Schriftstellerin Gabriele Reuter wurden die Soldaten so begrüßt: »Wer sein Leben für die Brüder und Schwestern dahingibt, hilft Jesus Christus bei der Erlösung der Welt.« (191)

Den kleinen, scheuen und schmuddelig angezogenen Mann im Luftkurort Frankenhain jedoch brauchte der Krieg der Normalen nicht weiter zu kümmern, denn er galt als geisteskrank. Wenn der Pflegling des Volksschulrektors schnellen Schrittes auf schiefen Absätzen durch die dörflichen Straßen lief, hörte man ihn häufig Unverständliches vor sich hinmurmeln. Was er dachte, wie er fühlte, ob er sich, die Ankunft des Todes vorwegnehmend, geistig befreit hatte, kann nun nicht mehr nachvollzogen werden, sondern allenfalls die Konsequenz, mit der er dahin kam.

Jakob van Hoddis hatte sich aus den Bezügen der Wirklichkeit befreit. Er war im Ungebundenen angekommen. Jetzt endlich mag das Grauen geschwunden sein und die quälende Angst ihren Würgegriff gelockert haben. Des Dichters äußeres Geschick aber steuerte die Norm der Zeit unbeirrt dem Ziel seiner Odyssee entgegen.

Refugium Frankenhain

Über dem kleinen, sich idyllisch am Rande des Thüringer Waldes ausbreitenden Ort mit seinen rund anderthalbtausend Einwohnern lag damals, als er noch zum Herzogtum Gotha gehörte und Jakob van Hoddis herkam, sicher ähnlich träge Ruhe wie heute, und es mag auch schon so ähnlich ausgesehen haben, nur daß nun etwa an einem Mast neben der alten Schule blau die Fahne mit dem gelben

Emblem der Jungen Pioniere flattert. Das bescheidene Gebäude ist, wie fast alle Häuser hier, schieferverkleidet. Unten wohnte einst die Familie Siegling und im Erkerzimmer darüber Hoddis, bis man ihm später eine Kammer im Erdgeschoß hintenhinaus zuwies. Durchs Fenster blickte er dann auf den angebauten Schulraum, auf den Hof und auf bergig ansteigende Wiesen, von Obstbäumen bestanden.

Als die Pfarrfrau beim Gemeindeabend alte Frankenhainer Frauen nach dem Pflegling des früheren Rektors fragte, ging zunächst ein Raunen durch den Saal, und dann wurden Spuren der Erinnerung sichtbar, auf denen Goldstaub lag. Hoddis nahm erst einmal euphemistisch Gestalt an als liebenswerter Kauz: Da gesellte er sich gerne zu den Kindern, die vor Unterrichtsbeginn oder in der Pause auf dem Schulhof versammelt waren, ging aber eilends davon, sobald man ihn zu necken versuchte. Wenn er immer wieder den Hof durchmaß, schaute schon gar niemand mehr aus dem Fenster, denn man hatte sich an den Anblick gewöhnt. Sonst schweigsam und scheu, lachte er plötzlich ohne ersichtlichen Grund hell und laut auf. »Ich habe diese Blumen am Wannsee gepflückt und weiß nicht, wem ich sie geben soll«, sagte er sommertags schüchtern zu einem Mädchen, trat ans Fenster und reichte ihr den Strauß ins Klassenzimmer hinein.

Offensichtlich mochte Hoddis besonders kleine Mädchen sehr gern, die häufiger Blumen von ihm bekamen. Und einer der beiden Töchter des Rektors, Elisabeth Siegling, schrieb er am 1. August 1915, kurz nachdem man ihn von Elgersburg nach Frankenhain gebracht hatte, die folgenden Verse »Zur freundlichen Erinnerung an Hans Davidsohn« ins Poesiealbum:

Wirf deinen Anker
nicht nach der Tiefe
des Erdenschlammes,
sondern nach der Höhe
des Himmelblaues
und dein Schifflein
wird glücklich landen
im Sturm.

Als er das seltsame Bild dieses auf den ersten Blick so konventionellen Spruches gestochen klar zu Papier brachte, bediente sich Hoddis nach langer Zeit wieder einmal der Sütterlin-Schrift und malte den verschnörkelten Zirkel der Freien Wissenschaftlichen Vereinigung darunter. Vergangenheit war ja für ihn, den aus der Zeit Gefallenen, den von nun an immer 28jährigen, frei verfügbar geworden.

Und Elisabeth Siegling erinnerte sich: Wenn Hoddis nicht gerade ruhelos im Zimmer hin und her lief, saß er in der Sofaecke, den Kopf mit einer Hand abgestützt. Häufig sah man ihn schreiben – »verworrenes Zeug«, wie sie meinte. Er sprach wenig, machte aber »manchen Spaß« mit, und seine Antworten waren präzis, »glichen gar nicht denen eines Geisteskranken«. In der Küche drückte sich der Hausgast gerne an den Ofen, als ob ihn fröre. Essen tat er immer sehr viel, »wußte nicht, wann er satt war«. Sein Taschengeld ging fast ausschließlich für Zigaretten drauf. Weil Hoddis mehrmals Passanten auf der Straße oder Holzsammlern im Walde etwas zugesteckt hatte, bekam er es nicht auf einmal, sondern täglich eine Mark.

Jeweils gegen Monatsende wurde mit Doris Davidsohn abgerechnet. Sie besuchte ihn häufig. »Mutter und Sohn liefen dann stundenlang herum, aber wir bemerkten nie eine Unterhaltung zwischen ihnen.« Zunächst hatte Frau Davidsohn wohl gehofft, Hans könnte seinen Wirtsleuten im Garten zur Hand gehen. Schon die ersten Versuche jedoch scheiterten. Da zog er beim Jäten alle Pflanzen heraus, auch die nützlichen, hielt sie hoch und fragte unschuldig: »Ist das Unkraut?«

Weil Hoddis nachts nicht nur unablässig im Zimmer auf und ab ging, sondern auch polternd Tisch und Stühle verrückte, wurde es notwendig, ihm ein anderes im Erdgeschoß zu geben. Und innere Unruhe trieb ihn bei Tag und Nacht, bei Regen, Schnee und Hitze hinaus. Spätabends verließ er das Haus manchmal auch durchs Klofenster. »Am schlimmsten war es bei Mondenschein mit ihm«, erzählte Frau Siegling. Wenn Hoddis jedoch auf dem Hof ihrem Vater begegnete, grüßte er kurz angebunden und kehrte meist wieder um.

Wegen seines eilenden Schrittes nannte man ihn den »Schnelläufer«, erinnerten sich alte Frankenhainer. Immer einen Stock am abgewinkelten Arm, umkreiste er in großem Bogen den Ort oder mehrmals ein Kiefernwäldchen, ging aber auch zielstrebig querfeldein. Einmal gelangte er bis in die Gegend von Elgersburg, setzte sich dort in einen Steinbruch und begann zu schreiben. Dabei überhörte Hoddis, dessen zunehmende Schwerhörigkeit damals gerade begann, den Anruf von Arbeitern. Sie hielten ihn deshalb für einen feindlichen Spion. Er wurde gepackt und geschlagen, bis Leute aus Frankenhain dazukamen und klarstellten, es handele sich bestimmt um keinen Spion, sondern um den Davidsohn vom Rektor Siegling. Der sei zwar im Kopf nicht ganz richtig, aber harmlos. So berührten ihn zumindest ganz entfernt Ausläufer des großen Schlachtens in der wirklichen Welt.

Von seinen Wanderungen pflegte er Steine, Glasscherben und vielerlei Unrat mitzubringen, um das dann alles im Zimmer zu deponieren. Als die reinliche Lehrersfrau seine Fundstücke eines Tages wieder einmal weggeworfen hatte, fragte er mit harter Stimme: »Wo sind meine Edelsteine?«, drehte sich abrupt um, nahm seinen Hut mit den Initialen J. v. H. darin und ging zurück in den Wald. Möglich immerhin, daß er nun glücklicher war als um 1910. In der »Wunderlegende« hatten sich ihm ja die goldenen Schätze neuromantischer Phantasie, nachdem sie der Wirklichkeit ausgesetzt worden waren, als Falschgeld erwiesen, jetzt jedoch wurde ihm wirklicher Müll zum kostbaren Wunder.

Als Hoddis eines Tages im Februar oder März 1919 nicht ins Lehrerhaus zurückkehrte und auch nachts wegblieb, benachrichtigte man seine Mutter. Es stellte sich heraus, daß er nach Erfurt gewandert war, um David Baumgardt, aber auch Friedrich Schulze-Maizier zu besuchen, die alten Bekannten aus dem Neuen Club. Wie Baumgardt berichtet, sei er selbst »erst Ende Januar nach dreijähriger Frontzeit aus der Ukraine nach Deutschland gekommen; und wenige Wochen später stand plötzlich an der Gartentür meines Elternhauses in Erfurt mein Freund, schwer verwahrlost und mir nur gebrochen erzählend, daß er zu Fuß einen vollen Tagesmarsch lang aus dem Thüringer Wald zu mir zu Besuch käme«.

Das Haus Hochheimer Straße 51, ein zweistöckiges, am Rande des Luisenparkes gelegenes Gebäude, das noch heute, mit seiner Holzveranda und dem stimmungsvoll verwilderten Garten ringsum, einen anheimelnden Eindruck macht, wäre zwar geräumig genug gewesen, um Hoddis zu beherbergen. Baumgardt »hielt es aber besonders mit Rücksicht auf meine Schwestern für geratener, ihn in einem kleinen Gasthof in der Stadt einzuquartieren. Ein großes Hotel würde ihn in seiner damaligen Kleidung und schweren Verstörtheit kaum aufgenommen haben. Er fühlte sich offenbar zufrieden auf seinem Zimmer im ersten Stock und nahm dort auch die Mahlzeiten ein, da er sehr ermüdet war und nicht ausgehen wollte. Ich sah die vielen Reihen von Zahlen, die er täglich eng nebeneinander auf größere Bogen Papier schrieb und blieb schwer erschüttert von dem Zustand, in dem ich ihn fand. Nun war das Gesicht sichtlich aufgeweicht und das Kinn matt. Nach mehreren Tagen kam schließlich sein jüngerer Bruder, mit dem er offenbar gut stand, und brachte ihn, glaube ich, direkt in das Haus eines Lehrers im Thüringer Wald zurück.« (192)

Dort schauten Baumgardt und Wilhelm Simon Ghuttmann noch im Frühjahr bei ihm vorbei. Auch Frau Davidsohn war nach Frankenhain gekommen und zwar in Begleitung eines Nervenarztes. Ghuttmann habe darauf gedrungen, jener möge doch Hoddis' Kindheitserinnerungen und seine Beziehungen zur Mutter analysieren, teilt Baumgardt mit. »Aber der konservative Psychiater erklärte das für nutzlos. Er betonte mit sentimentaler Resignation, daß Hoddis zwar noch Bücher wie Augustins Confessiones mit sich führte, daß er aber leider niemals mehr fähig werden würde, sie zu verstehen.« (193)

Ein zweites Mal wanderte Hoddis im Dezember 1919 bei eisiger Kälte nach Erfurt, wo er außer Schulze-Maizier auch John Wolfsohn antraf, der dann Ghuttmann über den Zustand des Freundes unterrichtete: Die Krankheit habe sich nun schon ziemlich weit entwickelt. Hoddis höre nur, wenn man laut und deutlich in sein linkes Ohr spreche. Bei Unterhaltungen ermüde er sehr schnell, ein zusammenhängendes Gespräch komme kaum zustande. Sein Gang sei hüpfend und langsam. Vorschläge wie spazierenzugehen, etwas zu essen oder daß er sich doch waschen und umkleiden sollte, nehme er bereitwillig und freundlich an. Sonst aber störe ihn anscheinend auch stärkerer Schmutz wenig. (194)

Anfang der zwanziger Jahre soll Hoddis dann immer unsauberer geworden sein. Er habe sich kaum noch gewaschen, seine Wäsche beschmutzt und das Zimmer verunreinigt. Die Erinnerungen daran waren für Frau Siegling vor allem auch deshalb unangenehm, weil ihre Mutter das nicht mehr habe verkraften können und krank geworden sei. »Nun mußte er«, meinte sie, »unbedingt weg von Frankenhain. Aber trotzdem hatten wir uns so an ihn gewöhnt, daß beim Abschied schon alle ein bißchen traurig waren.« Berge beschriebenen Papiers, die er hinterlassen hatte, verschmutzte Blätter und Fetzen, kamen gleich ins Feuer.

Vom Schulhaus im Thüringer Wald brachte man Hoddis Mitte August 1922 – dem späteren Krankenblatt zufolge nach einem vergeblichen Versuch, ihn klinisch behandeln zu lassen – in ein Gasthaus an der Tübinger Wilhelmstraße, das heute von baden-württembergischen Landesbediensteten bewohnt wird.

Röcheln durch Enzian-Nächte

Es war schon wie ferne Erinnerung, als das von Ludwig Meidner gezeichnete Porträt Jakob van Hoddis' – ein wach aufblickender Kopf mit zerwühltem Haar und wulstigen Lippen – am 13. Februar 1915 in der »Aktion« erschien. Aber das Werk des Waldwanderers von Frankenhain zeitigte inzwischen Wirkungen und zwar zunächst bei den Zürcher Dadaisten.

Emmy Hennings und Hugo Ball waren im Frühjahr 1915 vor Krieg und martialischem Patriotismus in die Schweiz, nach Basel, emigriert. Anfang 1916 gelang es Ball dann, dem Besitzer der heruntergekommenen Bar »Meierei« in der Zürcher Spiegelgasse 1 – Lenin wohnte gegenüber – mit der lockenden Zusicherung gewaltig ansteigenden Umsatzes von Wein, Bier und Würstchen die

Erlaubnis abzutrotzen, seinen Saal für literarisches Kabarett nutzen zu dürfen. Im »Cabaret Voltaire« wurden zunächst Verse von Frank Wedekind, Erich Mühsam, Oskar Kokoschka, Blaise Cendrars, Alfred Lichtenstein und eben van Hoddis vorgetragen, dessen 1914 im »Sturm« veröffentlichte, jedoch schon längere Zeit vorher geschriebene Blödel-»Hymne« (195) Ball Mitte des Jahres auch in eine Anthologie aufnahm, die den Namen des Kabaretts als Titel trug. Und bei einer »Sturm«-Soirée der späteren »Galerie Dada« (Bahnhofstraße 19) am 14. April 1917 rezitierte Emmy Hennings ebenfalls ihren damaligen Bestrebungen entgegenkommende Gedichte des früheren Freundes.

Hymne

O Traum, Verdauung meiner Seele!
Elendes »combination«, womit ich vor Frost mich schütze!
Zerstörer aller Dinge, die mir Feind sind;
Aller Nachttöpfe,
Kochlöffel und Litfaßsäulen...
O du mein Schießgewehr.

In purpurne Finsternis tauchst du die Tage,
Alle Nächte bekommen violette Horizonte.
Meine Großmama Pauline erscheint als Astralleib
Und sogar ein Herr Sanitätsrat
Ein braver aber etwas zu gebildeter
Sanitätsrat
Wird mir wieder amüsant
Er taucht aus seiner efeuumwobenen Ruhestätte
– War es nicht soeben ein himmelblauer Ofenschirm?

(He Sie da!)
Und gackt: ›Sogar - - -‹
(Frei nach Friedrich von Schiller.)

O Traum, Verdauung meiner Seele!
O du mein Schießgewehr!
Gick! Gack!

An einem Novemberabend des Jahres 1917 saß die blonde Vortragskünstlerin in ihrem Zimmer im Hotel »Goldener Stern« zu Zürich und schrieb an Hugo Ball nach Bern. Obwohl sehr erschöpft, vibrierte sie doch vor innerer Unruhe wie häufig. Einige Verse wollten ihr nicht aus dem Kopf gehen. »Ich muß«, berichtete sie ihm, »auch viel an van Hoddis denken, der so begabt und so unglücklich ist:

In allen Lüften hallt es wie Geschrei,
Dachdecker stürzen ein und gehn entzwei
Und an den Küsten, liest man, steigt die Flut.

Das ist aus dem ›Weltende‹. Aber das letzte ›von der Wand‹ war doch noch seltsamer. Ich habe etwas vergessen, es hat mir einen starken Eindruck gemacht:

Oh, Wand, die in meine leblosen Stunden starrt,
Wand, die meine Seele mit Wundern genarrt...

Er hatte Gesichte, der arme Junge. Warum ich jetzt von Hoddis spreche? Weil er so sehr unglücklich war, denn wahnsinnig werden... Mein Gott, mein Gott!« (196)

Es hebt sich ein rosa Gesicht
Von der Wand.
Es strahlt ein verwegenes Licht
Von der Wand.
Es kracht mir der Schädel
Beim Anblick der Wand.
Es träumt mir ein Mädel
Beim Anblick der Wand.

O Wand, die in meine leblosen Stunden starrt
Wand, Wand, die meine Seele mit Wundern genarrt
Mit Langeweile und grünlichem Kalk
Mein Freund. Meiner Wünsche Dreckkatafalk.

Soeben erscheint mir der Mond
An der Wand.
Es zeigt mir Herr Cohn seine Hand
An der Wand.
Es schnattert wie Schatten
Pretiös an der Wand.

Verflucht an der Wand!
Und heut an der Wand!
Was stehen denn so viel Leut
An der Wand? (197)

Der Effekt, den Hoddis auf diesem Felde machte, reichte jedoch noch weiter: Von 1924 an mochten sich einige der französischen Dadaisten nicht mehr mit subversiven Absichten in die Dinge hineinbegeben, um Wirklichkeit zu erkunden und die Zeit zum Ausdruck zu bringen, sondern sie tauchten lieber ins Unbewußte ab. Aus Dadaisten waren Surrealisten geworden. Aber Hoddis wirkte auch bei ihnen fort. Der Maler, Bildhauer und Dichter Hans Arp, der übrigens schon im Zürcher »Club Voltaire« zusammen mit Tristan Tzara und Walter Serner »écriture automatique« betrieben hatte, übersetzte die ihm dort durch Emmy Hennings bekannt gewordenen kleinen Prosastücke »Trilogie der Leidenschaftslosen« als »Trilogie des Sans-Passions« ins Französische, und später dann erschienen – von ihm und Georges Hugnet übertragen – »Der Träumende« (»Le rêveur«), »Tohub« und das aus der Zeit vor Mai 1914 stammende Gedicht »Der Visionarr« (198) (»Le visionaire«) in André Bretons »Anthologie de l'humour noir«.

Der Visionarr

Lampe blöck nicht.
Aus der Wand fuhr ein dünner Frauenarm.
Er war bleich und blau geädert.
Die Finger waren mit kostbaren Ringen bepatzt.
Als ich die Hand küßte, erschrak ich:
Sie war lebendig und warm.

> Das Gesicht wurde mir zerkratzt.
> Ich nahm ein Küchenmesser und zerschnitt ein paar Adern.
> Eine große Katze leckte zierlich das Blut vom Boden auf.
> Ein Mann indes kroch mit gesträubten Haaren
> Einen schräg an die Wand gelegten Besenstil hinauf.

Der Dichter solcher Visionen, für kurze Zeit Arps Weggefährte, habe sich durch unpassendes Benehmen ausgezeichnet. Breton: »zum Essen eingeladen, klopft er so laut er kann mit dem Löffel an den Teller, um Lärm zu schlagen, nicht weit davon entfernt, den Damen wie Harpo Marx sein Bein zu offerieren.« Im Strudel des Kriegsendes sei Hoddis dann in einem Irrenhaus verschwunden, fährt der surrealistische Visionär fort, allzu unbewußt mit Lebensdaten und Entstehungszeiten von Gedichten jonglierend. »Schöne Lieder der Anstalten, in denen das Gefühl einer totalen Freiheit gepriesen wird – die militärische Sturmflut bricht sich an den Mauern –. Wir sind mit ihnen mitten im Land des schwarzen Humors, der erkennbar ist an seinen symbolischen Aspekten, geheimnisvoll, unveränderlich: Weiße Fliegenschwärme, Blumentapeten, grünende Katzen.« (199)

In Wahrheit aber besteht zwischen Hoddis und den Dadaisten, auch den späteren Surrealisten, ein grundlegender Unterschied: Er spielte Ent-Individualisierung, Ent-Identifizierung, Negation und Absurdität nicht nur, sondern durchlebte das alles. Ihm ging die Distanz ab, über welche die Dadaisten doch noch verfügten, mochte ihr Zynismus auch Maske sein, Maske von unter dem Kriegswahn Leidenden. Immer handelte es sich um seinen Untergang, immer ging er selbst mit unter. In jenen Gedichten, die anscheinend dadaistische und surrealistische Erkundungen vorwegnehmen, werden nicht einfach nur Techniken angewandt. Vielmehr sind sie Ausdruck seines zwanghaften, rigorosen Dranges, alle Grenzen der Erfahrung zu überschreiten, und damit direkter Ausdruck seiner Existenz. Sie sind Wege, auf denen er aus der Wirklichkeit ausgestiegen war, um im Frankenhainer Refugium vorerst Ruhe zu finden.

Während Hoddis dort ausgedehnte Spaziergänge machte und

bunte Glasscherben und Steine anhäufte, setzte sich Pfemfert in Berlin – ganz anders als die Zürcher Dadaisten bei ihrem »Narrenspiel aus dem Nichts, in das alle höheren Fragen verwickelt sind«, wie Hugo Ball am 12. Juni 1916 notierte – weiterhin couragiert mit der grausigen Realität auseinander und schrieb »an dem Tage, da die Erklärung des ›verschärften U-Boot-Krieges‹ die deutschen Herzen höher schlagen ließ« (200), die Schlußbemerkung für das »Aktionsbuch« (1917), in dem er auch sechs Gedichte und drei kurze Prosastücke van Hoddis' nachdruckte.

Der mag von alldem kaum etwas erfahren haben, aber daß 16 Gedichte aus der »Aktion« Mitte 1918 in Pfemferts Reihe »Der rote Hahn« herausgekommen waren, wußte er schon, und zwar spätestens durch John Wolfsohn, der ihn Ende 1919 in Erfurt darauf hinwies, wonach dann Hoddis einen Augenblick lang sehr bewegt reagiert, das rote Heft mit dem weißen Etikett aber bald gleichgültig beiseite gelegt habe. Es sei, so erzählte er immerhin später dem Arzt, der ihn in die Tübinger Nervenklinik aufnahm, »von namhaften Persönlichkeiten, Kerr etc. rezensiert worden«.

Ende 1919 schließlich eröffnete Kurt Pinthus den ersten, »Sturz und Schrei« überschriebenen Satz seiner »Symphonie der jüngsten Dichtung«, der »Menschheitsdämmerung«, mit dem »Weltende« und nahm außerdem noch vier andere Gedichte von Hoddis in die Anthologie auf. »Geboren 1884 in Berlin, lebt in Thüringen«, hieß es dort lapidar zur Person, und als ihn Adolf Bartels 1921 in seinem Buch »Die deutsche Dichtung der Gegenwart/Die Jüngsten« erwähnte, übernahm er (wie bald auch Albert Soergel) das falsche Geburtsdatum. Darüber hinaus wußte der rabiate Antisemit anscheinend nichts über ihn, denn andernfalls hätte er sich gewiß etwas ähnlich Tückisches einfallen lassen wie zu August Stramm (»Das Bild, das ich von Stramm gesehen, ließ mir ihn als Juden erscheinen«), zu Alfred Richard Meyer (»Er bestritt mir gegenüber Jude zu sein«), zu Salomo Friedlaender (»Mynona [vielleicht eine Jüdin?]«) oder Max Brod und Franz Werfel (vom deutschen Standpunkt aus »künstliche Erscheinungen«).

Die verschollene Gestalt, von deren Geschick man meist nur über Hörensagen vage Kunde bekam, beschäftigte trotz Krieg und Elend die früheren Freunde und Bekannten. Johannes R. Becher zum Beispiel richtete an Hoddis eines seiner 1919 beim Insel-Verlag erschienenen »Gedichte um Lotte«, die der Drogenabhängige – um 1917 war er bei Otto Binswanger in der psychiatrischen Universitätsklinik Jena behandelt worden – zerrüttet und von Ängsten gepeinigt geschrieben hatte. »An van Hoddis« ist Bekenntnis zur Mitschuld am Untergang dieses »ärmsten Bruders«, mit dem ihn ja auch die Liebe zu jener Frau verband, um die der Zyklus kreist: »Mein ärmster Bruder Du im schlechtesten Staub versunken. / Dein Röcheln tönt durch unsere Enzian-Nächte fort. / Wie oft Du hast um Hilfe wohl uns aufgewunken. / Wir alle übend an Dir Mord! // Wir alle! Ärmster Bruder. Doch wir büßen / In Zellen Wirrwarr. Unter Eiter-Stroh. / Ast-Arme sprengen flackernd aus Verliesen. / Zerfetzte Karawanen heulen wo.«

Aus einer toten Stadt

Beim Durchblättern von Adreßbüchern, die älter als ein halbes Jahrhundert sind, kann man unversehens in einen schwindelerregenden, das Wahnhafte der Wirklichkeit offenbarenden Sog geraten. Denn die Namen der Menschen und die Namen der Straßen, in denen sie lebten, die verzeichneten Ämter, Geschäfte und Gewerbebetriebe – all das wirkt trotz zeitlichem Abstand seltsam vertraut. Aber die Menschen leben nicht mehr, inzwischen hat sich fast die gesamte Einwohnerschaft ausgewechselt. Pompöse Titel, die manchmal vor den Namen stehen, klingen lächerlich, zumal die dazugehörenden Personen vergessen sind. Was von ihnen blieb, ist höchstens ein bißchen Erinnerung in der Familie, also so gut wie nichts.

Feine Leute – Universitätsprofessoren, Präsidenten aller Art oder Ministerialdirektorswitwen – wohnten in Tübingen in anderen Stadtteilen als weniger feine wie Weingärtner, Näherinnen, Gipsmüller, Brunnenmacher, Laternenwächter, Kutscher oder Taglöhner. Aber der einen wie der anderen Leben hat kaum Spuren hinterlassen außer dem Eintrag im zum großen Totenbuch gewordenen Adressenverzeichnis. Sie nahmen die Dienste von Flaschenbierhändlern, Hutmachern, Schweine-, Rinds- und Ochsenmetzgern, Nudelfabrikanten und Sauerkrauthändlern in Anspruch, versicherten Hausrat und Leben bei einer der vielen Agenturen und starben. Ihre Gräber sind heute zumeist schon wieder eingeebnet, und durch die vertrauten alten Straßen der Stadt hasten Leute, die in einem halben Jahrhundert zumeist tot sein werden.

Einige Bewohner der toten Stadt überlebten jedoch in ihrem Werk, sind verfügbar geworden für historische Neugierde und Versuche, Vergangenheit zu vergegenwärtigen. Dabei kann es unter Umständen interessant werden, welche Titel sie hatten und ob etwa der Flaschenbierhändler an ihnen verdiente oder nicht. Solche Nachrichten sind mehr oder weniger bedeutsam, je nachdem, in welchem Maße das Werk als Ausdruck gelebter Existenz erscheint. Bei Jakob van Hoddis jedenfalls verdienten auch die allergeringsten festgehalten zu werden, und zwar vor allem dann, wenn sie sich im Geröll des Erinnerns kurz vor den Grenzpfählen fänden, hinter denen statt Spurensicherung nur noch das Auswerten von jederzeit verfügbaren papierenen Quellen möglich wäre.

»Gegen 1922 wurde er bei primitiven, der Mutter als gut bekannten Leuten in Tübingen untergebracht, bei denen er gut aufgehoben war, sich wohl fühlte und frei umherging. Als die Mutter ihn dort besuchte, zog er beim Spazierengehen vor jedem Tier tief den Hut, die Kinder warfen Steine nach ihm. Er war schon etwas abgestumpft und schwerhörig geworden.« (201) So viel wußte Loewenson über den Aufenthalt des Jugendfreundes in der schwäbischen Universitätsstadt, und das dortige Melderegister verzeichnet folgende Daten: »Davidsohn, Hans / geb. 16. 5. 1887 in Berlin / Fam. Stand: Ledig / Religion: Freirel. / Beruf: Literat, Schriftsteller / Staatsangehörigkeit: Pr. (= Preußen) / Meldeverhältnisse: Zuzug von Frankenheim [= Frankenhain] nach Tübingen, Wilhelmstraße 25 bei Julius Dieterle am 15. 8. 1922; Umzug Sofienstraße 2 (bei Julius Dieterle) am 12. 11. 1924; Wegzug am 1. 7. 1927 Nervenklinik als Patient.«

Dieterle fungiert im Adreßbuch von 1919 als »Restaurateur zum König Wilhelm, p. u. 1.« und sechs Jahre später als »Privatier«. Die Sofienstraße, in der er dann wohnte, war nach seiner damals noch lebenden Schwiegermutter Sophie Belser benannt worden, deren Mann, ein Bauunternehmer, in diese gerade außerhalb der alten Stadtbegrenzung liegende Gegend nicht nur sein eigenes Haus, sondern auch noch einige andere gestellt hatte. Der privatisierende Gastwirt sei, so alte Nachbarn in der Sofienstraße, »a leitseliger, onderhaltender, legerer Ma« gewesen, »en der bürgerlichen Omwelt sehr ahgnehm«. »Der hot neamierd nix do, isch emmer gfällig gwä«, erinnerte sich ein Weingärtner an den 1947 Verstorbenen. »No war er no em Dinscht der Stadt, hot Strom abgelesa und vom Blutdruck emmer so a rots Gsicht ghet.« Er wurde als »mehr verinnerlicht« beschrieben und seine Frau, die ihm anderthalb Jahre später in die Belsersche Familiengruft auf dem alten Tübinger Friedhof folgte, als »tatkräftig, energisch«. Sie hatte das Heft in der Hand.

Während die Eheleute Dieterle in vielen Einzelheiten gegenwärtig waren, konnte man sich an ihren Pflegling nur noch ganz dunkel erinnern. Von den Kindern, die Steine nach ihm geworfen hatten und wegen denen er letztlich in die Nervenklinik eingeliefert werden sollte, fand sich keines mehr. »Ghet hen se so oin, der net recht war«, sagte zögernd eine 88jährige aus dem Haus gegenüber, »der hot em Soutrain gwohnt« – in einem separaten Zimmer, gleich rechts hinter dem Eingang, ehe man zur ersten Etagenwohnung kommt. »Groß isch er et gwä, geschafft hot er glaub nix«, meinte sie und fügte, den Namen Hans Davidsohn aufnehmend, hinzu: »I han scho denkt, dees kennt a Jud gwä sei.«

Von der verglasten Veranda aus habe Frau Dieterle immer, mit Handarbeiten beschäftigt, hofgehalten und verkündet: »Hier isch aller Gleibigen Sammelplatz.« Und während man sich an der Straßenecke traf, huschte Jakob van Hoddis vorbei oder lag grübelnd und kritzelnd in seinem Zimmer links von der Veranda.

Wie ganz von ferne kam er auch einem damaligen Gymnasiasten wieder in den Sinn. Durch die Altstadt spazierend, habe Dieterles Pensionär immer einen Stock bei sich getragen und dauernd den gleichen Schlager, vielleicht »Im Grunewald, im Grunewald ist Holzauktion«, gesummt. Der ansonsten freundlich Friedliche – Kinder des Viertels beschenkte er mit Buntstiftzeichnungen – sei jedoch in fürchterliche Beschimpfungen ausgebrochen, wenn jemand einen Hund an der Leine führte oder vor dem Kolonialwarenladen an der Ecke festband. Da habe man ihn schon auch mal das Stöckchen drohend erheben sehen.

Daß er aus dem Thüringer Wald ins schwäbische Tübingen gebracht werden konnte, kam durch Marie Davidsohns Vermittlung. Von seinen vier jüngeren Geschwistern, den zwei Brüdern und zwei Schwestern, verstand er sich mit ihr zumindest zeitweise am besten. Sie war an seinen ersten poetischen Versuchen interessiert gewesen, und sie gehörte später zu den wenigen, deren Besuche Hoddis, wenn ihr auch Angriffe seinerseits nicht erspart blieben, kaum aufregten. So reisten etwa Mutter und Tochter gemeinsam an, als man 1927 darüber beraten mußte, was weiterhin mit ihm geschehen sollte. Diese Schwester nun, eine engagierte Zionistin, die in Berlin den ersten zionistischen Studentinnenverband gegründet hatte(202), war zwei Semester lang in Tübingen an der Staatswissenschaftlichen Fakultät immatrikuliert gewesen.

»Davidsohn, Marie, cam.«, heißt es auf den Belegbögen, »geboren am 2. November 1888 / in Berlin / Tochter des Sanitätsrats in Friedenau-Berlin / Aufnahme den 18. Okt. 1917 / Abgangszeugnis 22. Mai 1918 / Das akadem. Bürgerrecht bis Schluß des Semesters verlängert.« Ihr schon 1908 in Berlin begonnenes, aber von praktischer Ausbildung an einer Sozialen Frauenschule und beruflicher Tätigkeit auf diesem Felde zweimal unterbrochenes Studium hatte sie dann, die mündliche Prüfung am 6. Juni 1918 bestehend, mit einer Dissertation bei dem Nationalökonomen Robert Wilbrandt abgeschlossen. Das Thema: »Die Grundlagen der Kindererziehungstheorie des wissenschaftlichen Sozialismus«. (203)

Zunächst wohnte Marie Davidsohn in der Neckarhalde 13 bei Sattlermeister Brutscher, dann in der Wilhelmstraße bei Dieterles, zu denen vier Jahre später ihr Bruder ziehen sollte. Von seiner vitalen Frau dazu animiert, hatte der zurückhaltende Mann 1904 für 42000 Reichsmark die Gastwirtschaft »König Wilhelm« gekauft – ein Gebäude, dem gegenüber damals der Rasenteppich des Österbergs begann und heute das Neuphilologikum der Universität steht. Nachdem von Frau Dieterle bei König Wilhelm II. in Bebenhausen antichambriert worden war – ein Stammgast, der Kammerdiener Anstett, soll diesen Bittbesuch vermittelt haben –, erhielt er noch die Erlaubnis, seinen Locus amoenus als Gartenlokal zu führen. Wilhelm kam selbst oft daran vorbei, denn er pflegte die Kutsche in Lustnau stehen zu lassen und dann, von seinen Spitzen begleitet und mit jedermann am Wege plaudernd, nach Tübingen herein zu wandern. Als van Hoddis 1922 hierher zog, war der gute dicke König aber schon ein Jahr lang tot.

Im Juni also brachte Doris Davidsohn den Sohn nach Tübingen, wo er ein Zimmer im Parterre des Gasthauses bezog. Sie blieb einige Tage da und kehrte dann nach Nürnberg-Ebensee, ihrem derzeitigen Aufenthaltsort, zurück. Dort setzte sich Frau Davidsohn am Freitag, 30., gleich hin, um Briefe früherer Weggefährten van Hoddis' zu beantworten. In einem kurzen Schreiben an Loewenson – der plante eine Gedicht-Edition – ging es um eine Kiste mit Manuskripten, die irgendwo deponiert sein sollte, sich dort aber nicht fand (204), und an Schulze-Maizier gerichtet meinte sie mißmutig, »daß diese jetzt so warmen freundschaftlichen Gefühle doch 7 Jahre lang vollständig geruht haben. Daß nun auf eine gegen mich ag[g]ressive Weise versucht wird, sich die Disposition über meinen leider nicht dispositionsfähigen Sohn anzueignen, während doch naturgemäß ich allein alle Folgen zu tragen habe, kommt begreiflicher Weise mir u. meiner Familie recht anmaßend vor.« Auf von Wilhelm Simon Ghuttmann gemachte Vorschläge Bezug nehmend, wie und wo man Hoddis unterbringen sollte, ließ Frau Davidsohn dann wissen, sie sei gar nicht in der Lage, das zu finanzieren, und außerdem bestehe keine Veranlassung dazu: »denn mein Sohn befindet sich nicht in der Nervenanstalt in Tübingen, sondern dort in Privatpflege in einer Familie, die ich seit Jahren gut und als gut kenne. Ich bin sehr froh, daß diese vortreffliche Frau sich erboten hat, für ihn zu sorgen; u. es wäre sehr leichtsinnig, dies für ein sehr gewagtes Experiment auf's Spiel zu setzen.« (205)

Die Tochter dieser vortrefflichen Frau, Pauline Hagmann, sah den Pensionsgast ihrer Eltern in der Erinnerung noch vor sich, sie sah einen nachlässig gekleideten schwarzhaarigen Mann, wie er die Straßen bei ausgedehnten Spaziergängen nach Kippen absuchte und alle Papierfetzchen aufhob, um sie später mit Zeichnungen, Gedichten oder endlosen Zahlenreihen zu füllen und in die Tischschublade zu stopfen. Hoddis – so wollte er übrigens auch jetzt noch genannt werden, und so wurde er auch genannt. Nur wenn »die Davidsöhnere«, seine Mutter, zu Besuch war, sprach man ihn mit dem bürgerlichen Namen an.

Bei der Mutter beklagte er sich dann jedesmal, daß ihm nicht genügend Geld zur Verfügung stünde, um etwas zu Rauchen oder Papier kaufen zu können. Deshalb sammelte er auf der Straße Kippen und Papierfetzen, aber er sammelte auch Abfälle, die ihm wert schienen, aufbewahrt zu werden. Für das Personal der Gartenwirtschaft muß es eine wenig dankbare Aufgabe gewesen sein, in dem unangenehm riechenden Zimmer sauberzumachen. Zwar kümmerte sich Frau Dieterle, gewiß kein bigottes, kleinliches schwäbisches Wirtinnenmonster, auch um das Äußere des seltsamen möblierten Herrn, der den halben Vormittag verschlief und sein Essen aufs Zimmer gebracht bekam, aber sie hatte damit nur mäßigen Erfolg.

Wenn van Hoddis von seinen stundenlangen Spaziergängen durch die Stadt zurückgekehrt war, schloß er sich ein, um ungestört in Worten, Zahlen und Zeichnungen träumen zu können. Die Schublade mit den Zeugnissen dieser Stunden und von der Straße Aufgelesenem wurden wohl immer einmal wieder in den Mülleimer geleert, denn es ist nichts davon erhalten geblieben. Julius Dieterle soll sich häufig und schon auch einfühlsam mit dem Pensionsgast beschäftigt haben, der aus einer ganz anderen Welt kam als aus der kleinbürgerlich schwäbischen und in einer ganz anderen Welt lebte.

Zwar sei Hoddis, so die Tochter, wortkarg und verschlossen gewesen, zeitweise jedoch habe man sich auch »gut« mit ihm unterhalten können. Für die Familie und Freunde des Hauses verfaßte er sogar Gelegenheitsgedichte. Eines entstand zum Beispiel, als Frau Hagmann am 13. Oktober 1923 eine Tochter zur

Welt brachte. Leider erinnerte sie sich nur noch an einen »freien Hofpatchier« oder so ähnlich, der darin vorgekommen sei, und an die beiden Schlußverse: »Wenn schon Kinder aus den Bäuchen kräuchen, / Zu Kindern sag ich nein.«

1924 hatte Dieterle den »König Wilhelm« an eine studentische Verbindung verkauft und war ins Haus der Schwiegereltern gezogen. Damals sei es ja, wie die Tochter meinte, »ein gutbürgerliches Ziel gewesen, daß man von den Zinsen lebt«. Wenn Julius und Sophie Dieterle auch geduldige und großzügige Leute gewesen zu sein scheinen, so dachten sie doch vor allem an das finanzielle Zubrot, als sie sich entschlossen, den Wunsch Doris Davidsohns zu erfüllen und ihren Sohn in die Sofienstraße mitzunehmen. Dort also wohnte Hoddis im ausgedienten Büro des Bauunternehmers Belser, bis er eines Morgens in die Universitätsklinik für Gemüts- und Nervenkranke geschafft wurde, einen pompösen Neorenaissance-Bau, der beherrschend vom Föhrberg zur Stadt herunterdroht.

Begegnung von zwei Irren

Durch die tote Stadt geistern zwei wahnsinnige Dichter, von denen jedoch nur der eine als Schimäre der Erinnerung sichtbar ist. Die Ähnlichkeiten zwischen Friedrich Hölderlin und Jakob van Hoddis sind beträchtlich. Sie erstrecken sich auf das äußere Dasein wie auf das Verhalten. So haben beide häufig mit sich selbst gesprochen, so spielte für sie Zeit keine Rolle mehr. Hoddis blieb immer 28 Jahre alt, während Hölderlin einmal zu Wilhelm Waiblinger sagte, er sei 17. Und beide pflegten vor kleinen Kindern und vor Tieren den Hut zu ziehen, sie gebrauchten zeremonielle Titulaturen und ließen sich ungern die Fingernägel schneiden. Hölderlins Klavierspiel soll deswegen von eigenartig kratzendem Geräusch begleitet gewesen sein.

Darüber hinaus jedoch haben beide gemeinsam, daß ihre Lebenslinien durch die »Geisteskrankheit« keineswegs unterbrochen wurden, sondern der Konsequenz besonderer psychischer Veranlagung folgend in die neue Existenz wiesen. Hoddis und Hölderlin flohen vor dem als unüberbrückbar erlebten Zwiespalt zur Wirklichkeit, in den der eine von unersättlichem Streben, hinter ihre Übereinkünfte und über sie hinaus zu gelangen, geführt worden war und der andere von seinen ehern utopische Forderungen an die Gegenwart stellenden Idealen. Ihr Verlangen nach Entgrenzung entriß sie dann der Realität.

Es war am 3. Mai 1807, als Magister Hölderlin nach 231tägigem quälendem Aufenthalt in Johann Ferdinand Autenrieths Klinikum in der alten Burse unter die Obhut von Ernst Zimmer und seiner Frau kam. Der damals 35jährige Schreinermeister, der des Dichters »Hyperion« kannte, hatte den Patienten wohl bei Arbeiten im Klinikum kennengelernt, für das er 1806/07, den Rechnungen zufolge, gerade einen neuen Operationsstuhl fertigte. (206) Im Turm am Neckar fand Hölderlin ein stilles Eckchen, ein verhältnismäßig angenehmes Refugium, und auch Hoddis ging es bei dem zapfmüden Gastwirt Dieterle recht gut. Aus der Welt gefallen, konnten sie sich doch aufgehoben fühlen und wie Eremiten in der Welt leben, ohne allzu brutal von ihr belästigt zu werden.

Gewiß war auch Hölderlin, der manchmal fünf Stunden lang am Tag im Zwingel umherlief, einem schmalen, vom Turm zur Neckarbrücke führenden Weg zwischen einstiger Wehr- und Stadtmauer, und dabei beharrlich mit dem Taschentuch auf Zaunpfähle schlug oder Gras ausraufte, »dem Spott heilloser Menschen ausgesetzt«, wie Waiblinger beobachtete. »Das machte nun Hölderlin, wenn er's bemerkte, so wild, daß er mit Steinen und Kot nach ihnen warf, und dann war's ausgemacht, daß er noch einen Tag lang fortwütete.« (207) Viele jedoch, die sich des Dichters erinnerten, begegneten dem Irren mit einer Mischung aus Verehrung und Neugierde und mystifizierten ihn zum von den Göttern Geschlagenen.

Als er, der aus der schwäbischen »Ehrbarkeit« stammte, am 10. Juni 1843 auf dem Tübinger Friedhof begraben wurde, folgten rund 100 Studenten dem Sarg; die Tübinger Liedertafel sang, und der junge Stiftler Christoph Theodor Schwab hielt eine Leichenrede. Hoddis dagegen, der Berliner Jude, war nur irgendeine hergelaufene Gestalt, von deren Vorleben niemand wußte, mochte auch 1925 die Neue Folge (»Im Banne des Expressionismus«) von Albert Soergels »Dichtung und Dichter der Zeit« erschienen sein, in welcher des »Hirnlyrikers« zehn Jahre vorher schon in der »Aktion« und dann in der »Menschheitsdämmerung« abgebildetes Konterfei von Ludwig Meidner auftauchte und das »Weltende« zitiert wurde. Welche Belästigungen ihm widerfuhren, wenn er stundenlang durch die Straßen ging, Kippen und Papierfetzen aufsammelnd, kann man allenfalls aus den Umständen der Zwangseinlieferung in die Universitäts-Nervenklinik oder aus den Angaben auf dem Krankenblatt erahnen. Und sein Tod? Hoddis wird in einer Menschenvernichtungsfabrik enden. Ein anonymes Sterben. Keine Rede und kein Lied also, kein Begräbnis.

Aus der Wilhelmstraße ist nichts über Quälereien bekannt. Nachdem jedoch Familie Dieterle ihre Gastwirtschaft aufgegeben und im November 1924 das Haus der Schwiegereltern in der Sofienstraße bezogen hatte, war es Hoddis nicht mehr möglich, sich so frei zu bewegen wie vorher. Die Kinder aus der Gegend liefen hinter ihm her, zogen an seinen Rockschößen und riefen ihm alles mögliche nach – »wie Kinder halt so sind, wenn sie merken, daß jemand nicht ganz normal ist«, meinte die Tochter seiner Pflegeleute. Der Vater habe Hoddis in Schutz genommen, wo es nur ging, aber irgend etwas müsse dann doch mit den Nachbarskindern gewesen sein. Genau erinnerte sie sich nicht mehr, auf welche Weise er sich den Ruf der Gemeingefährlichkeit einhandelte. Jedenfalls holten ihn Polizisten am 13. Juni 1927 frühmorgens ab und brachten ihn in die Universitätsklinik für Gemüts- und Nervenkrankheiten.

»In Zorn und Konvulsionen geriet« Hölderlin nach Waiblinger »gleich, wenn er jemand aus dem Klinikum sah.« Kein Wunder, waren doch dort von Autenrieth in bester Absicht zur pädagogischen Bestrafung der Irren außer dem gepolsterten »Pallisadenzimmer« auch Folterinstrumente wie eine Gesichtsmaske ersonnen worden, die das Schreien Tobender erstickte.

In der Folge verfeinerten sich die psychiatrischen Zwangsmittel beträchtlich, und zu dem so fein gewordenen Instrumentarium gehörte dann etwa auch die Klassifizierung seelischer Störungen durch den berühmten Emil Kraepelin in München. Bei der Begegnung mit dieser »klinische Bilder« von Krankheit malenden Kapazität hatte ja Ernst Toller, der sich während des Krieges auf Drängen seiner Mutter untersuchen lassen mußte, die deprimierende Erfahrung gemacht, »daß es zwei Arten Kranke gibt, die harmlosen liegen in vergitterten klinkenlosen Stuben und heißen Irre, die gefährlichen weisen nach, daß Hunger ein Volk erzieht und gründen Bünde zur Niederwerfung Englands, sie dürfen die harmlosen einsperren«. (208)

Die Nervenärzte, denen kraft Amtes aufgegeben war, obrigkeitliche Aufgaben zu erfüllen, dienten mit Hingabe den Bedürfnissen von Staat und Gesellschaft. Fast durchweg hatten sie ein starr konservatives Weltbild entwickelt, in dem sich Sozialdarwinismus mit autoritärem Staatsverständnis verband. Unter diesen Umständen wurde vielen zur drängenden Frage, warum man eigentlich die »Schwachen« durch öffentliche Wohlfahrt und medizinische Hilfe erhalte, während doch der Krieg das Leben der »Besten« koste.

Gerade die deutsche Psychiatrie der Zeit ging nun unerschütterlich von der Annahme aus, daß Schwachsinn, Epilepsie, Alkoholismus, Kriminalität oder Irrsinn erbliche Belastung zugrunde liege und daß man es insbesondere bei der Schizophrenie mit einer angeborenen Störung zu tun habe. Welche inhumanen Konsequenzen solchem Glauben innewohnten, dem Glauben an etwas körperlich Faßbares, das also auch ausgerottet werden könnte, wird unter anderem durch die schriftliche Hinterlassenschaft von Robert Gaupp deutlich, dem Direktor der Tübinger Universitätsnervenklinik zwischen 1906 und 1936, der zu den frühesten und eifrigsten Protagonisten einer immer wieder auflebenden Kampagne dafür gehörte, Sterilisationen in bestimmten Fällen nicht nur zu erlauben, sondern zu erzwingen.

Zwei Jahre vor seiner Emeritierung hatte der angesehene Arzt noch einmal einen großen Auftritt gehabt und am 12. Februar 1934 zu den »Deutschen Volksgenossen« vom Landesverein Württemberg des Deutschen Roten Kreuzes über das Thema »Die Quellen der Entartung von Mensch und Volk und die Wege der Umkehr«

gesprochen. Dabei ging er vom biologischen Zweck- und Wertgedanken aus, demzufolge Gesundheit zweckmäßig und Krankheit zweckwidrig sei, der »Entartete« also für sich selbst oder für seine Umwelt unzweckmäßig.

Gaupp referierte dann, daß mit 70 von 100 die Mehrzahl der Irrenhaus-Insassen dem vielgestaltigen Formenkreis der Frühverblödung (Dementia praecox) oder des Spaltungsirreseins (Schizophrenie) angehörten, und ließ gleich auch einen solchen Unzweckmäßigen auftreten: »Friedrich Hölderlin litt an einer solchen Frühverblödung und lebte bekanntlich Jahrzehnte lang in geistig hochgradig geschwächtem Zustande im runden Turme in Tübingen, bis ihn der Tod von einem wertlos gewordenen Leben befreite.« (209)

Man dürfe doch nicht zusehen, wie die Zahl der Geisteskranken, der Schwachsinnigen und Epileptiker, der sittlich Verkommenen und der entarteten Verbrecher immer mehr zunehme und müßte vor allem auch in Zeiten der Not solche »Ballastexistenzen schmerzlos beseitigen dürfen«, forderte der Arzt. Daß dabei eigentlich gar nicht mehr von »Tötung«, sondern allenfalls von »Beseitigung« die Rede sein könne, hatte übrigens schon sein Leipziger Kollege Alfred Erich Hoche in der zusammen mit dem Juristen Karl Binding verfaßten Schrift »Die Freigabe der Vernichtung lebensunwerten Lebens« (1920) festgestellt. Gaupp brüstete sich nun damit, seit jeher Gesetze gefordert zu haben, durch die »Minderwertige« eugenischer Behandlung zugeführt werden könnten. Solche Ansichten, wie er sie auch schon neun Jahre vorher in einem beim deutschen Psychiaterkongreß in Berlin gehaltenen Vortrag über »Die Unfruchtbarmachung geistig und sittlich Kranker und Minderwertiger« zum Ausdruck gebracht habe, seien aus weltanschaulichen Gründen vor allem von katholischer Seite leider entschieden abgelehnt worden.

»Allein diese Fragen«, konnte Gaupp nun jedoch triumphieren, »kamen nicht mehr zur Ruhe und als Adolf Hitler die Führung des Staates übernahm, da war zu erwarten, daß er bald zum Gesetz machen werde, was bisher an der Zersplitterung des Parteienwesens gescheitert war. Die Erwartung trog nicht. Am 14. Juli 1933 wurde das ›Gesetz zur Verhütung erbkranken Nachwuchses‹ von der Reichsregierung beschlossen, das die chirurgische Sterilisierung erbkranker Menschen gestattet, ja sogar verlangt, wenn nach den Erfahrungen der ärztlichen Wissenschaft mit großer Wahrscheinlichkeit zu erwarten ist, daß ihre Nachkommen an schweren körperlichen oder geistigen Erbschäden leiden.« (210) 1935 sollte ein Änderungsgesetz folgen, das den Eingriff auch bei Schwangeren erlaubte, und später der »Euthanasie« genannte Massenmord, für den es keiner gesetzlichen Grundlagen mehr bedurfte.

Da machte sich also wieder die Zeit-Norm bemerkbar, von welcher das äußere Geschick eines Abnormen, der sich zurückgezogen hatte, dem unausweichlichen Ziel immer näher gebracht wurde.

In Tübingen ausgegrenzt

Hoddis wurde also in den schloßartigen Gründerzeitbau über der Stadt gebracht, in dem Gaupp runde 30 Jahre lang als Direktor seines Amtes waltete. Die mit Elementen früherer Herrschaftsarchitektur prunkende Dreiflügelanlage ist innen sinnvoll gegliedert: Links geht es zur Männerabteilung, rechts zur Frauenabteilung, und beide wiederum sind in Trakte für ruhige und unruhige Kranke, aber auch noch nach einem Dreiklassensystem unterteilt.

Während sich Hoddis ohne Widerstreben auf die geschlossene Abteilung fahren ließ, gab Sophie Dieterle folgendes zu Protokoll: »Lebt bei dieser seit 7 Jahren. Harmlos, untätig, sonderbar. Beschäftigte sich mit Zeichnen. Fabrizierte zeitweise ganze Stöße von kindlich-primitiven Zeichnungen. Daneben bedeckte er große Papierbogen von oben bis unten mit Zahlen. War meistens gut zu haben. Zeigte eine große ›Ehrerbietung‹ vor Hunden. Grüßte alle Hunde und auch andere Tiere durch Hutabnehmen. Hat neulich ein Mädchen, das einen Hund an der Leine führte, geschlagen. Stieß auch Drohungen gegen die Nachbarsleute aus. Aus diesem Grunde von der Polizei festgenommen und auf die Klinik verbracht. Pat. soll sogar mit Schießen gedroht haben. Diese Drohungen seien aber wohl nicht ernst zu nehmen.«

Nun wurde aus seinem auffallenden Verhalten flugs ein Krankenbild geschaffen, das den Namen »Hebephrenie (Endzustand)« bekam. Die Symptome dieser »jugendlichen Verblödung« seien nach einem Lehrbuch der Zeit beschrieben: »Unruhezustände, Verstimmung, lebhafte Sinnestäuschungen, wahnhafte Vorstellungen, ohne ein Vorherrschen der motorischen Störungen. Unter Umständen kann das Leiden mit einem auffallenden Ereignis in Erscheinung treten, Aufregung, Weglaufen, sinnlosen Handlungen, Selbstbeschuldigung, verwirrten Äußerungen, störenden Sinnestäuschungen usw. Manchmal fesseln die Stimmen die ganze Aufmerksamkeit (halluzinatorischer Pseudostupor). Die Stimmung wechselt oft jäh, dabei hat ihr Ausdruck etwas Gezwungenes und Manieriertes. Wahnhafte Ideen, oft absurder Art, treten hinzu. Die Äußerungen sind vielfach inkohärent, manchmal absurd, unter Wortneubildungen. Körperlich kommen vielfach Pulsbeschleunigung, Zittern, Reflexsteigerung, Dermatographie, auch Cyanose und Strumaschwellung in Betracht. Nach manchmal recht kurzem, akutem Stadium kann Beruhigung erfolgen, gelegentlich läßt sich praktisch von einer Heilung sprechen, meist bleibt aber ein Defektstadium zurück, das die Grundsymptome der Dementia praecox, Schwächung der affektiven und Willenssphäre darbietet, meist mit absonderlichen, läppischen Zügen, Manieren, Negativismus usw. Mehrfach verläuft der Prozeß in Schüben, wobei nach jedem akuteren Stadium gewöhnlich eine tiefere Defektstufe erreicht wird.« (211)

Das also war der dazumal verfügbare Fundus von Begriffen, aus dem sich der ihn aufnehmende Arzt bedient, aus dem er seine Sicherheit bezogen haben mochte. Danach kategorisierte er den Patienten und grenzte ihn endgültig aus. Der Mensch mit seinen ganz persönlichen Triebkräften galt nun nichts mehr. Nur als Gegenstand, in dem angeblich ein Krankheitsprozeß ablief, ließ man ihn noch gelten.

Zutiefst verstört, wie Hoddis einst gewesen war, hatte er es rigoros darauf angelegt, jede engere Bindung an andere als bedrohlich für sein Selbst zu meiden. Seit 1912 schon waren um dieses Selbst herum, zu dessen Schutz, immer dickere Bastionen aufgerichtet worden. Nun, inzwischen 40 Jahre alt, pflog er Beziehungen fast ausschließlich zu nicht mehr nachvollziehbaren Realitäten seiner Phantasie, zu Tieren etwa, vor denen er den Hut zog und sich tief verbeugte. Die ihn umgebende Wirklichkeit drang aber trotzdem noch verstörend hinter die Mauern seines autistischen Bollwerks, wie aus den Angaben hervorgeht, die er bei der Aufnahme »in einer geschraubten manirierten Sprache« und mit »stark gehobenem Selbstwertbewußtsein« machte und die den Arzt zu der Folgerung veranlaßten, »hinter dieser Fassade« sei »offenbar nicht viel mehr erhalten«.

Man habe ihn, so Hoddis, am Morgen beim Aufstehen überfallen, mit Gewalt ins Auto gesteckt und in die Klinik gebracht. »Er sei Schriftsteller bei allen besseren Zeitschriften und nebenbei Privatdetektiv. Der Überfall sei eine ganz typische Sache, die ihm in seiner Praxis schon öfters begegnet sei. In Tübingen sei es unmöglich Manuskripte zu verfassen. Deshalb habe er in der letzten Zeit nichts mehr geschrieben. Die Bevölkerung in den Wirtschaften sei ganz hysterisch, er werde alles (verschrubbelt?). Er komme nicht durch die Wirtschaft hindurch. Es sei so eine (schrobble?) Wirtschaft. 1917 sei ein Band gesammelter Gedichte von ihm erschienen und von namhaften Persönlichkeiten, Kerr etc. rezensiert worden. Von der Polizei sei es eine philiströse Bosheit eine kommune Gemeinheit ihn zu überfallen ein solches Gebrumbel. In der letzten Zeit habe er nichts zu Hause gemacht. Er habe nur nachgedacht über die Ekligkeit von Tübingen. Im übrigen sei es eine philiströse Ansicht, wenn man von einem Schriftsteller verlange, daß er sich mit etwas bestimmtem beschäftige. Im übrigen beschäftige er sich mit Spitzenmathematik. Es sei ziemlich schwer unter diesen Verhältnissen eine großzahlige Vorstellung zu erreichen. Auch hat man den ganzen Tag zu tun, daß man nicht überrannt wird.«

Schon um 1919 hatte Baumgardt beobachtet, wie von Hoddis bei seinem ersten Erfurt-Besuch große Papierbögen eng mit Zahlenreihen beschrieben worden waren. Das Verhältnis zu diesem anderen

Bereich seiner Phantasie, der Zahl und den ihr innewohnenden Möglichkeiten transzendierender Kombinatorik, ist also ebenso dauerhaft wie jenes zu Tieren, von dem auch im Göppinger Krankenblatt noch die Rede sein wird. »Spitzenmathematik«, erläuterte er, »sei die Mathematik, die sich mit den Gesetzen der Spitze beschäftige. Er finde das sehr interessant. Die Spitzenmathematik sei seit Jahrzehnten schon bekannt.«

Dann fragte ihn der Arzt anscheinend wieder nach den Umständen der Einlieferung und nach seinem Leben in Tübingen. »Daß er jemand bedroht habe, das sei eine vollständige Lüge und Gemeinheit«, antwortete Hoddis. »Er habe sich nur verbeten, daß man dauernd seine Bude berenne. Durch philiströse, ladenhafte, hysterische Ungezogenheiten, werde er belästigt, durch ungeschicktes unnormales Benehmen. Durch rücksichtsloses Benehmen gegen ihn als Schriftsteller. Schlechtes hysterisches Benehmen zu Hause und rüdes Benehmen außerhalb, dagegen habe er sich zu verwahren.«

Schließlich zeterte der Patient, den der Arzt als schlampig gekleidet und stinkend beschreibt, noch über »die ›Kleiderordnung‹ der ›dirigierenden wirtschaftlichen Personen‹. D. h. darüber, daß seine Hauswirtin ihm gelegentlich vorschreibe, was er anziehen müsse. Immer wieder beklagt er sich über die hysterische Philistrosität der Bevölkerung. ›Hysterie ist eine geistige Erkrankung, die sich auf Grund von Einbildungen, die sich verstandesgemäß nicht rechtfertigen lassen eine geistige oder körperliche Tatsache realisiert, die der Vernunft nicht entspricht.‹ ›Philistrosität‹ ›ist dasjenige Verhalten, das zu ungefällig gegen freidenkende oder denkende oder elegante, was stört, im Grunde störende Verhalten, was gebildeten menschl. Begriffen nicht entspricht.‹ Worin die Ungefälligkeiten und das rohe Benehmen der Bevölkerung bestehen ist nicht recht aus dem Kranken herauszubekommen. Spricht noch von ›Ausbeuterei‹ von ›gemeinem Herumlaufen als Subalterner‹.«

Dem Arzt gegenüber argumentierte Hoddis also mit den Vernunftgründen einer Welt, die er längst verlassen hatte. Während der folgenden Tage kam es dann nur noch zu flüchtigen Kontakten. Das mochten auch Verständigungsschwierigkeiten wegen der schon für die Zeit des Ersten Weltkrieges belegten und dann immer stärker gewordenen Schwerhörigkeit des Patienten bedingt haben. Fast scheint es so, als sei sie ein Vorwand für ihn gewesen, um sich noch besser abschotten zu können. »Ruhig, geordnet still für sich«, »fügt sich anstandslos in die Hausordnung«, notierte der Arzt am 17. Juni, und am 4. Juli wurde der Patient nach 22tägigem Klinikaufenthalt in das Christophsbad Göppingen überführt, eine Privatklinik für Gemüts- und Nervenkranke.

Auf dem Krankenblatt ist das Wort »ungeheilt« unterstrichen. Aber wer hätte ihn nach seinen Erfahrungen auf welche »Gesundheit« hin heilen sollen? Gewiß nicht irgendwelche angepaßten und anpassenden Nervenärzte, die doch insgesamt wesentlich dazu beigetragen hatten, daß die Dämme der Menschlichkeit dann so bald brechen konnten. Ohne den klirrenden Panzer ihrer Macht, ohne ihr gesellschaftlich sanktioniertes Instrumentarium zur Ausgrenzung, hätten sie sich allenfalls wie der auf Godot wartende Estragon versichern können: »Wir finden doch immer was, um uns einzureden, daß wir existieren, nicht wahr Didi?«

Göppinger Schachgrübeleien

Der 4. Juli 1927 war ein Montag. Hoddis kam am späten Vormittag in Göppingen an. Die Reise sei, so der ihn aufnehmende Mediziner, »o. B.« gewesen, und der Patient verhalte sich nun »ruhig u. geordnet«. (212) Ein Wärter aus Tübingen, der ihn begleitet hatte, lieferte einen kurzen ärztlichen Bericht ab und machte sich dann wieder auf die Rückreise.

In dem von einem Assistenzarzt unterzeichneten Schreiben wurde Hoddis als »harmloser, verschrobener, autistischer und untätiger, für die Umgebung uninteressierter Kranker« charakterisiert, der »soweit er genügend zu essen und zu rauchen hat, eine zufriedene Miene« zeige. »Spontan spricht Pat. so gut wie nie, er antwortet nur auf Befragen«, heißt es weiter. »Mit Selbstgefälligkeit in herablassendem Ton erzählt er dann von seinen schriftstellerischen Leistungen«. Nun also wußte der Göppinger Spezialist für entartete Seelen gleich, woran er war, und konnte den Zugang auf jenen Begriff bringen, den Eugen Bleuler 1911 erfunden hatte: Die Diagnose lautete »Schizophrenie. Schizophrener Endzustand«.

Hoddis traf kurz nach der Feier ihres 75jährigen Bestehens in der privaten Heil- und Pflegeanstalt ein. Das Christophsbad mit seinem mineralhaltigen Brunnen, an dem schon Graf Eberhard, Herzog Christoph, dessen Sohn Eberhard und der Astronom Johannes Kepler gekurt hatten, war 1839/40 von den Ärzten Landerer und Palm gekauft, dann saniert und schließlich am 1. Mai 1852 als Irrenanstalt eröffnet worden. Getreu der Überlieferung wolle sie, so das »Stuttgarter Neue Tagblatt« am 6. Juli 1927, »ein Glied der Fürsorge des Landes für seine psychisch Kranken bilden und bleiben und an ihrem Teile dazu beitragen, Not und Elend zu lindern, den Kranken eine freundliche Heimstätte zu sein für Tage und Wochen, sie will vor allem aber auch im Sinne ihres Gründers und seiner Söhne wirken und schaffen nach dem Worte Gustav Werners, den enge Familienbande und Bande gleicher sozialer Gesinnung an das Christophsbad fesselten: Was nicht zur Tat wird, hat keinen Wert«. (213)

Zwei Tage nach der Aufnahme versuchte der Arzt erstmals, in intensiveren Kontakt mit dem Patienten zu kommen, aber seine Bemühungen wurden nicht nur durch dessen Schwerhörigkeit, sondern auch dadurch behindert, daß Hoddis »in schizophrener Weise absperrt u. überhaupt nicht angeredet sein will«. Das Ansinnen, einen Lebenslauf zu schreiben, verweigerte er: »Mich sollte man als Schriftsteller schon längst kennen, es ist unnötig, daß ich da noch etwas verfasse.« Immerhin ging Hoddis den Arzt um eine Zigarette an, ließ sich jedoch nicht zum Weiterreden verleiten, nachdem er sie bekommen hatte.

Die Kranken auf der Abteilung begrüßte er »unter devoten Verbeugungen, so daß sich diese, namentlich ein anderer Jude, über ihn lustig machen«. Gleich Hölderlin versuchte Hoddis, näheren Beziehungen durch übertriebene Höflichkeit von vornherein vorzubeugen. Während des gesamten Aufenthaltes im Christophsbad wird er dann den Mitpatienten aus dem Wege gehen. Weiterhin also das defensive Manöver, um sein Selbst, seine Autonomie, zu erhalten. Allenfalls mit Schachpartnern, beim objektiven Spiel, fühlte er sich sicher.

Seit Frankenhain war sein Zustand anscheinend ziemlich gleich geblieben, und auch die nun folgenden sechs Jahre änderten kaum etwas daran. In der Abteilung hatte sich Hoddis »gut eingewöhnt«, wie der Arzt nach zwölf Tagen feststellte. Er »ißt mit den andern Kranken im Speisesaal, bleibt aber sonst immer für sich, schreibt u. liest, ist ganz autistisch, aber völlig harmlos«. Der schon vorher bezeugte unmäßige Appetit hielt an. Hastig und in großen Mengen nahm er Nahrung zu sich, die ihm manchmal wieder zum Munde herauskam, und rauchte ständig. Ohne Tabak reagierte Hoddis gereizt und unleidlich. »Wenn man dem Pat.«, so der Arzt, »von Zeit zu Zeit etwas zu rauchen schenkt, kann man ihn sich leicht zum Freund machen.« Ein Wunschzettel vom 28. Mai 1931, auf dem er um Tabak bat, war mit »Prof. von Hohenzollern« unterzeichnet.

Durch Namen und Titel – die Pfleger wies er schon einmal darauf hin, daß man ihn mit »Herr Professor« anzureden habe – versuchte sich Hoddis zu verstellen, zu jemand anderem zu machen. Auch von Hölderlin wird ja überliefert, welch große Rolle Namen wie Scardanelli und Buonarotti oder ehrenvolle Titulaturen wie Königliche Majestät, Eure Heiligkeit, gnädiger Herr Pater und Herr Baron für ihn spielten. Hoddis' »Ein anderes bin ich«, Rimbauds »Ich ist ein Anderer«, fand nun seltsame Erfüllung. So schrieb er auch Postkarten an sich selber nach Berlin. »Lieber Hans Davidsohn! Hier werden täglich viele Stöcke gestohlen! Herzl. Gruß Dein H. D.«, las der Arzt auf einer ins Christophsbad zurückgekommenen Karte. Und stundenlang sah man ihn vor dem Spiegel stehen und sich derart wohlgefällig betrachten, als lache sein Selbst über sein Ich wie bei Nietzsches Zarathustra.

Ansonsten traf man ihn häufig im Tagesraum an, wie er, die Pfeife zwischen den Zähnen, schweigend und konzentriert über Schachzügen grübelte. Mitpatienten schickten eines Tages von ihm gelöste Schachaufgaben an eine Zeitschrift, und der Name Davidsohn tauchte dann unter jenen der erfolgreichen Denktüftler auf. Sein

Verstand war also vollkommen intakt, nur funktionierte er eben nicht mehr innerhalb von Wirklichkeitsbezügen.

Im allgemeinen blieb Hoddis ruhig in sich selbst zurückgezogen, wenn ihm aber etwas wider den Strich ging, pflegte er wütend zu werden und »in komisch wirkender Weise« zu schimpfen. Nachher jedoch machte er manchmal feierliche Verbeugungen vor den Betroffenen. Es war, als wollte er, aus der Reserve gelockt, möglichst schnell wieder in seine eigene Welt zurückkehren. Einen Pfleger, der ihn wegen der Angewohnheit zurechtgewiesen hatte, die Türen immer mit lautem Knall zuzuschlagen, schrie er an: »Ich bin der Dr. Davidsohn, gehen Sie hinunter auf die Irrenabteilung, u. sagen Sie drunten, ich hätt's gesagt!« In Wut kam Hoddis regelmäßig beim monatlichen Wiegen oder wenn man ihn baden wollte; er wehrte sich mit Erfolg gegen eine von der Mutter gewünschte zahnärztliche Behandlung, und als ihm der Pfleger einmal die Fingernägel zu schneiden versuchte, rief er nach der Polizei: Hilfe, hier sei ein Verrückter!

Häufig traf man ihn lesend und Gedichte schreibend an. Von solchen Beschäftigungen ist in dem Krankenblatt jedoch nur während der ersten Wochen die Rede und von »Spitzenmathematik« überhaupt nicht mehr. Ansonsten schlief er auch tagsüber viel oder ging mit kurzen, trippelnden Schritten geschäftig auf den Fluren der Abteilung hin und her, bei schönem Wetter auch im Garten der Anstalt. Wenn er unbeobachtet zu sein glaubte, sprach Hoddis leise murmelnd vor sich hin, verstummte aber, sobald jemand hinzukam. Gelegentlich beobachtete der Arzt, wie der Patient den Kopf schief nach oben streckte, als sei eine Vision über ihn gekommen, oder wie er, eines Tieres ansichtig werdend, einer Katze, einer Schnecke, Vögeln, Ameisen, darauf zusprang, den Hut abnahm und sich einige Male steif verbeugte.

Vielleicht spürte Hoddis eine besondere Nähe zu Tieren, vielleicht versuchte er aber durch Ehrerbietung auch Bedrohliches abzuwenden. Im 1913 in der Münchner Zeitschrift »Die Neue Kunst« erschienenen kurzen Prosatext »Doktor Hackers Ende« jedenfalls hatte er slapstickhaft und ironisch mit bösen Vorahnungen gespielt. Nachdem es dem Protagonisten weder gelungen war, die absolute göttliche Wahrheit noch die Welt der Wirklichkeit oder jene andere, neue der Träume zu finden, die er in wahnsinniger Angst ersehnte, widerfuhr ihm schließlich Schreckliches: »Ein Milchwagen rasselte. Die Stühle streckten ihre Beine aus den Caféfenstern. Ein kleiner weißer Hund lief über den Damm und fraß ihn auf.«

An den vor bedrohlicher weißer Bewußtheit Geflohenen kam niemand mehr heran, nicht einmal die Schwester Marie. Als sie Hoddis am 2. Juli 1929 besuchte, nahm er zwar mit Dankesgesten Tabak und Zigaretten entgegen, schwieg sie aber sonst beharrlich an. Auch die Mutter würdigte er bei ihrem Besuch Ende April 1931 keines Wortes, sondern ließ sie alleine im Zimmer sitzen und ging in den Tagesraum zu den anderen Patienten. Anfang November beobachtete der Arzt dann, wie sich beide schweigend am Schachbrett gegenübersaßen.

Selbst in einer Anstalt wie dem Christophsbad mit ihrem halben Tausend Patienten gab es noch Nischen, in denen er verhältnismäßig ungestört leben konnte. Zwar mag man den Widerstrebenden hin und wieder genötigt haben, sich auf dem schon 1859 der Anstalt angegliederten »Freihof« zu betätigen, der ältesten Irrenkolonie Württembergs. Aber darüber hinaus konnte die Arbeitstherapie damals allein schon wegen des Mangels an Stellen noch nicht derart strikt durchorganisiert werden wie einige Jahre später, als rund 80 Prozent aller Patienten in die hochtourig auf den Krieg zulaufende Industrieproduktion eingespannt waren. Damit, so ein Oberarzt stolz, habe man »das Absinken der schizophrenen Kranken in die trostlosen Endzustände der stumpf dahinvegetierenden menschlichen Ruinen« häufig verhindert und sie außerdem »in einer gerade in der gegenwärtigen Zeit der industriellen Hochkonjunktur und des Arbeitermangels nicht zu unterschätzenden Weise zum Wohl der Allgemeinheit und des Staates dienstbar gemacht«.

Behandlung mit medikamentös erzeugtem Krampf und Schock, wie sie Anfang der dreißiger Jahre aufkam und sich bei den Psychiatern bis heute einiger Beliebtheit erfreut, blieb ihm ebenfalls gerade noch erspart. In Göppingen sollte man dieser Wesen und Erfahrungen der Opfer systematisch zerstörenden Heilmethode bald große Erfolge zuschreiben, wies doch der Oberarzt darauf hin, daß die Kranken »ruhiger und geordneter werden und sich dann leicht auch in die Arbeitstherapie eingliedern lassen«. (214) Hoddis jedoch erfuhr therapeutische Belästigungen noch innerhalb erträglicher Grenzen. Man ließ ihn weitgehend in Ruhe, selbst wenn er seinem großen Schlafbedürfnis auch tagsüber frönen wollte. So lebte der Patient unverändert und meist gut gelaunt »munter in den Tag hinein«, wie es dem sich gerade um ihn kümmernden Arzt schien.

Inzwischen hatte die NSDAP bei den Reichstagswahlen am 5. März 1933 44 Prozent der Stimmen bekommen, und mit der Annahme des Ermächtigungsgesetzes am 23. März war dem Rechtsstaat endgültig der Garaus gemacht worden. Schlag auf Schlag richtete sich der Schrecken ein, bezog er seine Amtsstuben. An Hoddis aber ging das vorbei. »Hatte in den letzten Tagen«, schrieb der Arzt am 11. August ins Krankenblatt, »Besuch von seiner Mutter, die demnächst ins Ausland überzusiedeln gedenkt u. drum als Vertreter Herrn Ingenieur Hermann Kempner aus München 2 NO Thierschstr. 47/o vorstellte, an den in Zukunft alle Rechnungen abgeschickt werden sollen.«

Als die alte Dame 75jährig nach Palästina emigriert war, konnte ihn der Münchner Onkel dann aber nur noch in der einzigen jüdischen Anstalt unterbringen, die es damals in Deutschland gab. Am 29. September 1933 wurde Hoddis »ungebessert« nach Sayn bei Koblenz gebracht.

Letzte Spuren aus Sayn

Nach ermüdender Fahrt wurde der kleine, wohlgenährte, etwas schmuddelig aussehende Mann am Abend des 29. Septembers 1933 in den Israelitischen Kuranstalten Sayn abgeliefert. Die beiden Villen an der Hindenburgstraße 49 (heute: Koblenz-Olper-Straße 39) – in historistische Prunkgewänder gekleidet, machten sie den

Eindruck eines sehr feinen Sanatoriums – betrat man durch einen verbindenden Flachbau, den »Wintergarten«. Hoddis folgte dem diensttuenden Pfleger nach rechts zur Männerabteilung. Es war Freitag, übers Wochenende konnte er sich in Ruhe eingewöhnen, erkunden, wohin es ihn nun verschlagen hatte.

In der linken von den beiden Villen wohnten vorwiegend wenig gestörte Frauen, aber hinter diesem Hauptkomplex lag noch ein anderer mit eigenem ummauertem Hof für »ruhige« und »unruhige« Frauen, wie es auf älteren Plänen heißt. Und aus dem Zellen- und Wachbau daneben gellten manchmal Schreie schwer leidender und aggressiver Patienten über das Gelände.

Die Anstalt war von Maier Jacoby 1869 in der Einsicht gegründet worden, daß sich jüdische Patienten in Sanatorien, die, so sein Enkel Paul Jacoby, »speziell für Juden bestimmt sind, in denen sie rituelle Kost erhalten und die Möglichkeit haben, alle sonstigen religiösen Pflichten und Gebräuche nach Belieben erfüllen zu können, behaglicher fühlen, und, da sie weniger ungünstigen Einwirkungen ausgesetzt sind, vielleicht auch schneller zur Genesung kommen«.(215) Nach und nach entwickelte sich daraus die größte jüdische Privatheilanstalt Deutschlands, in der 1886 rund 90 und nach dem Ersten Weltkrieg jeweils an die 200 Patienten ihr Dasein fristeten. In dem kleinen Ort, dessen Bevölkerung katholisch geprägt ist und als Folge früher Industrialisierung einen hohen Arbeiteranteil hat, stand der gute Ruf des Sanatoriums nie in Frage, und die Brüder Jacoby galten als angesehene, einflußreiche Honoratioren. Auch während der ersten Nazi-Jahre konnte in der Anstalt noch alles seinen gewohnten Gang gehen, nur daß nun viele jüdische Patienten kamen, die anderswo keine Aufnahme mehr gefunden hatten.

Von Hoddis' immerhin achtdreiviertel Jahre währendem Dasein hier zeugt keine Meldebestätigung, keine Krankengeschichte, kein Dokument irgendwelcher Art. Erst auf der Deportationsliste taucht sein Name noch einmal auf. Alle Nachweise über die Patienten sind wohl schon von der Geheimen Staatspolizei vernichtet worden oder verschwanden vielleicht auch erst, als die Gebäude nach 1943 als Ausweichlazarett für das Koblenzer evangelische Krankenhaus

Stift St. Martin und dann als Kaserne für die französischen Besatzungstruppen dienten. (216) Heute befindet sich darin das Hauptschulinternat »Knabenheim Kemperhof« des Salesianer-Ordens Don Bosco.

Anscheinend lebte Hoddis in der Anstalt unauffällig vor sich hin. Paul Jacoby, bis 1940 neben seinem vor allem für die Verwaltung zuständigen Bruder Fritz ärztlicher Direktor, wußte jedenfalls nichts mehr von diesem Patienten, als er Ende der sechziger Jahre brieflich nach ihm gefragt wurde. Immerhin teilte der alte Herr aber aus Montevideo einiges über die Lebensbedingungen der Kranken allgemein mit. So sei ihnen größtmögliche Freiheit eingeräumt worden, und sie hatten die Anstalt, der eine kleine Landwirtschaft, eine Schreiner- und eine Schlosserwerkstatt angegliedert waren, nach Belieben zu beaufsichtigten Spaziergängen verlassen dürfen. (217) Das aber höchstens während der ersten Jahre. Später wären sie kaum mehr herausgekommen, meinte ein einstiger Pfleger, der sich nur noch an den Namen Davidsohn erinnerte, nicht mehr jedoch an die Person.

Hoddis konnte im Park spazierengehen, unter den alten Bäumen sitzen, unter Rotbuchen, Linden, Kastanien, Fichten, Magnolien. Auf der anderen Seite begrenzten die inzwischen abgebrochenen Werkstätten das Anwesen, neben dem Zellenbau die Schreinerei, anschließend die Schlosserei, und hinter den Gebäuden schmiegten sich Felder und Wiesen in einen weiten Bogen des Saynbaches. Zu irgendwelchem Geschäft wird sich der schon in Göppingen am liebsten Untätige aber kaum haben animieren lassen. Auch in Sayn konnte er, aus allen Wirklichkeitsbezügen gefallen und deshalb sinnlos geworden, zunächst wohl noch einigermaßen unangefochten in seiner autistischen Welt leben, während ihn die Realität unaufhaltsam einzuholen begann. Bald nämlich machte sich der Wahnwitz des mörderischen Systems stärker bemerkbar. Nun kam auch die Zeit, wo Schulkinder dazu angehalten wurden, antisemitische Spottlieder zu singen, wenn man sie in der Hindenburgstraße an den Israelitischen Kuranstalten vorbeiführte.

Als Folge des Pogroms vom 9. November 1938, der sogenannten »Reichskristallnacht«, stieg die Zahl der Patienten in Sayn sprunghaft an, denn für Juden war es inzwischen gänzlich unmöglich geworden, in der Obhut allgemeiner staatlicher oder privater Heil- und Pflegeeinrichtungen zu bleiben. 1939 stellten die Brüder Jacoby den Antrag, auswandern zu dürfen, aber der Regierungspräsident lehnte ihn mit der Begründung ab, sie würden noch gebraucht und ihre Kuranstalten sollten zur Betreuung von kranken Juden erhalten bleiben. Die Arbeitsfront verlangte jedoch, daß alle arischen Angestellten mit einer Abfindung entlassen und dafür beschäftigungslos gewordene Juden aus dem Landkreis Koblenz eingestellt werden müßten.

Irgendwann im Jahre 1940 wird Jakob van Hoddis zum letztenmal aus der Erinnerung sichtbar. Wohlgenährt wie zeitweise in Göppingen wirkte er nun nicht mehr. Das Gesicht war eingefallen, die Augen lagen tief, und um seine Lippen spielte dauernd ein leichtes Lächeln. Wie meistens beim Gehen hatte er den Kopf gesenkt, als er nun zusammen mit anderen das Gartentor des Parks passierte und über Wiesen und Felder auf ein kleines Haus zuwanderte, das »Ackergrün« hieß.

Hier wohnte der neue Oberpfleger mit seiner Familie, eigentlich gar kein gelernter Pfleger, sondern nur im Ersten Weltkrieg mal Sanitäter. Der hatte allerhand durchmachen müssen, war aus seinem Amt bei der Stadtverwaltung Osnabrück gejagt und ins KZ Oranienburg gebracht, aber nach einem Vierteljahr freigelassen worden. Danach schwer im Steinbruch arbeitend, bewarb er sich für die Sayner Stelle und bezog 1940 Haus »Ackergrün«.

Hoddis kam näher, versunken und abwesend. Bei dem Häuschen wurde er jedoch auf ein Stück Baumstamm aufmerksam und verlangte nach einer Säge. Er sprach nicht, sprach überhaupt kaum mehr, sondern machte Sägegeräusche, wie sich die Tochter des Oberpflegers erinnerte. (218) Immer habe der kleine Mann etwas ansägen wollen und sich, weil man ihm dafür notwendiges Gerät verweigerte, auch mit der Nagelfeile an hölzernen Sachen zu schaffen gemacht.

Die meisten Patienten, auch Hoddis, merkten kaum noch etwas von der immer bedrohlicher werdenden Atmosphäre in der Anstalt. Als Paul und Fritz Jacoby Nachfolger gefunden hatten, jüdische

Ärzte, die nicht auswandern konnten, verpachteten sie die Gebäude an die Reichsvereinigung der Juden in Deutschland und schlugen sich Ende Juni 1940 auf Umwegen nach Uruguay durch. Alltägliche Bedrohung belagerte das Haus »Ackergrün«, wo nun auch noch der neue ärztliche Leiter wohnte. Die beiden Familien sollten überleben, zwei jüdische Pfleger jedoch flohen zu dieser Zeit angstgepeinigt in den Tod durch eigene Hand.

Inzwischen war vom Innenministerium aus Berlin die Verfügung gekommen, daß die akut Geisteskranken aus ganz Deutschland nach Sayn gebracht werden sollten. Die Gebäude reichten nicht mehr aus für die Hunderte von Opfern, weswegen eine Baracke aufgestellt wurde, die vier Jahre vorher in Berlin von olympischen Sportlern bewohnt worden war. Alles hatte seine penible amtliche Ordnung. Man holte die baupolizeiliche Genehmigung ein, erfüllte sorgfältig alle Auflagen, und am 16. Januar 1942 konnte die auf dem Rasen zwischen Hauptkomplex und Frauenbau stehende Unterkunft abgenommen werden.

Grauenvolles geschah nun, woraufhin das von dem Tübinger Psychiater Robert Gaupp von Herzen begrüßte »Gesetz zur Verhütung erbkranken Nachwuchses« ein Schritt gewesen war. Am 1. September 1939, dem Tag des Überfalles auf Polen, hatte Hitler auch die Euthanasie-Aktion ausgelöst. »Minderwertige« wurden nicht mehr sterilisiert, sondern mit von der IG Farben produziertem Kohlenmonoxyd vergiftet, was Anfang Januar 1940 im Zuchthaus Brandenburg an Geisteskranken ausprobiert worden war. So starben bis September 1941 mehr als 70 000 Menschen. Einige jüdische Patienten, auch aus Sayn, kamen am 10. Februar 1941 in die Andernacher Klinik, um wenige Tage später in Hadamar ermordet zu werden.

Daß es vorerst bei einzelnen blieb, daß Jakob van Hoddis nicht da schon zu den Opfern gehörte, war durch schier unfaßbaren Zynismus der Mörder bedingt. Viktor Brack, Stellvertreter von Reichsleiter Philip Bouhler, der der »Kanzlei des Führers« vorstand, gab später nämlich zu Protokoll, man habe Juden diesen Tod nicht gegönnt. »Es sollte, wie Bouhler sich ausgedrückt hat, die Wohltat der Euthanasie nur Deutschen zugute kommen.« (219)

Und nachdem dieses massenhafte Morden wegen Protesten aus der evangelischen und der katholischen Kirche erst einmal eingestellt worden war, bereitete man dann auch für alle Juden aus Sayn die »Endlösung« vor, die Deportation in Vernichtungslager des Ostens.

Heimkehr des Odysseus

Von Anfang an hatte Hoddis den latenten Wahnsinn der Gegenwart erfahren und dunkle Schatten der Zukunft bedrückend auf sich lasten gespürt, auf seinem Leben und Werk. Wie große schwarze Vögel waren sie aus den Wirklichkeit überschreitenden und dabei Wirklichkeit vernichtenden Gedichten, aus dem in Versen vollzogenen Weltende geflattert, um sein Gemüt mit Ahnungen kommenden Unheils zu verdüstern und sein Gewissen zu belasten. Dichtung erweist sich hier als die andere, vorwegnehmende Wirklichkeit. »Ich weiß, daß Rächer harren«, hieß es schon in einem frühen, vor dem Herbst 1911 entstandenen Vierzeiler, und nun sollte ihn das Wirkliche, dem er sich immer angestrengt zu entziehen versucht hatte, endgültig einholen, nun wuchs und wucherte es beklemmend im Garten der bösen Banalität rings um ihn her.

> Mich treibt mein Tag zum blutigen und harten
> Verräter-Werk ... Ich weiß, daß Rächer harren
> Geschlossenen Helmes – Ungefügen starren
> Zermalmer-Schrittes schreit ich durch die Gärten.

Die Mörder öffneten das Visier. Nun war es an ihnen zu zermalmen. Im Jahre 1958 hatte der Landesverband der jüdischen Gemeinden von Rheinland-Pfalz folgendes über Hoddis' Schicksal wissen lassen: »Herr Hans Davidsohn, geb. 16. 5. 87 in Berlin, wurde am 30. 4. 1942 unter der Nr. 8 aus der Heil- und Pflegeanstalt Bendorf-Sayn deportiert. Von diesem Transport kam niemand mehr lebend zurück.« (220) Auf eine spätere Anfrage hin vermutete man, daß er in Theresienstadt zu Tode gekommen sein könnte, weil die Deportationen im Juli 1942 dorthin gegangen seien. (221) Aber Hoddis starb mit Sicherheit nicht in Theresienstadt, denn einerseits trafen Deutsche dort verhältnismäßig spät ein, nämlich am 2. Juni 1942, und der Zeitraum bis Juli wäre erst recht zu lang gewesen; andererseits wurden auf Beschluß der Wannsee-Konferenz vor allem Personen über 65 Jahre, Kriegsverletzte, dekorierte Kriegsteilnehmer, Halbjuden, jüdische Elternteile von »Mischlingen« und Prominente in dieses »Vorzugslager« gebracht. (222)

Ein erster Todestransport mit 337 Opfern aus dem Kreis Koblenz, davon 105 aus Sayn, war am 22. März 1942 zusammengestellt worden. Auf daß alles seine Ordnung habe, notierte dann am 13. April ein Kriminalkommissar Schubert von der Staatspolizeistelle Koblenz unter dem Aktenzeichen IIB3-I/42g: »Es wird hiermit bestätigt, daß die unter lfd. Nr. 1-337 auf Grund der 11. Verordnung zum Reichsbürgergesetz vom 25. 11. 1941 – RGBl. I. S. 722 – aufgeführten Juden am 22. 3. 1942 ausgewandert sind und somit die deutsche Staatsangehörigkeit verloren haben.«

Zum zweiten Transport vom 30. April gehörten dann 105 Juden, davon 98 zuletzt in Sayn gemeldete – unter ihnen Hoddis. Als die Patienten abgeholt wurden, blühten vor den beiden Villen die Magnolien, und die Bäume des Parks leuchteten in zartem, frischen Grün. Man jagte sie über die Straße zum nahen Bahnhof, einem düsteren Bau mit Schieferdach und Kastanienbäumen davor. Sayner Bürgern, die neugierig stehenblieben, wurde barsch befohlen, sich davonzumachen. Vom Bahnsteig aus war die Burgruine vor waldiger Kulisse zu sehen – ein sehr deutsches Bild. Und da standen schon die Waggons ...

»Uns ist aber bekannt«, so der Internationale Suchdienst in Arolsen, »daß mit einem späteren Transport am 15. Juni 1942 von Koblenz Insassen der Heil- und Pflegeanstalt Bendorf-Sayn nach Izbica, Distrikt Lublin, evakuiert wurden. In Izbica, Kreis Krasnystaw / Polen, war ein Durchgangslager für die jüdischen Massendeportationstransporte aus Deutschland, Österreich, Frankreich, Belgien, den Niederlanden und der Slowakei nach dem Osten. Hier verbrachten die Deportierten auf ihrem Weg mit unbekanntem Ziel

– aller Wahrscheinlichkeit nach jedoch zu den Vernichtungslagern Belzec, Chelmno, Sobibor oder Treblinka – eine Nacht oder länger. Um eintreffenden neuen Transporten Platz zu machen, wurde das Lager jedesmal von den anwesenden Häftlingen geräumt.« (223)

Sicher ging also der Transport vom 30. April nach dem Osten, und als er zusammengestellt wurde, mag sich Ähnliches abgespielt haben, wie für den dritten dokumentarisch bezeugt wird (224): Am 3. Juni waren von Adolf Eichmann aus Berlin Anweisungen gegeben worden, und die Koblenzer Staatspolizeileitstelle schickte vier Tage vorher ein Fernschreiben an die Leitstellen von Düsseldorf, Aachen und Köln, in dem es heißt: »Der Transport DA 22 verkehrt am 15. 6. 42 ab Koblenz-Lützel nicht wie vorgesehen um 2.08 Uhr, sondern um 0.00 Uhr. Er setzt sich aus 15 Personenwagen und 9 G-Wagen zusammen. Die G-Wagen werden mit den Juden der Israelitischen Heil- und Pflegeanstalt in Bendorf-Sayn belegt.«

Mordhelfer in Uniform trieben nun etwa 250 Kranke und an die 100 Leute vom Personal zum Bahnhof hinauf. Nur 21 Patienten, die entweder in »Mischehe« verheiratet waren oder ausländische Staatsangehörigkeit hatten, und 15 Angehörige des Personals blieben in der Anstalt zurück. Entsetzt sah die Frau des leitenden Arztes, wie der Todeszug beladen wurde, und ins Haus »Ackergrün« zurückgekehrt, schrieb sie darüber in ihr Tagebuch: »Das ›Verladen‹ – anders kann man es nicht nennen – ging heute früh von etwa 7 Uhr an vor sich. Gegen ½ 3 Uhr war dann endlich der Zug abfahrbereit. Alles kam in Güterwagen, auch das Personal, für das ursprünglich ein Personenwagen vorgesehen war. 60 oder gar 68 Menschen in einen Wagen, der fest geschlossen und verplombt wurde! Ich sah den Zug stehen, als ich morgens um 8 Uhr zur Post ging. Es schnitt mir ins Herz. Daß so etwas Furchtbares überhaupt geschehen kann, ist mir unfaßbar.« Gegen 15 Uhr am Sonntag, 14. Juni, fuhr der Zug nach Koblenz-Lützel und um Mitternacht dann über Köln nach Osten. Unterwegs schon starben viele in den vollgestopften Kerkern der Güterwagen, und am Ziel angekommen, wurden Kranke, nicht Arbeitsfähige, in der Regel sofort ermordet.

Treblinka war erst vom 23. Juli 1942 an in Betrieb, aber Chelmno bestand schon seit Dezember 1941, Belzec seit Mitte März 1942 und Sobibor seit Mai 1942. In einer dieser Menschenvernichtungsfabriken, vielleicht in Chelmno (Kulmbach), mit vielen hundert anderen nackten Menschen auf engstem Raum zusammengepfercht, starb der Dichter Jakob van Hoddis Anfang Mai des Jahres 1942. Dort, wo Menschen wie Ungeziefer erstickt und verbrannt wurden, erfüllten sich seine Ahnungen, dort kam er schließlich an. Seine Odyssee ging nun zu Ende. Er war auf Ithaka. Die heimatliche Felseninsel – eine Gaskammer.

1 *Jakob van Hoddis vor 1911.*

2 Während des Aufenthalts in Tübingen 1927 (Photo bei den Krankenakten der Universitätsklinik Tübingen).

3 Im Lehrerhaus des Luftkurorts Frankenhain bewohnte Hoddis zunächst das Erkerzimmer, später dann einen Raum zu ebener Erde hinten hinaus (Photo: Martin Gebhardt).

4 *Die Gastwirtschaft »König Wilhelm« in der Tübinger Wilhelmstraße, wo Hoddis vom Juni 1922 bis zum Herbst 1924 beim Wirt Julius Dieterle (rechts im Fenster) lebte.*

5 *Blick vom Schloß Hohentübingen auf die Anfang der neunziger Jahre erbaute Universitätsklinik für Nerven- und Gemütskranke. Am 15. Juni 1927 frühmorgens wurde Hoddis von der Polizei hierher gebracht.*

6 Männerbau und Garten im Christophsbad Göppingen, dem Domizil von Hoddis zwischen 1927 und 1933 (Photo aus den zwanziger Jahren).

7 In den Israelitischen Kuranstalten zu Sayn bei Bendorf verbrachte Hoddis die Zeit vom Herbst 1933 bis zu seiner Deportation im Frühjahr 1942.

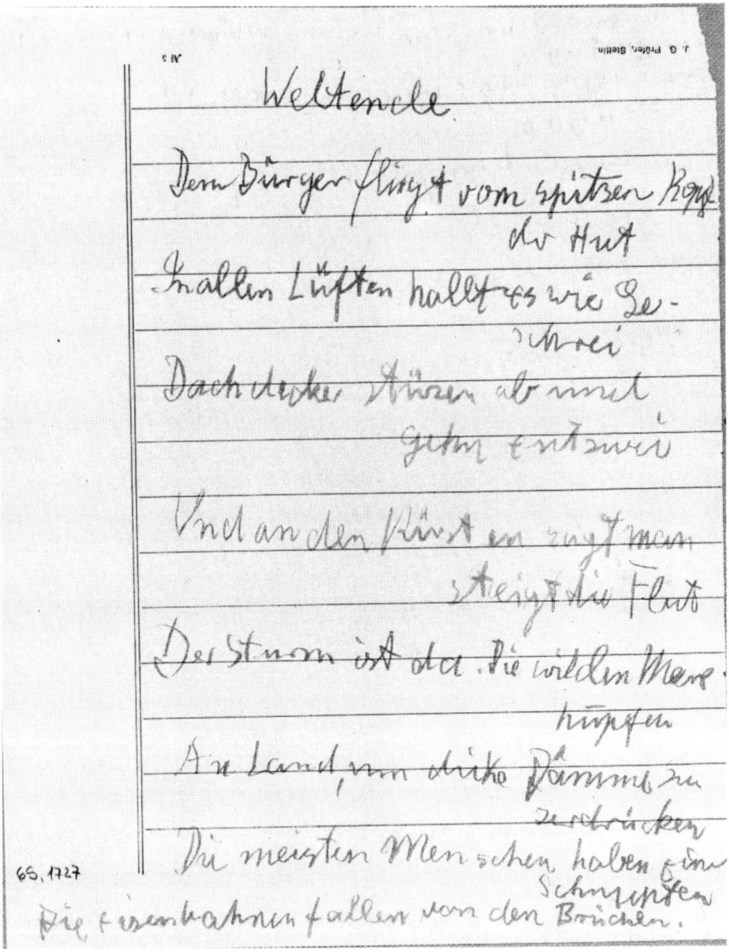
Weltende

Dem Bürger fliegt vom spitzen Kopf der Hut
In allen Lüften hallt es wie Geschrei
Dachdecker stürzen ab und gehn entzwei
Und an den Küsten [illegible] man steigt die Flut
Der Sturm ist da. Die wilden Meere hüpfen
An Land, um dicke Dämme zu zerdrücken
Die meisten Menschen haben einen Schnupfen
Die Eisenbahnen fallen von den Brücken.

69.1727

8 Handschriftliche »Weltende«-Fassung aus dem Jahr 1913, die geringfügig von jener des Erstdrucks abweicht (Literaturarchiv Marbach 69.1727).

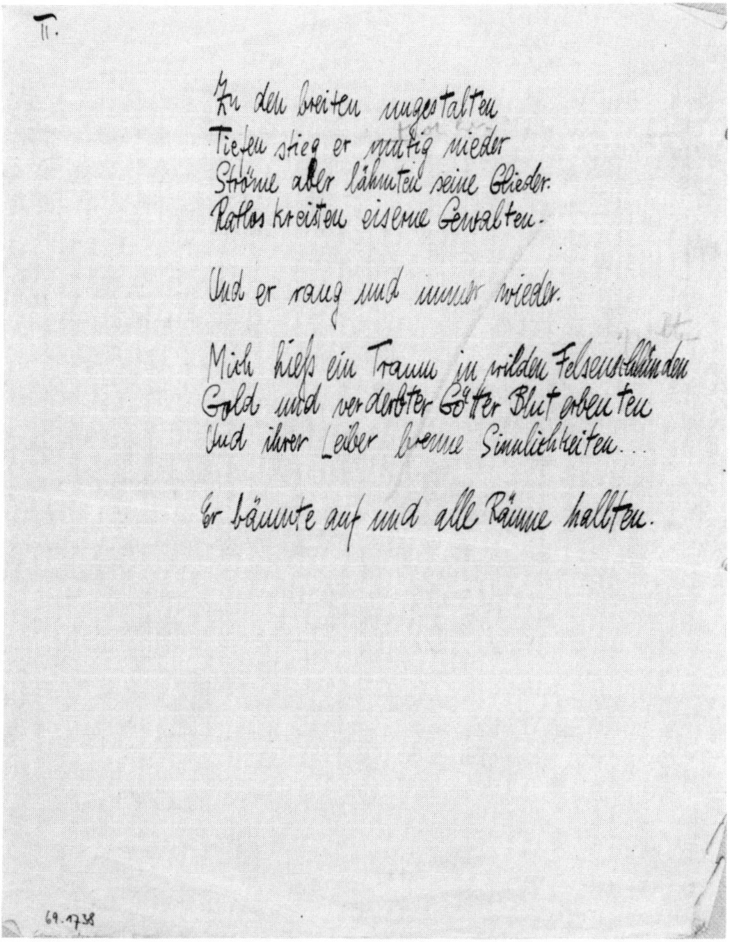
II.

Zu den breiten ungestalten
Tiefen stieg er mutig nieder
Ströme aber lähmten seine Glieder.
Ratlos kreisten eiserne Gewalten.

Und er rang und immer wieder.

Mich hieß ein Traum in wilden Felsenschlünden
Gold und verderbter Götter Blut erbeuten
Und ihrer Leiber brenne Sinnlichkeiten...

Er bäumte auf und alle Räume hallten.

69.1738

9 Handschrift eines Gedichts, dem Erwin Loewenson später den Titel »Der Denker« gab, mit Rotstift-Korrekturen von Hoddis (Literaturarchiv Marbach 69.1738).

10 und 11 Zwei von den fünf überlieferten Buntstift-Zeichnungen, die wohl aus dem Jahr 1914 stammen: Auf dem auseinandergerissenen Tütchen der Tabak- und Cigarettenfabrik Yenidze Dresden zeichnete Hoddis eine gebückte Gestalt mit ausgebreiteten Armen über strahlender Verstandessonne und auf ein kleines Stück Papier einige Symbole seiner eskapistischen Sehnsucht: einen Indianer, Pferde, nackte Frauen und das Kreuz (Literaturarchiv Marbach 69.1753).

Anhang

Anmerkungen

Odyssee als Weltschicksal

1 Erwin Loewenson, Jakob van Hoddis. Erinnerungen mit Lebensdaten. In: J. v. H., Weltende. Gesammelte Dichtungen. Herausgegeben von Paul Pörtner. Zürich 1958, S. 97.

2 Zitiert nach: Udo Reiter, Jakob van Hoddis, Leben und lyrisches Werk. Phil. Diss. München 1970 (= Göppinger Arbeiten zur Germanistik 16), S. 172/173. – Ein Wort (...), so Reiter, »unleserlich«. Dieser Brief ohne Adresse und Datum war nach Angaben der Hoddis-Schwester Anna Nussbaum an Dr. Kastan vom »Berliner Tageblatt« gerichtet. »Der Schrift nach zu urteilen« sei er »vermutlich um oder nach 1914 verfaßt« worden, meint Reiter. Aber Hoddis' auch vorher häufig wie aufgelöst wirkende Handschrift ist dafür kein ausreichendes Indiz. Der Brief kann ebensogut von 1913 oder aus der zweiten Jahreshälfte 1912 stammen.

3 David Baumgardt, Brief über Jakob van Hoddis. In: J. v. H., Weltende, S. 92.

4 Das erzählte Frau Elisabeth Siegling, eine Tochter der Frankenhainer Pflegeleute von Jakob van Hoddis, dem Verfasser.

5 Deshalb ist es töricht, wenn etwa folgendes festgestellt wird: »Hätte er das oft erwogene Projekt einer Odyssee des modernen Menschen ausgeführt, stünde er möglicherweise in der Nähe der großen Dichter unserer Zeit« (Victor Lange, Jakob van Hoddis. In: Expressionismus als Literatur. Gesammelte Studien. Herausgegeben von Wolfgang Rothe. Bern und München 1969, S. 352).

Im Berliner Osten

6 Eine Abschrift der Geburtsurkunde vom 20. Juli 1927, in welcher das verzeichnet ist, liegt den im Anhang erstmals veröffentlichten Göppinger Krankenpapieren bei.

7 Auf der Geburtsurkunde steht als Beruf des Vaters »praktischer Arzt«; in der Nikolasseer Krankengeschichte heißt es, nach Hans Davidsohns eigenenen Angaben, »prakt. Arzt in Berlin, dann Fach-

arzt für Hals- und Nasenkrankheiten«; der »Sanitätsrat« (Jenaer Inskriptionsbuch, Tübinger Krankengeschichte) erscheint schließlich in der Göppinger Krankengeschichte als »Zuchthausarzt«, was Hermann Davidsohn während der letzten Lebensjahre gewesen sein mag, als er seinen Beruf kaum mehr voll ausüben konnte.

8 Paul Lindau, Gelegentliche Aufzeichnungen. Leipzig 1886. Ein Passus daraus als »Streifzug durch die Verbrecherkneipen Berlins« in: Klaus Bergmann (Hrsg.), Schwarze Reportagen. Reinbek bei Hamburg 1984. – Für die Beschreibung der Lebensbedingungen im Osten Berlins profitierten wir vor allem von: Annemarie Lange, Das Wilhelminische Berlin. Berlin (Ost) 1967.

9 Ludwig Meidner, Dichter, Maler und Cafés. Erinnerungen. Zürich (1976), S. 11.

10 Ernst Toller, Eine Jugend in Deutschland. Amsterdam 1933, S. 12.

Familienleben

11 Loewenson, in: Weltende, S. 99.

12 Die folgenden Angaben nach Loewenson, Reiter und – zu Hermann Davidsohns Forschungen und David Kempner – nach: S. Wininger (Hrsg.), Große jüdische National-Biographie, Cernauti 1925-1935, Bd. 2 u. 3 (Kraus Reprint Nendeln/Liechtenstein, 1979).

13 Friederike Kempner, Gedichte. Vierte Auflage. Berlin 1885, S. 126/127. Im zweiten Band seiner Edition der »Schriften des Neuen Clubs«, in einer kurzen Hoddis-Biographie, läßt Richard Sheppard Tante Friederike nicht nur unter dem Namen Kemper auftreten, sondern er macht sie – ebenso wie Udo Reiter – zu Hans Davidsohns Oma. Es besteht jedoch kein Zweifel daran, daß sich die Dichterin lebenslanger Jungfernschaft erfreuen durfte. Nein, sie war die Schwester seines Großvaters.

14 Es waren angelsächsische Psychiater, die das Schizophrenie genannte Phänomen nicht mehr, deutscher Tradition folgend, als körperlich bedingte Gehirnkrankheit gedeutet haben, sondern aus bestimmten Wechselwirkungen in der Familie. »Die Schizophrenie wird also nicht angesehen als etwas, das im Menschen vorgeht, sondern vielmehr als etwas, das sich zwischen Menschen abspielt« (David Cooper, Psychiatrie und Anti-Psychiatrie. Frankfurt 1971, S. 92). Siehe dazu auch: Bateson, Jackson, Lidz, Wynne u. a., Schizophrenie und Fami-

lie, Frankfurt 1969. Im ersten Aufsatz »Auf dem Weg zu einer Schizophrenie-Theorie« führt Gregory Bateson ebenso den von ihm entdeckten Double-bind-Effekt in Aktion vor wie im dritten Teil seines Werkes: Ökologie des Geistes. Frankfurt 1981.

15 Loewenson, in: Weltende, S. 104.

16 Baumgardt, in: Weltende, S. 91/92.

17 Walter Benjamin, Berliner Chronik. Frankfurt (1970), S. 41.

Auch schon Sonderling

18 Baumgardt, in: Weltende, S. 89.

19 Loewenson, in: Weltende, S. 99.

20 Loewenson, in: Weltende, S. 99/100. In Thomas Manns »Doktor Faustus« heißt dieser Ideologe und Irrationalist Doktor Chaim Breisacher.

21 Loewenson, in: Weltende, S. 100.

22 Auskunft der Technischen Universität Berlin vom 23. April 1980 nach den noch vorhandenen Matrikelbüchern. Alle anderen Unterlagen sind während des Zweiten Weltkrieges vernichtet worden.

23 Und auch nicht 1907, wie Herausgeber Paul Pörtner in der Zeittafel seiner Ausgabe vermerkt.

24 Hiller, in: Weltende, S. 92.

Seelennebel

25 »Gedichte Juan Centalla seiner Mutter zum 9. 8. 02 gewidmet« (Literaturarchiv Marbach 69.1724).

26 »Seinem lieben Vater zum Geburtstage d. 8. 5. 04 von Hans Davidsohn – Gesang der Sirenen Odyssee XII. 184-191« (Literaturarchiv Marbach 69.1742).

27 »An Homer« (Literaturarchiv Marbach 69.1732). Richard Sheppard (Jakob van Hoddis' Literary Remains. In: Literaturwissenschaftliches Jahrbuch. Neue Folge, Achtzehnter Band, 1977, S. 227) liest die Datierung auf dem Manuskript vom 6. Juli als 06, aber es handelt sich wohl eher um eine ausgerutschte 5.

28 Allein in Gott ist unser Heil
Das hab ich einst erfahren

Als ich dem Fleische gab sein Teil
In meinen Jugendjahren.

Ich hielts für Weisheit um jede Lust
Die Seele zu betrügen
Und für die höchste Freude [dann durchgestrichen »gar«]
Ein schmutziges Vergnügen. [davor statt »schmutziges Vergnügen« – durchgestrichen – »jedes Sauvergnügen«)

Dich hat dein heißes Blut gereizt
Nur Geilheit hatte eingeheizt
Nun willst du wunder wie erschrecken
Daß man nicht kann aesthetisch drecken
(Literaturarchiv Marbach 69.1735)

29 »Epigramme und Satyren. 1905 – Januar 1906« (Literaturarchiv Marbach 69.1723).

30 Dieses Wort unsicher, weil im Manuskript kaum zu entziffern.

Verwirrt nach Jena

31 Loewenson, in: Weltende, S. 100.

32 Hans Davidsohn, Stachlige Opuntien. In: Monatsberichte der Freien Wissenschaftlichen Vereinigung (FWV), Jg. 21, Nr. 143, November 1907, S. 4/5. Zitiert nach: Richard Sheppard (Hrsg.), Die Schriften des Neuen Clubs 1908-1914 [= NC], Band II, Hildesheim 1983, S. 185.

33 Hans Davidsohn, Ankündigung von einem Kurse über griechische Lyrik. In: Monatsberichte der FWV, Jg. 22, Nr. 151, Dezember 1908, S. 9. Zitiert nach: Sheppard (Hrsg.), NC II, S. 186.

34 Erwin Loewenson an Erich Unger, am letzten Tag im September 1909. In: Sheppard (Hrsg.), NC I, S. 164.

35 Kurt Hiller an Erwin Loewenson, 23. Oktober 1908; Entwurf eines Briefes von Loewenson an Hiller, 26. Oktober 1908; Kurt Hiller an Loewenson, 30. Oktober 1908. In: Sheppard (Hrsg.), NC I, S. 5-7.

36 Auskünfte des Archivs der Friedrich-Schiller-Universität Jena vom 17. September 1979 und 10. August 1984.

37 Auskunft des Archivs der Humboldt-Universität Berlin (Ost) vom 18. September 1979.

38 Loewenson an Unger, 31. Januar 1910. In: NC I, S. 225.

39 Kurt Hiller, Leben gegen die Zeit. Band 1 (Logos). Hamburg (1969), S. 61.

40 Loewenson, in: Weltende, S. 100.

Der Traum seiner selbst

41 Der Essay wird nach der Fassung in der Pörtnerschen Ausgabe zitiert, auf die Loewenson wohl zumindest orthographisch Einfluß genommen hat. Von dieser weicht jene aus dem dritten Heft der FWV-»Beigabe« dadurch ab, daß das »Postskriptum« dort »Galgenlied« heißt, und die Fassung der »Aktion« (III, 52, 27. Dezember 1913) durch die Überschrift »Von Mir und vom Mich« (im »Aktionsbuch« 1917 »Von Mir oder vom Mich«), andere Schreibungen und eine stärkere Rhythmisierung des Textes durch mehr Absätze.

42 Theseus
[abgeändert von Hoddis vermutlich zu »Traumkön(ig)«]

Zum Wellenhaus der grünen Amphitrite
Und tote Tiefen der Korallenwälder
Kam ich hinab, – der fremden Sehnsucht Melder –
Und weil mein Volk mich König pries und kniete.

Doch gelben Rosen gleichen deine Glieder
Benthesikyme! Meerblüten duftend wallt dein Haar hernieder
Wie Wogenspiele –
Kaum was du sprachst und deine Küsse weckten
Korallenrote Gaben – Deine Augen heilten den erschreckten
Zornigen Knaben.
(Literaturarchiv Marbach 69.1775/2)

43 Daß Poseidon selbst als »König« und »fremder Sehnsucht Melder« zur eigenen Frau Gemahlin heruntertaucht, ist ganz und gar abwegig. Hansjörg Schneider geht davon jedoch in seiner Dissertation aus (H. S., Jakob van Hoddis. Ein Beitrag zur Erforschung des Expressionismus. Phil. Diss. Basel 1967. [= Basler Studien zur deutschen Sprache und Literatur, Heft 35], S. 11).

44 Loewenson, in: Weltende, S. 115.

45 Loewenson, Druidenwacht. In: NC II, S. 292.

46 Friedrich Schulze-Maizier, Begegnung mit Georg Heym. In: Georg Heym, Dokumente zu seinem Leben und Werk. Herausgegeben von Karl Ludwig Schneider und Gerhard Burckhardt (= G. H., Dichtungen und Schriften, Band 6), S. 16.

47 »Schulze liegt auf dem Sopha und träumt sich was«. In: Sheppard, Jakob van Hoddis' Literary Remains, S. 268.

48 Emmy Ball-Hennings, Ruf und Echo. Mein Leben mit Hugo Ball. Einsiedeln, Zürich und Köln 1953, S. 35.

49 Hiller, Leben gegen die Zeit, S. 63.

50 Hiller an Loewenson am 4. Dezember 1908 aus Zürich und am 15. Februar 1909 aus Meran, wo er sich von seinen Abenteuern erholte. In: NC I, S. 13 u. 15.

51 Wohl letzte Fassung der »Ankündigung« fürs Schwarze Brett. In: NC I, S. 19.

52 Karte Davidsohns an Loewenson vom 15. Mai 1909. In: NC I, S. 30.

53 NC I, S. 182.

54 Ernst Blass, Das alte Café des Westens. In: Paul Raabe (Hrsg.), Expressionismus. Aufzeichnungen und Erinnerungen von Zeitgenossen. Olten und Freiburg 1965, S. 37.

55 Schulze-Maizier, in: Heym, Dokumente, S. 24.

56 »Sturm«-Dichter Kurt Heynicke zufolge »verkehrten die Mitarbeiter der ›Aktion‹ nicht mit den Mitarbeitern des ›Sturm‹, darauf achtete Herr Pfemfert, der Herausgeber der ›Aktion‹« (aus einem Brief an den Verfasser vom 6. Juni 1977).

57 Heinrich Eduard Jacob, Georg Heym – Erinnerung und Gestalt. Der Feuerreiter 1, 1922. Zitiert nach: Heym, Dokumente, S. 74.

58 Über Nietzsches Einfluß auf die Dichter dieser Zeit geben zwei Arbeiten von Gunter Martens Auskunft: Vitalismus und Expressionismus. Ein Beitrag zur Genese und Deutung expressionistischer Stilstrukturen und Motive. Stuttgart, Berlin, Köln, Mainz 1971. – Nietzsches Wirkung im Expressionismus. In: Nietzsche und die deutsche Literatur, Band 2 (Forschungsergebnisse), 1978 (= Deutsche Texte 51).

59 Loewenson an Unger, 29. September 1909. In: NC I, S. 163.

60 NC I, S. 199.

61 NC I, S. 207.

62 Unter dem Titel »Über Kultur« gedruckt in »Der Sturm« (Jg. 1,

Nr. 24, 11. August 1910; Nr. 25, 18. August 1910; Nr. 26, 25. August 1910) und in Hillers »Die Weisheit der Langeweile«, Band 1, S. 72f.

63 Kurt Hiller, Eröffnungsrede des Neopathetischen Cabarets. In: K. H., Die Weisheit der Langeweile, Band 1, S. 237.

64 Loewenson an Unger, 2. August 1909. In: NC I, S. 73.

65 Loewenson an Unger, 6. Januar 1910. In: NC I, S. 210.

66 Loewenson an Unger, 22. Januar 1910. In: NC I, S. 220.

67 Loewenson an Unger, 24. März 1910. In: NC I, S. 275.

Die Augen der Medusa

68 Alfred Lichtenstein, Gesammelte Prosa. Zürich (1966). Darin vor allem die Geschichten »Der Selbstmord des Zöglings Müller«, »Der Sieger« und »Café Klößchen«.

69 Loewenson, in: Weltende, S. 106.

70 Rudolf Majut in: German Life & Letters, Band 25, 1971-1972, S. 274 u. 275.

71 Meidner, Dichter, Maler und Cafés, S. 22.

72 Blass, Das alte Café des Westens. In: Raabe (Hrsg.), Expressionismus, S. 41.

73 Zur ersten Strophe des hier nach Pörtners Ausgabe zitierten Gedichtes ergeben sich aus einem Marbacher Nachlaß-Manuskript (69.1765a) folgende Lesarten: Statt »Kaum flammt« heißt es dort »Nicht flammt«, statt »felsen-schwerer Nacht« zuerst »Todes schwarzer Nacht«, was Hoddis dann zu »felsenschwarzer Nacht« abänderte, statt »Es zuckt die Hand – und hat die Tat vollbracht« etwas ungelenk »Es zuckt die Hand. Die Tat die Tat vollbracht«, woraus Loewenson zuerst »Es zuckt die Hand. Sie hat die Tat vollbracht« und dann die gedruckte Fassung machte.

74 Auf Hoddis' Manuskript im Marbacher Nachlaß (69.1738) finden sich folgende Korrekturen: »Mutig nieder« wird zu »froh hernieder«, »Felsenschlünde« werden zu »Felsenspalten« wie bei Pörtner. Im Unterschied dazu steht dort aber recht unmotiviert »Mich hieß ein Traum« statt »Ihn hieß ein Traum«. Allem Anschein nach – das jedenfalls legt ein Schriftvergleich mit dem »Weltende«-Manuskript nahe – stammen die Korrekturen vom Dichter selbst. Sheppard dagegen tippt (mit Fragezeichen) auf Loewenson.

75 Loewenson an Unger, 5. April 1910. In: NC I, S. 298.
76 Erwin Loewenson, Tragödien der Décadence – Hamlet, Dichtungen von Stefan George und Hugo von Hofmannsthal. In: NC I, S. 373/374.
77 Die achtstrophige originale Fassung dieses Gedichtes bietet Reiter im textkritischen Anhang seiner Dissertation. In der Pörtnerschen Ausgabe ist nur ein vierstrophiger Verschnitt mit der von Loewenson stammenden Überschrift »Umschwung« abgedruckt.
78 Heym, Dokumente, S. 413 u. 415. Der Band enthält auch, faksimiliert und erläutert, alle Programmzettel des Neopathetischen Cabarets.
79 Vossische Zeitung, 7. Juli 1910. In: NC I, S. 397.
80 Heym, Dokumente, S. 418.
81 Loewenson an Unger, 2. August 1909. In: NC I, S. 73.
82 Wohl identisch mit dem in Loewensons Brief an Unger vom 29. März 1910 erwähnten »Das Märchen von Artus und Veronika«. In der »Notiz über verlorengegangene Prosa« bei Pörtner fälschlich als »Artur und Veronika« aufgeführt.
83 Erwin Loewenson, Das Thema von Wedekinds Theodizee. In: NC I, S. 423.

Durch den Bildungsschutt

84 Briefe Loewensons an Unger, 5. und 7. April 1910, In: NC I, S. 300 und 301.
85 Die unveröffentlichten Briefe Kurt Hillers an Max Brod vom 20. April und 13. Juli 1910 befinden sich beim von Ilse Ester Hoffe verwalteten Max-Brod-Nachlaß in Tel Aviv.
86 Georg Heym, Tagebücher Träume Briefe. Herausgegeben von Karl Ludwig Schneider (= G. H., Dichtungen und Schriften Band 3), 1960, S. 229.
87 Georg Simmel, Der Konflikt der modernen Kultur. München und Leipzig 1918, S. 35/36.
88 Schulze-Maizier, in: Heym, Dokumente, S. 29.
89 Heym, Tagebücher, S. 148.

90 Franz Pfemfert, Kino als Erzieher. In: Aktion I, Nr. 18, 19. Juni 1911.
91 Robert Gaupp, Der Kinematograph vom medizinischen und psychologischen Standpunkt. In: R. G. und Konrad Lange, Der Kinematograph als Volksunterhaltungsmittel. Vorträge gehalten am 21. Mai 1912 in Tübingen. Dürer-Bund, 100. Flugschrift zur Ausdruckskultur, München 1912.
92 Diese Fassung der »Gesammelten Werke« entspricht jener des Erstdrucks (Der Sturm, Jahrgang 2, Nummer 47, 21. Januar 1911), nur daß im »Sturm« ein Komma statt des Punktes nach »Revolver« steht. Eine handschriftliche Version Hoddis' beim Nachlaß (Marbach 69.1783) – dort auch als Schlußnummer X nach dem eingefügten Gedicht »Lebendes Bild« – weist folgende Abweichungen auf: In der dritten Strophe liest man »Ihr Pfad ist bald umsäumt mit Lärchenwäldern« statt »Es zieht ihr Pfad sich bald durch Lärchenwälder«, dann »Die Ansicht in die Tiefe« statt »Die Aussicht in der Tiefe«, und die vierte Strophe lautet: »Und in den dunklen Raum mit irrem Flimmern / Schlägt das hinein – entsetzlich – nach der Reihe. / Dann macht man Licht. Vier Bogenlampen schimmern. / Wir schieben geil und gähnend uns ins Freie.«
93 Georg Simmel, Die Großstädte und das Geistesleben. In: Die Großstadt. Jahrbuch der Gehe-Stiftung, Dresden 1903. Zitiert nach: G. S., Das Individuum und die Freiheit, Essais. Berlin (1984), S. 192.
94 Armin T. Wegner, Aufbruch. Berlin 1910. In: Raabe (Hrsg.), Expressionismus, S. 21.
95 Alexandra Pfemfert, Die Gründung der »Aktion«. In: Raabe (Hrsg.), Expressionismus, S. 43.
96 John Höxter, So lebten wir. 25 Jahre Berliner Bohème. Erinnerungen. Berlin 1929, S. 38/39.
97 Loewenson, in: Weltende, S. 102.
98 Walter Mehring, Berlin dada. Zürich (1959), S. 63/64.
99 Loewenson, in: Heym, Dokumente, S. 94/95.
100 Robert Jentzsch, An Jacob van Hoddis, in: NC II, S. 208.
101 Höxter, So lebten wir, S. 13.
102 Else Lasker-Schüler, Mein Herz. Ein Liebesroman. München und Berlin 1912, S. 34.
103 Wolfgang Koeppen im Gespräch mit dem Verfasser am 13. Juni 1985.
104 Meidner, in: Weltende, S. 89.

105 Im Erstdruck der »Aktion«, dem »Aktionsbuch« (1917) und Pfemferts Auswahl von 1918 heißt es nicht »Engelflüge« wie bei Pörtner, sondern »Engelpflüge«.

106 Meidner, Dichter, Maler und Cafés, S. 26.

107 Pörtner, in: Weltende, S. 129.

108 Zumindest entstand da eine erste Fassung von »Stadt« mit der Überschrift »Ballustrade« (Reiter S. 161 und Marbacher Nachlaß 69.1769/2).

Weltende

109 Heym, Tagebücher, S. 139.

110 Max Beckmann, Leben in Berlin. Tagebuch 1908/09. München (1966), S. 22.

111 Franz Jung, Der Weg nach unten. Aufzeichnungen aus einer großen Zeit. Die Republik, Nr. 34-40, 1979, S. 84.

112 Hiller, Begegnungen mit »Expressionisten«. In: K. H., Ratioaktiv, Reden 1914-1964. Wiesbaden 1966, S. 254.

113 Bis auf Punkte nach »Der Sturm ist da« (Vers 5) und am Schluß (Vers 8) sowie einem Komma nach »An Land« (Vers 6) hat die späte handschriftliche Fassung keine Satzzeichen. Daß in der üblich gewordenen und von uns auch zitierten Pörtner-Loewensonschen nach den Versen 1 und 2 Kommas erscheinen statt Punkten wie im Erstdruck des »Demokraten« (11. Januar 1911) wirkt willkürlich, denn die gebundene Reihung der ersten Strophe paßt nun nicht mehr zu den separierten Setzungen der zweiten. Sicher ist also die Fassung des Erstdrucks von 1911 am sinnvollsten, zumal dann auch schon in der »Aktion« (8. Januar 1913) und im »Aktionsbuch« (1917) zumindest nach Vers 1 ein Komma statt des Punktes auftauchte.

114 Johannes R. Becher, Das poetische Prinzip, Nr. 96. In: J. R. B., Bemühungen II (= Gesammelte Werke, Band 14, Berlin und Weimar [1972], S. 338 f.)

115 Peter Rühmkorf, Bemerkungen zu Jakob van Hoddis' Weltende. In: Rühmkorf (Hrsg.), 131 expressionistische Gedichte. Berlin 1976, S. 62.

116 Alfred Richard Meyer, Die Mär von der musa expressionistica. Düsseldorf-Kaiserwerth 1948, S. 7.

117 Meyer, S. 12/13.

118 Aktion III, 40, 4. Oktober 1913, Spalte 942. »Die Aktion« liegt in

einem photomechanischen Nachdruck der Wissenschaftlichen Buchgesellschaft Darmstadt vor, den Paul Raabe kommentiert hat.

119 Aktion III, 40, 4. Oktober 1913, Spalten 943/944.

120 Becher, Das poetische Prinzip, S. 343.

121 Paul Mayer, nach dem Ersten Weltkrieg lange Jahre Lektor bei Rowohlt, imitierte in seinem Sonett »Sommerfrische« (Aktion III, 20, 14. Mai 1913) auch noch Lichtenstein. Und von Friedrich W. Wagner, über dessen Lebensschicksal nach 1920 nichts bekannt ist, findet sich in der »Aktion« (IV, 1, 3. Januar 1914) die folgende »Groteske«: »Ein Ballon bewegt sich leise. / Menschenhälse strecken sich. / Tramways stürzen aus dem Gleise. / Droschkengäule töten sich. // Auf den Dächern tanzen Greise. / Jungfraun platzen männertoll. / Ein Ballon bewegt sich leise, / Lächelnd und sehr würdevoll.«

Ein Präsident wird gestürzt

122 Heinrich F. S. Bachmair, Bericht eines Verlegers 1911-1914. In: Raabe (Hrsg.), Expressionismus, S. 106.

123 Schulze-Maizier an Baumgardt, 1. Februar 1911. In: NC I, S. 473.

124 Heym, Tagebücher, S. 219 f.

125 »Resolution« überschriebenes Protokoll Loewensons. In: NC I, S. 497.

126 Loewenson an Grete Tichauer, 19. Oktober 1911. In: NC I, S. 522.

127 Hiller, Leben gegen die Zeit, Band 1, S. 84/85.

128 Am Rande der von Loewenson stammenden Abschrift steht mit Rotstift »Van Hoddis?« geschrieben, teilt Sheppard (NC II, S. 196/197) mit. Er hält das, der Tonart des Gedichtes nach, auch für möglich und datiert es auf die Zeit von Hillers Hinauswurf aus dem Neuen Club. Eine Variante der zwei letzten Verse der ersten Strophe heißt: »Meine Traurigkeiten münden / In das Stilproblem der Rasse –.«

129 Hiller, Begegnungen mit »Expressionisten«. In: Ratioaktiv, S. 254.

130 Hiller, in: Weltende, S. 93.

Auf dem Rückzug

131 Else Lasker-Schüler, Mein Herz, S. 65.

132 Brief Anna Nussbaums vom 17. Juni 1958 an Erwin Loewenson (Literaturarchiv Marbach 68.1144).

133 Loewenson an Grete Tichauer, 5. Juni 1911. In: NC I, S. 514.
134 Loewenson, in: Weltende, S. 105.
135 Heym, Tagebücher, S. 142, 155 u. 174.
136 Brief vom 25. April 1911. In: Heym, Tagebücher, S. 249.
137 Loewenson, in: Weltende, S. 105.
138 Loewenson, Georg Heym oder Vom Geist des Schicksals. Hamburg und München 1962, S. 73.
139 Schulze-Maizier, in: Heym, Dokumente, S. 18.

Weißer von Gedankensonnen

140 Heym, Tagebücher, S. 149.
141 Hansjörg Schneider ging in seiner Dissertation mit Pörtner und Loewenson davon aus, daß Hoddis dieses Gedicht erst zwischen 1912 und 1914 geschrieben habe, weshalb er es denn der Sparte »Die Zerstörung der lyrischen Formen« zuordnete. Überhaupt wurde es von den Sekundärliteraten, die partout Psychopathologisches diagnostizieren wollten, obwohl das doch eigentlich gar nicht ihr Geschäft wäre, als Markstein auf dem Weg in den »Wahnsinn« gesehen.
142 Schneider, S. 73.
143 In den Typoskripten des Nachlasses (69.1777 a/1 und 69.1777 a/2) finden sich folgende Lesarten: »Paradiese« statt »Märchengötzen« (Vers 2), »sein Gehirn« statt »mein Gehirn« (Vers 4), »glüher von Gedankensonnen« statt »weißer von Gedankensonnen« (Vers 6) und »weißer Tag« statt »tiefer Tag« (Vers 7).
144 Schneider, S. 76.

Flucht unters Kreuz

145 Sheppard erwähnt einen Brief Wilhelm Simon Ghuttmanns an Loewenson vom 12. April 1912, in dem das stehe (NC II, S. 589).
146 Sigmund Freud, Die Zukunft einer Illusion. In: Gesammelte Werke, London 1940ff., 14. Band, S. 367.
147 Loewenson, in: Weltende, S. 107.
148 Johannes R. Becher, Tagebuch 1950. In: J.R.B., Auf andere Art so große Hoffnung – Tagebuch 1950, Eintragungen 1951. Berlin und Weimar 1969, S. 249.

149 Emmy Hennings, Gefängnis. Berlin 1919, S. 49.
150 Richard Seewald, Im Café Stefanie. In: Raabe (Hrsg.), Expressionismus, S. 87/88.
151 Johannes R. Becher, Abschied. (= Gesammelte Werke, Band 11, Berlin und Weimar 1975), S. 345 u. 348/349.
152 Ghuttmann an Baumgardt, 31. August 1912. In: NC II, S. 44/45.

Die Angst wächst

153 Gespräch mit dem leitenden Arzt des Kurhauses Wolbeck bei Münster (22. Juni 1958). In: Weltende, S. 123.
154 Ghuttmann an Baumgardt, 3. Oktober 1912. In: NC II, S. 46.
155 Hoddis an Loewenson, 13. Oktober 1912; Hoddis an Loewenson, 20. Oktober 1912. In: NC II, S. 52/53.

Gewaltsam ins Irrenhaus

156 Arthur Kronfeld an Loewenson, 12. Februar 1913. In: NC II, S. 70/71.
157 Heym, Tagebücher, S. 150.
158 Baumgardt, in: Weltende, S. 90.

Aus Paris und München

159 Fritz Max Cahén, Der Weg nach Versailles. Erinnerungen 1912-1919. Boppard/Rhein (1963), S. 14f.
160 Hoddis an Loewenson, 25. Januar 1913. In: NC II, S. 65f.
161 Kurt Hiller, Ausstellung der Pathetiker, Aktion II, 48, 27. November 1912.
162 Hoddis an Loewenson, 10. März 1913. In: NC II, S. 73.
163 Schulze-Maizier an Baumgardt, 8. Februar 1913. In: NC II, S. 68.
164 Hiller, Weisheit der Langeweile, Band 1, S. 119/120.
165 Becher, Das poetische Prinzip, Nr. 96. In: Becher, Bemühungen II, S. 341.
166 Pörtner ließ im Vers 3 »Hört wer« und im Vers 4 »Hört wer den jähen Sang« drucken, aber die handschriftlichen Korrekturen auf dem

Marbacher Typoskript, der diese Version folgt, stammen wohl von Loewenson.

167 Loewenson an Hertha Meyer, 22. Mai 1913. In: NC II, S. 82.

168 Hoddis an Doris Davidsohn, 16. Mai 1913 (nicht abgeschickt). In: NC II, S. 79/80.

169 »Die Stadt« in der hier gewählten Fassung der »Gesammelten Werke« (Pörtner) unterscheidet sich von jener des Erstdrucks (Der Sturm, Jahrgang 1, Nummer 53, 4. März 1911) nur geringfügig dadurch, daß »Ägäischen« im »Sturm« klein geschrieben ist und hinter »glühend« wie »erliegen« Kommas folgen. Auf dem Manuskript der in die dritte Person übertragenen titellosen Fassung (Marbach 69.1770/1) ersetzte Hoddis »ägäischen« durch »Aegaeischen«, »wilde Burg« durch »drohende Burg« und hat »Darf ich dem Nichts erliegen« durchgestrichen und zu »Dem Nichts erliegt er heute« abgeändert. Ein Typoskript beim Nachlaß bietet schließlich noch die Varianten: »ägäischen«, »glühend. Jedem Sieg bereit«, »Der Städte, weiten Städte«, »dunkle Burg des Lebens?« und »Verschollne«.

170 Die Affäre um Otto Gross behandelt Franz Jung ausführlich in seinem Erinnerungsbuch »Der Weg nach unten« (Neuwied und Berlin 1961; dort auch als Neuausgabe unter dem Titel »Der Torpedokäfer«, 1972, und unter dem alten Titel in: Die Republik, Nr. 34-40, 1979).

171 Becher, Abschied, S. 349.

Qual bedrohter Identität

172 Wir folgen dem Erstdruck (Revolution, 5, 1913) und einem Nachlaß-Manuskript, wo der letzte Vers, anders als in Pörtners Ausgabe, abgesetzt wurde.

173 Hansjörg Schneider behandelt dies Gedicht, der Pörtner-Loewensonschen Datierung auf die Jahre zwischen 1912 und 1914 folgend, unter seiner Rubrik »Die Zerstörung der lyrischen Formen«. Er läßt Hoddis in reine »Wortmusik« fliehen und unterstellt ihm, unfähig geworden zu sein, drohendes Unheil noch in sinnvolle Zusammenhänge zu bringen. »Wie die Kinder, die oft nicht wissen, was sie eigentlich singen, gibt sich van Hoddis dem befreienden Zauber des Volkslieds als der letzten Möglichkeit hin«, schreibt Schneider auf Seite 94 seiner Arbeit.

174 Wenn Richard Sheppard in seinem Nachlaßbericht für Hoddis' Lyrik

zwei Entwicklungslinien konstruiert – die eine führt von der georgischen Neuromantik über den Versuch, in den Bildern der Phantasie wirkende Kräfte zu erkunden, hin zum Gefühl der Sinnlosigkeit und Leere, die andere dagegen wird durch satirische und kabarettistische Texte belegt, deren Ironie dem Dichter gleichzeitig Abstand von seinen nihilistischen, irrationalistischen Trieben verschafft, ohne sie zu unterdrücken –, und wenn Sheppard diese Entwicklungslinien schließlich im »Weltende« zusammenlaufen läßt, um dort erreichte »Klarheit« gegen die »Konfusion« nachfolgender Gedichte auszuspielen und die nahende »Geisteskrankheit« zu beschwören, dann ist das im ersten Teil mit Einschränkungen richtig, im zweiten aber schon allein deshalb falsch, weil fremde psychopathologische Deutungsmuster ins Spiel gebracht werden. Gegen solche Phasenverläufe sprechen auch die eigenständige Position der religiösen Lyrik zwischen Sommer 1912 und Frühjahr 1913, Gedichte wie der »Nachtgesang« oder das »Indianisch Lied« und vor allem Sheppards eigene Datierungen. Immer dann nämlich, wenn er gute faktische Gründe dafür hat, datiert er Gedichte, bei denen Schneider, Pörtners und Loewensons Angaben folgend, zerbrechende lyrische Formen diagnostizierte, viel früher als angenommen. Helfen ihm aber keine seriösen Hinweise weiter wie bei »Tohub« oder »Der Visionarr«, dann orakelt er auf einmal die »nonsensial quality of this poem suggests a date when JvH's mental illness was far advanced« oder »the paranoid quality of this poem suggests a date when JvH's schizophrenia was far advanced« (S. 255 u. 256).

Verpuppung

175 Mehring, Berlin dada, S. 16.

176 In: Weltende, S. 123. Außer diesem Zitat bietet Sheppard (NC II, S. 80) referierend noch einiges aus diesem im Besitz von Hans Bolliger (Zürich) befindlichen Brief, der aus rechtlichen Gründen nicht im Wortlaut gedruckt werden kann.

177 Im Marbacher Nachlaß.

178 Carl Einstein, Bebuquin. Zweite Auflage 1917 (= Aktionsbücher der Aeternisten Nr. 5). Reprint Nendeln/Liechtenstein 1973, S. 10.

179 Ronald D. Laing, Das geteilte Selbst. Reinbek bei Hamburg 1976, S. 150.

180 Loewenson, in: Weltende, S. 111.

181 Loewenson, in: Weltende, S. 111.

182 Aktion III, 4, 11. Oktober 1913.

183 Paul Raabe schreibt den Text im Reprint der »Aktion« (Wissenschaftliche Buchgesellschaft Darmstadt, 1961 f.) Franz Pfemfert zu. Um seine Quelle dafür gebeten, teilte er dem Verfasser in einem Brief vom 27. August 1980 folgendes mit: »Ich nehme an, daß mir seinerzeit Kurt Hiller gesagt hat, daß August Stech ein Pseudonym von Franz Pfemfert war, und er müßte es eigentlich, in die Polemik verwickelt, am besten gewußt haben. Möglicherweise geht meine Zuschreibung aber auch auf Gespräche mit Frau Anja Pfemfert und ihrer Schwester, Frau Anna Schäfer, zurück. Das alles war vor zwanzig Jahren, als ich den Kommentar zur ›Aktion‹ herausgab und die Namenslisten an die damals noch lebenden Zeitgenossen schickte.«

Auch Pfemferts Antworten an fiktive Adressaten im »Kleinen Briefkasten« der »Aktion« geben keine eindeutige Antwort darauf: »August Stech (Mark): Niedlich. Also Herr Hiller benutzt meine redaktionelle ›Güte‹, um Briefe an Sie expedieren zu können, und in diesen Briefen beschimpft er mich. Na ja. Ihre famose Annagelung erscheint in Nr. 48« (Aktion III, 47, 22. November 1913). Sie erschien erst, wie auch die folgende »Briefkasten«-Notiz, in Heft 49 vom 6. Dezember 1913: »Redaktion der ›Kyritzer Zeitung‹. Ich freue mich mit August Stech«, hieß es da, »daß Sie in dem ›Aufruf zum Manifestantismus‹ eine Satire auf die lautesten, leersten, phrasenhaftesten Marktschreier der Literatur und Kunst erkannt haben. Der jedoch, auf den die Satire zugeschnitten ist, jubelte ahnungslos: ›Ich habe (vor Gott) einen Bundesgenossen.‹«

Dreierlei läßt es wahrscheinlicher erscheinen, daß Hoddis der Autor des »Aufrufes« ist, als daß Pfemfert am Werke war. 1. Erwin Loewensons Zeugnis: Nur in einem Punkt stimmt es nicht mit der Affäre in der »Aktion« überein, jenem nämlich, daß Hoddis sein Pseudonym dann aufgelöst habe. 2. Inhaltliche Bezüge: Zum Beispiel preist Stech den »Akt der Loslösung des Subjekts von der empirischen Wirklichkeit« als »Triumph des schöpferischen Willens über die umgebenden Dinge«. Diese Loslösung behandelt auch der Prosatext »Von Mir und vom Ich«. 3. Stilistische Kriterien: Insgesamt erinnert der Ton mehr an Hoddis als an Pfemfert, der so wohl auch mit parodistischer Absicht nicht hätte schreiben können. Pfemferts Stil ist sprachlogisch argumentierend und journalistisch glatt, Hoddis' Stil dagegen assoziierend und spröde. a) Unvollständige Sätze: Dieses von Pfemfert selten angewandte Stilmittel findet sich bei Stech und Hoddis gehäuft. Stech: »Ich betrete mit diesem Aufruf die sogenannte Arena der öffentlichen Meinung. Teils aus Ärger, einem Gefühl höchster Ordnung, teils aus dem niedrigen Beweggrunde des Patriotismus. Weil die romanischen Völker, Italien und Frankreich, jetzt einen neuen Ruhm zu erwerben unterwegs sind, durch die epochemachende Bewegung des Futurismus. – Eine Bewegung, die, ...«. Hoddis in »Hermann Essig: Die Glückskuh« (Sturm II, 52, 1911, S. 415): »Zum Schluß aber, als man dem ›Rebekkle‹ die gestohlene Kuh wieder nimmt – die schöne braune Kuh mit den Ringelhörnern, die ihr so sanft über die Bühne gefolgt war –, als die Strafe droht und die Verlobung aufgelöst wird, versuchte mich der Dichter zu allerhand Mitleid zu verführen. Auf Grund der Tatsache, daß die Heldin ein Kind unter dem Herzen trägt. Und ich sollte mich freuen, daß ...« Oder in Hoddis' »Von Mir und vom Ich«: »Aber Glied um Glied ist er am Maste seines Schiffes angekettet. Nicht von Freunden, die uns ja oft vom Schönsten entfernt halten – um unseres Besten willen –!« b) Gedankenstriche: Sie tauchen bei Pfemfert selten auf, Stech und Hoddis machen davon jedoch häufigen und nicht immer sehr durchdacht wirkenden Gebrauch. »Wer bedenkt, daß die Kunst«, schreibt Stech, »den Gegenstand, den sie darstellt, metaphysisch rechtfertigt, der wird die Verächtlichkeit und wirre Energielosigkeit dieser ›revolutionären‹ Epoche erst ermessen können. – Doch ich frage: sind die neuen besser?« Und Hoddis in der »Trilogie der Leidenschaftslosen« (Weltende, S. 86): »Galileo Galilei soll diesen prophetischen Urmenschen in den Wäldern der Mongolei getroffen haben. – Er war sehr einsam und ...« Oder Stech: »Ein Philosoph, der sagen würde: ›wir leben in einer stil-losen Zeit! Gott sei Dank! – Kein Mensch hat nötig sein Temperament vergewaltigen zu lassen –‹ würde für die künstlerische Haltung sogenannter erlesener Menschen zur Welt mehr getan haben, als Georges ganzer Reimklüngel.« Und Hoddis wiederum in »Trilogie der Leidenschaftslosen« (Weltende, S. 83): »›Sie müßten sich selber vergessen lernen‹, sagte der Geheimrat, ›streichen Sie das Datum Ihres Regierungsantrittes aus dem Kalender – sehen Sie nicht mehr in den Spiegel, denn durch die Reinigkeit des Glases bringen Sie Ihre Gestalt mit dem Nichts in Verbindung – Sie müßten sich in sich selber verlieben‹ – sagte der Geheimrat – ›denn auf Flügeln des

Gesanges –‹«. c) Beginn neuer Sätze mit »Und«: Das ist bei Stech und Hoddis auffallend häufig, bei Pfemfert aber sehr selten. »Und traumhaft glutvoll«, so Stech, »flammen wir in der neugeschaffenen Welt. Und der ISMUS ist etwas Berechtigtes, vielleicht das einzig berechtigte von allem, was gedacht werden kann. Denn diese Endung bedeutet die panische Besitzergreifung der Welt durch einen Gedanken. Und es ist doch lächerlich, daß man sagen muß, daß ein wirklich gefaßter Gedanke unsere Empfindungen und Funktionen beeinflußt. Und um so stärker, je genauer er formuliert ist. Und ein Manifestantist wird...« Und schließlich Hoddis in »Der Feind« (Weltende, S. 81): »Und warum ist dem Heiden, dem Olympier in Wilhelm Meisters Wanderjahren, das Neue Testament die höchste Andeutung des Göttlichen? Welch trostloses Wort: ›Doch Homeride zu sein, wenn auch als letzter, ist schön.‹ Und er, der früher der Skandal aller biederen Deutschen gewesen war, ...«

184 Aktion III, 49, 6. Dezember 1913.

Ins Ungebundene

185 Aktion IV, 7, 14. Februar 1914.

186 Anders als bei Pörtner sind die vier letzten Verse zwar nicht im Erstdruck der »Aktion«, aber in Pfemferts »Weltende«-Auswahl von 1918 abgesetzt, was gewiß sinnvoll ist.

187 Loewenson, in: Weltende, S. 111.

188 Hiller, Leben gegen die Zeit, S. 85.

189 Elisabeth Siegling (Arnstadt) in Briefen an den und bei einem Gespräch mit dem Verfasser. Ihre Auskünfte sind auch Grundlage für das folgende Kapitel.

190 Franz Pfemfert, Bis zum August 1914 (= Der rote Hahn 14/15, 1918). Zitiert nach: Bernhard Zeller (Hrsg.), Expressionismus. Literatur und Kunst 1910-1923. Katalog der Ausstellung des Deutschen Literaturarchivs im Schiller-Nationalmuseum Marbach 1960, S. 122 u. 123.

191 Aktion V, 16/17, 17. April 1915.

Refugium Frankenhain

192 Baumgardt, in: Weltende, S. 90/91.

193 Baumgardt, in: Weltende, S. 91.

194 J(ohn) W(olfsohn) an Ghuttmann, 15.(?) Dezember 1919. In: NC II, S. 590.

Röcheln durch Enzian-Nächte

195 Im Erstdruck des »Sturm« (IV, Nr. 198/199, Februar 1914) finden sich zur zitierten Pörtner-Fassung folgende Varianten: »combination« nicht in Anführungsstrichen (Vers 2); »Satanitätsrat« statt »Sanitätsrat« (Vers 10); »Er taucht auf aus seiner« statt »Er taucht aus seiner« (Vers 14).

196 Hugo Ball/Emmy Hennings, Damals in Zürich. Briefe aus den Jahren 1915-1917. Zürich (1978), S. 156/157.

197 Bei Pörtner, dem unsere Fassung folgt, ohne Titel, aber im Erstdruck (Sturm IV, 182/183, Oktober 1913) erscheint das Gedicht als zweites in einem Zyklus »Nacht« und weist außerdem noch folgende Varianten auf: »mit Wunder genarrt« statt »Wundern« (Vers 10); »Langweile« statt »Langeweile« (Vers 11); »Herrn Cohn« statt »Herr Cohn«.

198 Der Titel in Pörtners Ausgabe – »Der Visonarr« – ist ein Druckfehler. Sowohl bei der Erstveröffentlichung (Aktion IV, 21, 1914) als auch im »Weltende«-Band der Reihe »Der rote Hahn« von 1918 heißt es »Der Visionarr«.

199 André Breton, Anthologie de l'humour noir«, Paris 1950, S. 275. Hier zitiert in der Übersetzung aus: Weltende, S. 126.

200 Franz Pfemfert (Hrsg.): Das Aktionsbuch. Berlin-Wilmersdorf 1917, S. 342.

Aus einer toten Stadt

201 Loewenson, in: Weltende, S. 112.

202 Reiter, S. 13.

203 Belegbögen (Altregistratur) und Promotionsakte (127/115 Nr. 12) von Marie Davidsohn befinden sich im Tübinger Universitätsarchiv.

204 Doris Davidsohn an Erwin Loewenson, 30. Juni 1922 (Literaturarchiv Marbach 68.1111).

205 Doris Davidsohn an Friedrich Schulze-Maizier(?), 30. Juni 1922 (Literaturarchiv Marbach 68.1196).

Begegnung von zwei Irren

206 Volker Schäfer, Zu Hölderlins Aufenthalt im Tübinger Klinikum 1806-1807. In: Der Sülchgau, Jahresgabe des Sülchgauer Altertumsvereins Rottenburg, Band 15, 1971.
207 Wilhelm Waiblinger, Friedrich Hölderlins Leben, Dichtung und Wahnsinn. In: W. W., Mein flüchtiges Glück. Eine Auswahl. Berlin-Ost (1974), S. 300.
208 Ernst Toller, Eine Jugend in Deutschland. Amsterdam 1933, S. 124.
209 Robert Gaupp, Die Quellen der Entartung von Mensch und Volk und die Wege der Umkehr. Stuttgart 1934, S. 17.
210 Gaupp, Quellen der Entartung, S. 32.

In Tübingen ausgegrenzt

211 Wilhelm Weygandt, Erkennung der Geistesstörungen (Psychiatrische Diagnostik). München 1920, S. 225.

Göppinger Schachgrübeleien

212 Diese und die folgenden Angaben basieren auf der Göppinger Krankengeschichte (siehe Anhang).
213 Aus der Geschichte der Göppinger Heilanstalt. Stuttgarter Neues Tagblatt, 6. Juli 1927.
214 K. John, Einige Erfahrungen mit der aktiven Therapie bei Nerven- und Geisteskranken in der Privatheilanstalt Christophsbad. In: Zeitschrift für die gesamte Neurologie und Psychiatrie, 171. Band, 4. Heft, Berlin 1941, S. 558 u. 560.

Letzte Spuren aus Sayn

215 Dietrich Schabow, Zur Geschichte der Juden in Bendorf, herausgegeben vom Hedwig Dransfeld-Haus e.V. in Verbindung mit dem ökumenischen Arbeitskreis Bendorf 1979, S. 13.
216 Auskünfte der Stadtverwaltung Bendorf in einem Brief vom 7. Januar 1977.

217 Reiter, S. 57.
218 Regina Suderland im Gespräch mit dem Verfasser.
219 Alexander Mitscherlich und Fred Mielke (Hrsg.), Medizin ohne Menschlichkeit. Dokumente des Nürnberger Ärzteprozesses (1949), Neuausgabe Frankfurt/M. 1978, S. 191.

Heimkehr des Odysseus

220 Weltende, S. 125.
221 Reiter, S. 58.
222 H. G. Adler, Theresienstadt 1941-1945. Das Antlitz einer Zwangsgemeinschaft. Tübingen 1955, S. 59.
223 Brief des Internationalen Suchdienstes Arolsen an den Verfasser vom 13. Juli 1977.
224 Daten und Dokumente über die Transporte aus Sayn nach: Schabow, Zur Geschichte der Juden in Bendorf.

Quellen und Nachleben

Es sind Erfahrungen, die das Verhalten eines Menschen bestimmen, den Stoff, aus dem man Biographien und psychiatrische Krankengeschichten schreibt. Bei einem Dichter schlagen sich die Erfahrungen außerdem im Werk nieder. Im Falle Jakob van Hoddis' nun sind personales und lyrisches Ich eng beieinander, ja, fast kann man davon ausgehen, daß sich das eine im Gedicht mimetisch dem anderen anverwandelt.

Dem naheliegenden Versuch, seine Erfahrungen aus Werk und Verhalten zu erschließen, um damit gleichzeitig beidem näher zu kommen, stand jedoch zweierlei entgegen: Erstens hinterließ Hoddis keine Tagebücher, nur wenige Briefe, und es gibt – abgesehen von drei Krankengeschichten – kaum biographische Zeugnisse von Belang; sein Lebensweg lag also noch auf weiten Strecken im dunkeln. Zweitens wurde das schmale, ohnehin nur fragmentarisch überlieferte Werk 1958 in subjektiver Auswahl und zum Teil in ungesichertem Textzustand veröffentlicht.

Dennoch erscheint Paul Pörtners mit spurensichernden Dokumenten angereicherte Ausgabe »Weltende – Gesammelte Dichtungen« als Pioniertat, wenn man berücksichtigt, in welcher Zeit sie entstand und unter welchen Umständen zu Werke gegangen werden mußte. Dazu schreibt der englische Germanist Richard Sheppard in seinem Nachlaß-Bericht: »Despite the short-comings of W 2 [= Pörtner-Ausgabe] it would be extremely unfair to censure Pörtner's editorial work. He took over the editorship of the project in mid-stream, after it had been in the hands of Walter Mehring to no avail for several years and had to work in close conjunction with EL [= Erwin Loewenson], at that time the literary executor of JvH. As a close friend of JvH, EL, perfectly understandably, had very definite ideas about the kind of book he wanted to see in print. Consequently, while stating explicitly that he did not want to be named as co-editor, he determined the shape of the edition together with the dating and decided which texts should be supressed« (Jakob van Hoddis' Literary Remains, S. 225).

Die Pörtner-Ausgabe enthält neben 68 Gedichten und Zyklen fünf Prosastücke. Von den Gedichten hatte Hoddis 33 zwischen 1910 und 1914 veröffentlicht – 15 in der Berliner Wochenzeitschrift »Die Aktion«, 13 in der zunächst wöchentlich, von Jahrgang 4 an alle zwei Wochen und von Jahrgang 8 an monatlich erscheinenden Berliner Zeitschrift »Der Sturm«, drei im »Aktion«-Vorgänger »Der Demokrat« und zwei in der Münchner Zweiwochenschrift »Revolution«. Die übrigen 35 Gedichte stammen vor allem aus dem zunächst von Erwin Loewenson verwalteten Nachlaß. Vier von den fünf Prosatexten hatte der Dichter selbst an verschiedene Zeitschriften gegeben, einen jedoch, die »Trilogie der Leidenschaftslosen«, als Manuskript bei Emmy Hennings in München zurückgelassen.

Was sich in den »Gesammelten Dichtungen« nicht findet, sind zunächst einmal Proben des auch wenig bedeutenden Jugendwerkes bis 1908, von denen aber im dokumentarisch-textkritischen Anhang der Reiterschen Dissertation über »Jakob van Hoddis – Leben und lyrisches Werk« einige geboten werden. Es fehlen außerdem zwei während der produktiven Jahre des Dichters gedruckte und 15 zur gleichen Zeit entstandene Gedichte aus dem Nachlaß sowie zwei gemeinsam mit Loewenson verfaßte Gelegenheitsreimereien, was alles zum Teil von Udo Reiter und komplett von Sheppard im Nachlaß-Bericht zugänglich gemacht wurde. Schließlich kamen noch 18 unveröffentlichte Gedichte aus der Hinterlassenschaft des Hamburger Germanisten Karl Ludwig Schneider und ein eventuell von Hoddis stammendes Gedicht aus dem Marbacher Loewenson-Nachlaß ans Licht.

Sheppard edierte sie im 1983 erschienenen zweiten Band seiner Ausgabe der »Schriften des Neuen Clubs« wie auch zwei frühe, in den »Monatsberichten der FWV« veröffentlichte Hoddissche Prosatexte. Weitere Zeitschriften-Artikel außerhalb der »Gesammelten Dichtungen« sind eine (verschollene) Glosse über Frank Wedekind aus dem »Demokraten« und die kurze Kritik einer Aufführung von Hermann Essigs schwäbischem Volksstück »Die Glückskuh« für den »Sturm«. Verwirrende Verhältnisse also allein schon, was die Verfügbarkeit der Texte betrifft, ganz abgesehen von deren Zustand! Man kann Sheppards Meinung nur bekräftigen, »daß eine definitive Ausgabe der Gedichte van Hoddis' hoch an der Zeit ist« (Die Schriften des Neuen Clubs, Band I, Seite XV).

Beim Nachlaß – ihn übernahm nach dem Tode Loewensons im Jahre 1963 Carl Frankenstein von der Hebräischen Universität Jerusalem, und 1969 kam er dann ins Deutsche Literaturarchiv nach Marbach – liegen neben Jugendgedichten einige wenige Handschriften und mehrere Typoskripte, zum Teil mit handschriftlichen Korrekturen. Diese Blätter sind alle undatiert. Sheppard mußte bei seiner Beschäftigung mit ihnen davon ausgehen, daß weder sicher zu sagen ist, von wem manche der Typoskripte stammen, noch wer sie zu welcher Zeit korrigiert hat. In Fällen, wo eindeutig Loewenson am Werke gewesen war, bleibt die Frage offen, ob er vielleicht mit Billigung van Hoddis' glättend darüber gegangen sein könnte. Wenn mehrere Varianten eines Gedichtes vorliegen, fällt es schwer, sie in eine klare chronologische Ordnung zu bringen und jene Fassung herauszufinden, die der Dichter selbst als endgültig angesehen haben könnte.

Daß seine Opera auf der Grundlage des alles in allem wenig erhellenden Nachlasses zeitlich nicht genau einzuordnen sind, weckt Mißtrauen gegen die Datierungen der Pörtnerschen Ausgabe, in welcher nicht nur einige spätere Gedichte ganz fehlen, weil Loewenson sie verschmähte, sondern auch kaum Angaben über Varianten der abgedruckten gemacht werden und das Problem der endgültigen Lesart unerforscht bleibt. Sogar bei den nach Erstdrucken aufgenommenen Gedichten finden sich mitunter Abweichungen.

Wenn Reiter im dokumentarisch-textkritischen dritten Teil seiner Arbeit über den Nachlaß informiert, unveröffentlichte Gedichte vorstellt, einige Lesarten bietet und die Aufmerksamkeit auf editorische Brüche lenkt, kommt er zwar einen Schritt weiter, aber auch dieser Schritt führt noch keineswegs aufs Terrain gesicherter Textverhältnisse. Sheppard zufolge geht Reiter nicht gründlich genug vor: Er macht sich keine Gedanken über die Herkunft der Typoskripte, versucht nur sporadisch, zu neuen Datierungen und endgültigen Lesarten zu kommen, vermerkt weder alle verfügbaren

Fassungen der Gedichte noch alle Varianten zwischen den Manuskripten und der Pörtner-Ausgabe und berücksichtigt von 17 dort fehlenden Gedichten nur sechs.

Auch Sheppard kann es nicht gelingen, in jedem Falle Klarheit zu schaffen, aber von ihm wird doch zumindest voll ausgeschöpft, was der bescheidene Nachlaß an Möglichkeiten gewährt. Akribisch und mit detektivischem Spürsinn sichtet, beschreibt und analysiert er ihn und macht das gesamte Material an Lesarten und unveröffentlichten Gedichten aus dem Zeitraum zwischen 1908 und 1915 verfügbar.

Wenn Sheppard aber zum Beispiel bei dem Versuch, Entstehungszeiten zu bestimmen, mit dem Doppelaspekt von Befund und Deutung dergestalt verfährt, daß er manchmal die Psychopathologie und eines ihrer Krankheitsbilder mitdatieren läßt, dann wird sein Vorgehen fragwürdig. Sheppards versuchsweise Datierungen sind jedoch auf jeden Fall genauer als jene von Loewenson für die »Gesammelten Dichtungen« – vielleicht sogar so genau wie nur möglich.

Hansjörg Schneiders alles in allem sehr anregende Arbeit »Jakob van Hoddis. Ein Beitrag zur Erforschung des Expressionismus« von 1967, die erste größere überhaupt, die sich mit Hoddis befaßte, ist ebenfalls ein Beispiel dafür, wohin es führen kann, wenn man Gedichte nach dem Vorurteil eines Krankenbildes interpretiert oder dieses umgekehrt mit Gedichten koloriert. Im einzelnen beschreibt Schneider schlüssig, was für Erfahrungen im Werk van Hoddis' auf welche Weise manifest werden. Nur läßt er es dabei leider nicht bewenden, sondern diagnostiziert auch Gesundheit oder Krankheit, nämlich das schöpferische Vermögen oder die Unfähigkeit des Dichters, sein Schicksal noch angemessen zur Sprache zu bringen. Die psychiatrisierten Zeugnisse des Scheiterns aus der zweiten Kategorie versammelt Schneider dann unter der Überschrift »Die Zerstörung der lyrischen Formen«.

Stimmige Entstehungszeiten könnten ein solches Verfahren immerhin decken, wenn auch nicht rechtfertigen. Daß jedoch einige Gedichte, wie sich später herausstellte, schon viel früher entstanden sind, als Loewenson und mit ihm Schneider annahm, desavouiert die in bezug zur »Krankheit« gesetzten Phasenverläufe. Diese Gefahr zumindest vermeidet Reiter im zweiten, interpretatorischen Teil seiner Monographie. Er geht darin nicht chronologisch vor, sondern versucht phänomenologisch die einzelnen Schichten des Werkes zu beschreiben.

Erfahrungen, wie gesagt, bestimmen Werk und Verhalten. Mit jemandem, der Erfahrungen machte wie Jakob van Hoddis und dem dazu noch alles Vermittelnde fehlte, mußte einfach irgend etwas geschehen. Weil Loewenson diese Wechselwirkung erkannt hatte und ernst nahm, sind seine faktenreichen »Erinnerungen mit Lebensdaten« in Pörtners Ausgabe nach wie vor der verständnisvollste und erhellendste Beitrag über des Dichters Leben und Werk. Reiter schließt im biographischen ersten Teil seiner Dissertation einige Lücken und sichert damit auch Spuren, die sonst verwischt wären. Außerdem macht er im Anhang Briefe aus dem Nachlaß und die Krankenblätter zumindest der Anstalten von Berlin-Nikolassee und Tübingen zugänglich. Als Biograph schreibt Reiter jedoch auch Krankengeschichte, ähnlich den Ärzten 1912 in Berlin, 15 Jahre später in Tübingen und danach in Göppingen, wenn er Verhaltensweisen, und seien es frühkindliche Wutanfälle, zur Genese eines kompletten Krankenbildes fügt. Vielleicht muß man ihm zugute halten, daß das Begriffspaar Gesundheit-Krankheit während der Entstehungszeit seiner Arbeit noch nicht in jenem Maße auch als soziales Konzept zur Disposition stand wie heute.

Aus alldem ergaben sich drei Aufgaben: Einerseits mußte versucht werden, so viele neue biographische Zeugnisse wie nur möglich zu erschließen, um noch dunkle Wegstrecken erhellen zu können. Das diente andererseits auch als Grundlage für eine angemessene, von Verzeichnungen befreiende Deutung des überlieferten Werkes, wobei der Textzustand immer mitzureflektieren war. Nach einer späteren Auskunft der Schwester Anna hat Hoddis sehr langsam gearbeitet und »sehr viel, eigentlich dauernd, an seinen Gedichten gefeilt« (Reiter, S. 35). In diesem kleinen Werk – klein selbst unter der Voraussetzung, daß man auch Verlorengegangenes mit in Betracht zieht – kristallisierten sich die einzelnen Gedichte prozeßhaft heraus, dichtete er doch nur, wenn ihn die »Umwendung seiner

Ichhaltung« (Loewenson) dazu zwang. Dessen eingedenk galt es schließlich noch, Hoddis von der Festlegung auf ein einziges Gedicht zu befreien. In jedem Museum, so Jean Cocteau in »Gesprächen über die Dresdener Galerie« mit Louis Aragon, gebe es verbrecherische, mörderische Bilder, die alle anderen umbringen würden. Aber es gibt auch mörderische Musik wie jenes unselige Menuett, welches das übrige Werk des nicht unbedeutenden Luigi Boccherini erstickte, und es gibt mörderische Gedichte wie eben das »Weltende«, dessen überdeutliche Zeitsymptomatik die anderen Verse seines Schöpfers beiseiteschob und vernichtete.

Um Hoddis näherkommen zu können, wurde der Begriff »Expressionismus«, dem Hiller zufolge die »Randschärfe einer Qualle« eigen ist, nach Möglichkeit gemieden. »In die Riesenwanne dieser Terminologie«, schreibt er in »Begegnungen mit ›Expressionisten‹«, »wurden die wirklichen Geniewerke getan, die belangarmen, doch von der formalen Tradition abweichenden mittleren Druckwerke... und die Dreckwerke« (Hiller, Ratioaktiv, S. 250). Aber was sich noch unangenehmer auswirkt: Dieser Fetisch verdeckt mehr, als daß er zutage fördert, wenn mit ihm in scheinhafter Objektivität gezaubert und etikettiert wird, wie das häufig geschieht. Wo jemand als Philologe, meinte Rühmkorf, eine Anthologie expressionistischer Lyrik rezensierend, »sich und uns eine Erörterung der ganz persönlichen und jetztzeitbezogenen Antriebe erspart, und die Wissenschaft allgemein noch immer nicht das eigene Interesse mit in Rechnung stellt, bleiben ihre Ordnungskategorien doch nichts als ziemlich sinistre Disziplinierungsmittel« (Freudiges Wiedersehen unter düsteren Umständen, Frankfurter Allgemeine Zeitung, 24. Dezember 1976).

Folge solcher Ordnung in den Schubladen ist es jedoch, daß »Frühexpressionisten« – trotz ihrer Unvergleichbarkeit – vor allem als solche im Bewußtsein sind und die Rolle von Merkmalsträgern, von Symptomanzeigern spielen müssen, daß sie also auf ähnliche Weise entpersonalisiert werden, wie das sonst den Patienten der Psychiatrie geschieht. Da erfährt man unter Umständen viel über ihre Zeit, auf die sie reagierten, aber nichts über den einzelnen Dichter. »Expressionismus«, so auch der Verleger Kurt Wolff,

»wäre Bezeichnung für ein Kollektiv. Ein Kollektiv bringt kein Gedicht, nicht einen Vers hervor. Die schöpferische Leistung ist immer individuell« (Autoren, Bücher, Abenteuer, S. 23). Warum sich Jakob van Hoddis, Georg Heym, Ernst Blass, Alfred Lichtenstein, Ernst Stadler oder Georg Trakl die Wirklichkeit, der kollektive Wille ihrer Zeit, auf ganz unterschiedliche Art so erschloß und nicht anders, kann man deshalb allein von den individuellen Gegebenheiten her gültig zu klären versuchen.

Weil Hoddis' Leben, sein Werk und sein Tod beunruhigend sind, ist es auch nie ganz ruhig um ihn geworden. »Die schmalen Talente der Frühzeit wie Stadler und Heym, die vom ersten Licht der Umwälzung beschienen sind, verblassen neben Gestalten wie Jakob van Hoddis, dessen Handvoll Gedichte schwerer wiegt als sie beide« (S. 23), urteilte Walter Muschg in seinem Essay »Von Trakl zu Brecht« schon 1961 über den Dichter und versuchte dann am Beispiel des »Expressionismus« allgemein die Frage zu beantworten, was in der Literatur »groß« sei.

Wenn man die Zeitschriften und Anthologien durchblättere, wirke vieles von dem, was einst Aufsehen erregte – die Gedichte Werfels, die Dramen Kaisers und Tollers, die Erzählungen Sternheims – fade und ungenießbar. Ideale jener Zeit wie Sozialismus, Kommunismus, Faschismus, Exotismus, Archaismus oder Primitivismus hätten lange abgewirtschaftet, und wer ihnen einst in naiver Gläubigkeit anheimgegeben war, könne heute mit seiner verbalen Hinterlassenschaft nicht mehr ergreifen. Der höhere Rang eines Autors zeige sich daran, daß jener nicht nur mit Worten verzweifelte. »Die wenigen«, so Muschg, »die die Verworfenheit der Zeit als ihre eigene Verdammnis erlebten, stoßen uns heute durch kein falsches Pathos, keine überlebten Illusionen ab. In ihnen erreichte die neue Kunst das Außerordentliche. Als Leidender schlug jeder von ihnen einen Ton an, der nur in dieser Zeit und nur ihm möglich war und der nur scheinbar nachgeahmt werden kann« (S. 372).

Zu jenen wenigen gehört zweifellos Jakob van Hoddis, der immer noch Unentdeckte. Wenn jedoch Wolf Biermann das »Weltende« singt, wenn sich Peter Rühmkorf mit ihm beschäftigt, wenn Michael Mathias Prechtl sein Porträt zeichnet – Strick um den Hals und einen Raben auf dem Kopf –, wenn ihn Günter Wallraff, wie man dem »Fragebogen« des FAZ-Magazins vom 6. Juli 1984 entnehmen kann, zu seinen Lieblingslyrikern zählt, wenn er – der Reader »Spitze des Eisbergs« enthält einen kurzen Entwurf dazu – unter Umständen einmal in einer tragischen Irrenhauskomödie Rolf Hochhuths auftreten soll, deren Held ein dauernd tickhaft »Heil Hitler« schreiender und deshalb überlebender Junge ist (»In der Irrenanstalt begegnet er noch Jakob van Hoddis, dem expressionistischen Dichter, bevor der vergast wird«), wenn schließlich der Lyriker Johannes Schenk etwas »Von Marx, von Rosa, Neruda, von Babel, von Hoddis, von Biermann« im Fluchtkoffer hat, wie in seinem Gedichtband »Zittern« steht, dann sind das zumindest Anzeichen dafür, daß er lebendige Geister auch heutzutage beunruhigt, daß er ihnen gegenwärtig ist.

Werk-Übersicht

Wichtigste Quellen sind die Zeitschriften, der Nachlaß im Deutschen Literaturarchiv Marbach und folgende Veröffentlichungen:

Franz Pfemfert (Hrsg.): Das Aktionsbuch. Berlin 1917 (enthält die Gedichte »Weltende«, »Aurora«, »Der Träumende«, »Morgens«, »Tristitia ante...«, »Zweifel« und die Prosastücke »Der Feind«, »Von Mir oder vom Mich«, »Über die deutsche Sprache«).

Jacob van Hoddis: Weltende. Berlin 1918 (= Der rote Hahn Bd. 19), (enthält 16 Gedichte aus der »Aktion«, nämlich »Weltende«, »Der Träumende«, »Tristitia ante...«, den Zyklus »Der Todesengel«, »Legende«, »Morgens«, »Karthago«, »Die Himmelsschlange« noch mit dem später abgetrennten »Die Wolken winden sich«, »Zweifel«, »Indianisch Lied« mit »O Nacht zärtlicher Sterne«, »Der Visionarr«, »Der Teufel spricht« mit »Im Saale weiße Fliegenschwärme, »Tohub«, »Couplet«, »Der Morgen des Philosophen« und »Aurora«).

Jakob van Hoddis: Weltende. Gesammelte Dichtungen (mit einem Anhang »Stimmen und Dokumente zu Leben und Werk«), hrsg. von Paul Pörtner, Zürich (1958).

Udo Reiter: Jakob van Hoddis – Leben und lyrisches Werk. Göppingen 1970 (= Göppinger Arbeiten zur Germanistik Nr. 16 und Phil. Diss. München), (mit Dokumentarisch-textkritischem Anhang und aus dem Nachlaß veröffentlichten Gedichten).

Richard Sheppard: Jakob van Hoddis' Literary Remains. A Preliminary Text-critical Analysis and Dating of the Poems 1908-1915 plus 19 uncollected poems from the same period. In: Literaturwissenschaftliches Jahrbuch 18, 1977, S. 219-270.

Richard Sheppard (Hrsg.): Die Schriften des Neuen Clubs 1908 bis 1914, Hildesheim, Bd. 1 (1980), Bd. 2 (1983). (Der zweite Band enthält außer zwei frühen Prosatexten – »Stachlige Opuntien«, »Ankündigung von einem Kurse über griechische Lyrik« – 18 bisher unveröffentlichte Gedichte van Hoddis' aus dem Nachlaß Karl Ludwig Schneiders und eines aus Loewensons Nachlaß, das vielleicht von Hoddis stammt.)

A. Gesammelte Dichtungen (Pörtner)

I. Gedichte

(Lesarten zu den mit* gekennzeichneten Gedichten finden sich im Dokumentarisch-textkritischen Anhang von Udo Reiters Arbeit.)

1. Nach Erstdrucken in Zeitschriften publiziert

a. *Die Aktion:* Morgens	(IV, 16, 1914)
Legende*	(II, 46, 1912)
Der Träumende*	(I, 1, 1911)
(Da diese Nächte)*	(mit der Überschrift »Zweifel« IV, 7, 1914)
(O Nacht zärtlicher Sterne)	(als Teil von »Indianisch Lied« I, 27, 1914)
Karthago	(IV, 18, 1914)
Die Himmelsschlange*	(IV, 1, 1914)
(Im Saale weiße Fliegenschwärme)	(Als Teil von »Der Teufel spricht« IV, 1, 1914)
Der Teufel spricht*	(IV, 1, 1914)
(Die Wolken winden sich)	(Als Teil von »Die Himmelsschlange« IV, 1, 1914)
Tohub	(IV, 20, 1914)
Couplet	(IV, 11, 1914)
Der Todesengel*	(IV, 2, 1914)
Der Visonarr*	(= Der Visionarr, IV, 21, 1914)
Indianisch Lied*	(IV, 27, 1914)
b. *Der Sturm*: Der Oberlehrer	Teil 1, II, 64, 1911)
Nacht*	(Nacht I; IV, 182/83, 1913)
Die Stadt*	(Der Tag der Stadt II; II, 53, 1911)
Traum*	(Der Tag der Stadt III; II, 53, 1911)
Italien (Zyklus)*	(II, 82, 1911)
Varieté (Zyklus)*	(I, 47, 1911)
Am Morgen*	(Der Tag der Stadt IV; II, 53, 1911, später als »Der Morgen des Philosophen« Aktion, II, 51, 1912)
Am Abend	(Der Tag der Stadt I; II, 53, 1911)
Nachts*	(Als Nacht III; IV, 182/83, 1913)
(Man fühlt sich dreckig)*	(Als Nacht IV; IV, 182/83, 1913)

Andante	(IV, 196/97, 1914)
(Es hebt sich ein rosa Gesicht)*	(Als Nacht II; IV, 182/83, 1913)
Hymne	(IV, 198/99, 1914; Cabaret Voltaire, Juni 1916
c. *Der Demokrat*: Tristitia ante...	(III, 1, 1911, später Aktion, III, 2, 1913)
Weltende	(III, 2, 1911, später Aktion III, 2, 1913)
Aurora*	(III, 1, 1911, später Aktion III, 2, 1913)
d. *Revolution*: Klage*	(I, 5, 1913)
Der Freund*	(I, 5, 1913)

2. *Aus dem Nachlaß publiziert*

Traumkönig*
(Gewaffnete ziehn)
(Weihe deinen Geist)
(Weh denen die im fahlen Dämmerschein)
He!*
Wunderlegende
Umschwung*
Sonja
Stadt*
Perseus*
Der Abenteurer*
Der Denker
(Aus blauen Wunden)*
Hamlet*
(Und immer fordernd)*
(Mich treibt mein Tag)
Am Lietzensee
(Wie an unsichtbaren Fäden)
Jesuslied
(Sein Haus so hoch)
Liebesschnörkel
Gebet
(Und zu mir kam der Gott)*
(Das Dunkel rauscht)
Gartenabend

(Weh mir, dem Gott)
Morgentraum
(Und goldne Nacht)*
Mittag
Lyrischer Abend
Tortur
(Hundert starke Arme)
(Und Bauberitz)
(Wir gehen schweigend)*
Nachtgesang

II. Prosatexte

Über die deutsche Sprache	(Aktion, IV, 9, 1914)
Von Mir und vom Ich	(Beigabe zu den Monatsberichten der FWV. Heft 3, Februar 1908; Von Mir und vom Mich, Aktion, III, 52, 1913; Von Mir oder vom Mich, Das Aktionsbuch, Berlin 1917)
Der Feind	(Aktion, IV, 7, 1914)
Doktor Hackers Ende	(Die Neue Kunst, I, 1, 1913)
Trilogie der Leidenschaftslosen	(Als letztes Manuskript bei Emmy Hennings zurückgelassen. Veröffentlicht in: De Stijl, Leiden-Paris, VII, 77, 1926/1927)

B. Nicht in den Gesammelten Dichtungen (Pörtner)

I. Gedichte

1. Veröffentlicht und von Sheppard (und Reiter) erneut publiziert*

Lebendes Bild*	(Die Fackel, XII, 317/18, 1911)
Der Idealist	(Dada Nr. 3, Dezember 1918)

2. *Aus dem Nachlaß von Sheppard (und Reiter*) publiziert*

Ballade*
(Der Ton einer Flöte)
En Ego*
Familienglück
Herbst an den Zelten
(Ich sah dich auf dem Maskenballe)
(Laut und Trauer ist im Tod verschwunden)*
Liebe (I)*
Liebe (II)*
Lied
Nach...
Pech
Schulze liegt auf dem Sopha und träumt sich was
(Was soll ich dichten?)
(Wirf deinen Anker)
Der befriedigende Schluß (zusammen mit Loewenson)
Der Bindfaden (zusammen mit Loewenson)
(Meine Augen besehen mein Gehirn) (Hoddis zugeschrieben)

3. *Von Sheppard im zweiten Band der »Schriften des Neuen Clubs« erstmals veröffentlicht*

a. Aus Karl Ludwig Schneiders Nachlaß, dem diese Gedichte einst von Loewenson zur Verfügung gestellt worden waren:

(Der Frühling kam)
Der Knecht
(Durch Dunkel schreit ich)
(Denn seine Liebe war wie roter Wein)
Tobsucht
Sirenenraub
Tage des Zweifels
Landschaft
(Das weiße Feld)
(Und heute ging ich)
Der Mörder
Jungens
(Die Mittagssonne rollt)
(Und daß es Ströme gibt)

Gebet (II)
(Und zaghaft fassen wir)
(Vergessen wir, was unsre Väter waren)
Orgie

b. Aus Erwin Loewensons Nachlaß:
(Logisch läßt sich's nicht begründen)

4. *Jugendgedichte im Marbacher Nachlaß*

a. 69. 1724: Gedichte Juan Centella seiner Mutter zum 9. 8. 02 gewidmet (Schulheft, 1898 bis Juli 1902, mit den Abteilungen Fabeln, Erzählungen, Symbolisches und Allegorisches, Lieder vom Geschick, Die Lehren der Natur, Lyrische Gedichte, Allerlei).
b. 69. 1726: Gedichts-Entwürfe von Hans Centellia (vier lose Blätter, eingelegt in ein kleines Notizbuch, Reinschriften vom August 1902).
c. 69. 1725: Gedichte und Gedichtsentwürfe von Centella (drei lose Blätter in einem kleinen Notizbuch, Entwürfe und Reinschriften von August/September 1902).
d. 69. 1742: Seinem lieben Vater zum Geburtstage d. 8. 5. 04 von Hans Davidsohn – Gesang der Sirenen nach Odyssee XII, 148-191 (Reinschrift auf drei losen Blättern).
e. 69. 1723: Epigramme und Satyren. 1905-Januar 1906 (kleines Notizbuch mit Reinschriften).
f. 69. 1732: An Homer (Reinschrift auf einem losen Blatt vom 6. 7. 1905 oder 1906).
g. 69. 1767: Der Mythus der Schöpfung zum 2. 8. 1906 (Reinschrift auf sechs gefalteten Blättern).
h. 69. 1735: Ausleger I und II, Allein in Gott ist unser Heil, An AK (= Arthur Kronfeld) (zwei undatierte Reinschriften und ein undatierter Entwurf auf einem losen, gefalteten Blatt, wahrscheinlich um 1907 entstanden).
i. 69. 1728: Abendrot (undatierte, unvollständige Reinschrift auf einem losen gefalteten Blatt, wahrscheinlich 1907/1908).

Reiter bringt in seiner Arbeit einige Beispiele für die Jugenddichtung: eine Ballade »Aus Algarves Trümmerfeldern«, die Gedichte (»Niemand versteht mich«), »Der Trost«, »Vorsatz« (erste Strophe) und (»Ein Feuer glänzt durchs Leben«), in dem Davidsohn seinen Künstlernamen »Centella« (»Funke«) begründet, die Vierzeiler »Der Grund«, »Verlorene Unschuld«, (»Stürmer und Dränger sind wir Jungen«), »Vom Sinngedicht«, »Heckel«, »Bismarck« und die Satire »Politisches«.

II. Prosatexte

a. Von Sheppard im zweiten Band der »Schriften des Neuen Clubs« wieder zugänglich gemacht:

Stachlige Opuntien	(Monatsberichte der FWV, Jg. 21, Nr. 143, November 1907)
Ankündigung von einem Kurse über griechische Lyrik	(Monatsberichte der FWV, Jg. 22, Nr. 151, Dezember 1908)

b. Aus anderen Zeitschriften:

Die Zensur (Über Frank Wedekind)	(Demokrat, II. 47, 1910, nicht auffindbar)
Aufruf zum Manifestantismus	(Aktion III, 4, 1913, Hoddis vom Verf. zugeschrieben)
Hermann Essig: Die Glückskuh	(Sturm II, 52, 1911)

III. Briefe

1. *Von Reiter publiziert*

a. Aus Loewensons Nachlaß in Marbach:
An Loewenson aus Wolbeck, 13. 10. 1912
An Loewenson aus Wolbeck, 20. 10. 1912
An Loewenson aus Paris, 25. 1. 1913
Entwurf eines Briefes an seine Mutter, angeblich aus Paris, 16. 5. 1913

b. Aus dem Besitz von Anna Nussbaum, Hoddis' Schwester:
Brief ohne Adresse und Datum (nach Ansicht von Frau Nussbaum um 1914 an Dr. Kastan vom »Berliner Tageblatt« gerichtet)

2. *In Sheppards Edition der »Schriften des Neuen Clubs«*

a. Aus dem Marbacher Nachlaß:
Postkarte an Loewenson aus Berlin, 15. 5. 1909 (Sheppard, Bd. 1)
An Loewenson aus München, 10. 3. 1913 (Sheppard, Bd. 2)

b. Im Besitz von Hans Bolliger (Zürich):

Brief an Emmy Hennings ohne Datum, den auch Sheppard (Bd. 2, S. 80) aus rechtlichen Gründen nicht vollständig abdrucken, sondern nur referieren kann. Ein wörtlicher Auszug in: Weltende, S. 123.

IV. Zeichnungen im Marbacher Nachlaß

Fünf Buntstift-Zeichnungen auf den dunkelblauen Umschlagseiten eines Schulheftes, auf kleinen Stücken von Pack- und Zeichenpapier und auf einem auseinandergerissenen Tütchen der Tabak- und Cigarettenfabrik Yenidze in Dresden.

V. Verlorengegangene Texte

Porträts, Der Jünger	(Hoddis las diese nicht nachzuweisende Prosa oder Lyrik beim vierten Abend des Neopathetischen Cabarets am 9. 12. 1910.)
Fragment aus den Lebensbeschreibungen unheilbarer Moralisten	(Gelesen beim achten Abend des Neopathetischen Cabarets am 16. 12. 1911)
Babylon, oder die Träume eines wahnsinnigen Juden	(Rudolf Kurtz berichtet in »Weltende«, S. 125, er habe das Manuskript eines dreißigseitigen, an Lautréamont gemahnenden Prosatextes mit diesem Titel besessen.)
Hasib, der erstaunte Genießer	(Eine Erzählung, an die sich Loewenson in »Weltende«, S. 125, erinnert. Der Titel dieses Stückes taucht auch auf einem Programmentwurf Loewensons für das Neopathetische Cabaret vom März 1910 auf [Sheppard, NC I, S. 281].)
Die Abenteuer von Artus und Veronika (Märchen)	(Ebenfalls diesem Programmentwurf und einem weiteren zufolge, den Loewenson am 29. 3. 1910 an Erich Unger schickte. In »Weltende«, S. 125, fälschlich als »Artur und Veronika«.)

Biographische Zeittafel

1887 16. Mai: Hans Davidsohn kommt als ältestes Kind des Arztes Hermann Davidsohn und seiner Ehefrau Doris geb. Kempner in Berlin, Grüner Weg 94 (heute: Singerstraße), zur Welt. Ein Zwillingsbruder wird tot geboren.
Der Vater, Jahrgang 1842, stammt aus einer westpreußischen Handwerkerfamilie, die 16 Jahre jüngere Mutter aus einer kultivierten schlesischen Gutsbesitzerfamilie.

1888 2. November: Geburt seiner Lieblingsschwester Marie.

1890 Geburt der Schwester Anna.

1892 Geburt des Bruders Ludwig.

1893 Hans kommt in die Volksschule.

1894 Geburt des Bruders Ernst.

1897 Hans wechselt auf das Königliche Friedrich-Wilhelm-Gymnasium in der Kochstraße über.

1902 Erste erhaltene Jugendgedichte: Eine Sammlung mit seit 1898 entstandenen Texten widmete er seiner Mutter am 9. August zum Geburtstag.

1903 Pausiert als Untersekundaner wegen Ärger mit einem Lehrer einige Monate lang in der Schule.
Beginn der Freundschaft mit Erwin Loewenson, den er in einem literarisch-philosophischen Verein von Untersekundanern am liberaleren Städtischen Friedrichsgymnasium kennenlernt.

1904/1905 Verläßt das Friedrich-Wilhelm-Gymnasium als Unterprimaner endgültig nach Auseinandersetzungen mit einem Lehrer und dem Schuldiener.
Arbeit bei einer Baufirma (?), weil er Architektur zu studieren beabsichtigt.
Bereitet sich an einer privaten »Presse« auf das Abitur vor.

1906 Abitur als »Freier« am Städtischen Friedrichsgymnasium (Reifezeugnis vom 21. Oktober).
Immatrikuliert sich noch im Wintersemester an der Technischen Hochschule Charlottenburg für das Fach Architektur.

1907 Begegnung mit Kurt Hiller bei der Freien Wissenschaftlichen Vereinigung (FWV).
Davidsohn veröffentlicht in den »Monatsberichten« dieser nichtschlagenden Verbindung – ein sich kritisch mit ihrem inneren

Zustand auseinandersetzender Beitrag »Stachlige Opuntien« vom November war sein erster gedruckter Text – und in den seit Dezember dazu erscheinenden »Beigaben«. Außerdem hält er Vorträge über Themen wie »Haben wir einen modernen Baustil?« oder »Über die Bedeutung der Philosophie« und lädt zur Mitarbeit in einer Arbeitsgemeinschaft ein, die sich mit den griechischen Lyrikern befaßt.

1908 26. April: Abgangszeugnis der Technischen Universität Charlottenburg.

12. Mai: Immatrikulation zum Sommersemester für das Studienfach Klassische Philologie in Jena. Er wohnt in der Leutrastraße 3 bei Schuhmachermeister Hermann Beck. Abgangszeugnis vom 28. August.

9. November: Davidsohn schreibt sich für Altphilologie an der Berliner Universität ein.

Die ersten Gedichte von Belang entstehen: Gebilde im neuromantischen Stil wie »Traumkönig« oder »Legende«.

1909 Die kleine intellektuelle FWV-Fraktion trennt sich von der feuchtfröhlichen Mehrheit: Kurt Hiller, Erwin Loewenson, Hans Davidsohn und andere treten aus und gründen den Neuen Club.

3. Juli: Literarischer Abend, bei dem auch Gedichte von Davidsohn vorgetragen werden.

August: Arbeit an einer Tragödie über den Dionysos-Mythos. Reise mit den Eltern nach Harzburg.

8. November: erste öffentliche Versammlung des Neuen Clubs in Neumanns Festsälen am Hackeschen Markt.

Nach dem Tod seines Vaters nennt sich Davidsohn, die Buchstaben seines Namens anagrammatisch umstellend, van Hoddis.

1910 Während der ersten Januartage Bekanntschaft mit David Baumgardt im Neuen Club.

Hoddis begegnet im Café des Westens Emmy Hennings und Lotte Pritzel.

13. Februar: Gründung der Vereinigung Neue Bühne in seiner Wohnung Kurstraße 14.

7. April bis Ende des Monats: Zunächst kurzer Besuch in Prag bei Max Brod, dann fährt er über Wien nach Oberitalien.

1. Juni: erster der Abende des Neopathetischen Cabarets, die bis Februar 1911 von ihm geleitet werden.

Einige seiner bedeutendsten Gedichte wie »Morgens«, »Wunderlegende«, »Die Stadt«, »Tristitia ante...«, »Weltende« und »Aurora« entstehen.

Gegen Jahresende wachsende Mißstimmung im Neuen Club.

1911 11. Januar: »Weltende« erscheint in »Der Demokrat«.

24. Januar: Hoddis wird als Student der Philosophischen Fakultät wegen »Unfleißes« gelöscht.

8. Februar: Bei der Comité-Sitzung des Neuen Clubs hat Erich Unger von Hoddis das Amt des Leiters und Conférenciers der neopathetischen Abende übernommen.

Anfang März: Spaltung des Neuen Clubs. Treibende Kraft war Hoddis, der verschiedene Anlässe zum Vorwand nahm, um sich von Hillers Einfluß lösen zu können. Der für den 27. Februar vorgesehene Cabaret-Abend fiel aus. Bei einer Abstimmung siegte Präsident Hiller zwar formell, trat aber zusammen mit Ernst Blass und dem Schauspieler Armin Wassermann aus und gründete später den Club »Gnu«.

Bis Juni in München, wohin ihn wohl vor allem Lotte Pritzel zog. Die Loslösung von seinen nächsten Freunden geht weiter: Mit dem im Sommer entstandenen Gedicht »Am Lietzensee« versucht er sich von Georg Heym freizumachen.

16. November: Beim siebenten Neopathetischen Cabaret liest Hoddis den Prosatext »Doktor Hackers Ende«.

16. Dezember: Auf dem Programm des achten Neopathetischen Cabarets steht das verlorengegangene »Fragment aus den Lebensbeschreibungen unheilbarer Moralisten«.

1912 16. Januar: Georg Heym ertrinkt bei dem Versuch, seinen Freund Ernst Balcke zu retten, in der Havel.

24. Januar: Hoddis nimmt an der Beerdigung Heyms auf dem Friedhof der Luisengemeinde in Westend teil.

Von Mitte Februar an wieder in München: Hoddis sucht sein Heil im katholischen Glauben und wird darin vor allem von Emmy Hennings bestärkt. Hermann Kempner gegenüber, dem Münchner Onkel, benimmt er sich auffällig.

Mitte August Rückkehr nach Berlin.

5. September bis 8. Oktober: Aufenthalt im Kurhaus Wolbeck bei Münster, danach dort noch einige Tage in einer Pension. Wieder in Berlin soll er von seiner Mutter Geld gefordert und sie bedroht haben.

31. Oktober: Vormittags wird er im Haus seiner Tante Laura

Henschel in der Regentenstraße 11 von einem Arzt und zwei Pflegern abgeholt und in die Heilanstalt »Waldhaus« nach Nikolassee gebracht.
19. bis 23. November: In diesen Tagen besucht ihn der Psychiater Arthur Kronfeld, ein alter Bekannter, dort mehrmals.
7. Dezember: Hoddis entflieht, während die anderen beim Abendessen sind.
Danach zwei Wochen lang bei David Baumgardt in Heidelberg, Leopoldstraße 64 (heute: Friedrich-Ebert-Anlage). Kurz vor Weihnachten nach Paris.

1913 Anfang des Jahres in Paris: Ende Januar erhält Loewenson einen katholisch eifernden Brief mit dem Absender Paris VI, Rue de Boulogne 49.
Von Anfang Februar an in München: Kurze Reise zu Baumgardt nach Heidelberg. In einem Brief an Loewenson vom 10. März meldet er, sein Judentum breche wieder durch. Verhandlungen wegen eines Gedicht- und eines Novellenbandes.
April: Rückkehr nach Berlin. Setzt die Mutter in einem am 16. Mai angeblich in Paris geschriebenen Brief, der dann bei Loewenson liegenblieb, von seinen Münchner Verlags-Verhandlungen in Kenntnis und verbittet sich weitere »medicinische Belästigungen« als Vorbedingung für seine Rückkehr.
Hoddis arbeitet wieder im Comité des Neuen Clubs mit und beteiligt sich an den Vorarbeiten für eine geplante Zeitschrift »Neopathos«.
Von Juni an wieder Gast im Café des Westens.
Nimmt im Sommer und Herbst auch an den mittwochabendlichen Jours fixes im Atelier des Malers Ludwig Meidner in Friedenau, Wilhelmshöher Straße 21, teil.
In seiner mit religiösen Darstellungen bemalten Halenseer Atelierwohnung trifft ihn Loewenson bei einem Besuch gegen Jahresende als Lotte-Pritzel-Puppe verkleidet an. Dezember: Bruch mit Loewenson. Am 20. öffentliche Veranstaltung des Neuen Clubs, bei der Hoddis auftritt.

1914 17. Januar: Liest beim fünften Autorenabend der »Aktion«, worauf ihn Oskar Goldberg, neuer Promoter des Clubs, das Ultimatum stellt, sich für diesen oder die Zeitschrift zu entscheiden.
14. Februar: Hoddis teilt im »Kleinen Briefkasten« der »Aktion« mit, »daß es ihm endlich gelungen sei, aus der neopathetischen Gemeinschaft ausgeschlossen zu werden«.

Am 4. April und am 25. April tritt er – bei Autorenabenden der »Aktion« – letztmals öffentlich in Erscheinung.

4. Juli: Als letzter Erstdruck erscheint in der »Aktion« das Lotte Pritzel gewidmete »Indianisch Lied«.

Kurz nach Ausbruch des Ersten Weltkrieges wird er erst nach Jena (?) und dann nach Bad Elgersburg im Thüringer Wald gebracht.

1915 Von Bad Elgersburg aus kommt Hoddis durch Vermittlung des Arztes Moritz Bruhn nach Frankenhain in die Familie des Volksschul-Rektors Emil Siegling.

1. August: Er schreibt einen besinnlichen Spruch ins Poesiealbum der Tochter des Hauses.

1916 Hoddis' Gedicht »Hymne« wird in der von Hugo Ball herausgegebenen Zürcher Anthologie »Cabaret Voltaire« nachgedruckt.

1917 14. April: Soiree in der Zürcher »Galerie Dada«, bei der Emmy Hennings auch Verse von Hoddis vorträgt.

Franz Pfemferts »Aktionsbuch« mit sechs Gedichten und drei Prosatexten von Hoddis aus der »Aktion« erscheint.

1918 16 Gedichte aus der »Aktion« kommen unter dem Titel »Weltende« als Band 19 der Reihe »Der rote Hahn« heraus, und das Gedicht »Der Idealist« wird im dritten Heft der Zeitschrift »Dada« vom Dezember 1918 gedruckt.

1919 Februar oder März: Fußmarsch von Frankenhain nach Erfurt, um dort David Baumgardt und Friedrich Schulze-Maizier zu besuchen. Letzterem teilte Hoddis mit, er schreibe ein Stück »Der Tod Georg Heyms«.

Noch im Frühjahr Gegenbesuch von Baumgardt und Wilhelm Simon Ghuttmann in Frankenhain.

Dezember: Zweiter Fußmarsch nach Erfurt, wo er außer Schulze-Maizier auch John Wolfsohn antrifft.

Kurt Pinthus eröffnet seine Anthologie »Menschheitsdämmerung« mit dem »Weltende«.

1922 Durch Vermittlung Marie Davidsohns, die das Wintersemester 1917/18 dort studiert hatte, kommt Hoddis im Juni nach Tübingen. Bei Julius Dieterle, dem Wirt der Gastwirtschaft »König Wilhelm« in der Wilhelmstraße, ist er seit 15. August gemeldet.

Loewenson plant eine Edition von Hoddis' Gedichten, woraus dann aber nichts wird.

1924 Umzug mit Dieterles in die Sofienstraße 2. Dort wohnt er nach dem Melderegister seit dem 12. November.

1925 Albert Soergel gedenkt in seiner Literaturgeschichte »Dichtung und Dichter der Zeit / Im Banne des Expressionismus« des »Hirnlyrikers« Jakob van Hoddis.

1927 15. Juni: Frühmorgens wegen Problemen mit den Nachbarn von der Polizei festgenommen und in die Universitäts-Nervenklinik gebracht. Diagnose: »Hebephrenie (Endzustand)«.

4. Juli: Wird von einem Pfleger nach Göppingen ins Christophsbad gebracht, eine Privatklinik für Gemüts- und Nervenkranke.

1933 August: Letzter Besuch der Mutter in Göppingen. Sie kündigt an, demnächst emigrieren zu wollen und stellt als Vertreter ihren Bruder Hermann Kempner (München) vor.

29. September: Fahrt nach Sayn bei Bendorf am Rhein, wo Hoddis in den Israelitischen Kuranstalten der Doktoren Jacoby unterkommt.

1937 Februar: Tod seiner Schwester Marie Mayer-Davidsohn in Haifa (Palästina).

1940 Verfügung, daß jüdische Geisteskranke aus ganz Deutschland nach Sayn gebracht werden sollen.

Die leitenden Ärzte Dres. Paul und Fritz Jacoby wandern aus.

1941 Nun reichen die Gebäude nicht mehr, weswegen bei den Olympischen Spielen in Berlin benutzte Baracken aufgestellt werden.

1942 30. April: Jakob van Hoddis wird unter der Nummer 8 aus der Anstalt, zuletzt Heil- und Pflegeanstalt der Reichsvereinigung der Juden in Deutschland genannt, deportiert.

Mai: Tod in einer nationalsozialistischen Menschenvernichtungsfabrik auf polnischem Gebiet – in Belzec, Chelmno oder Sobibor.

Eine Krankengeschichte

Abschrift der Göppinger Krankenpapiere

NR.: NAME: Hans *Davidsohn*
ORT, TAG UND JAHR DER GEBURT: *Berlin. 16. 5. 1887.*
WOHNORT: Tübingen
BERUF: Schriftsteller ZIVILSTAND: ledig RELIGION: israel.
AUFGENOMMEN: 4. VII. 27.
ENTLASSEN: 29. 9. 33 ALS: ungebessert.
DIAGNOSE: Schizophrenie. Schizophrener Endzustand.

4. 7. 27. Kommt in Begleitung eines Wärters von der Psychiatr. K. Tübingen. Reise o. B. Bei der Aufnahme ruhig u. geordnet. Hört sehr schwer, wodurch die Unterhaltung sehr erschwert wird. Verlangt ein Differentialparallelogramm. Geht willig mit auf den Neubau.

1. 7. 1927. *Aerztlicher Bericht.*

Tübingen, den 1. 7. 1927.

Anamnese.
Vater: Dr. Hermann Davidsohn, Zuchthausarzt, gestorben.
Mutter: Doris Davidsohn, geb. Kempner.
3 Geschwister gesund.
Ein Bruder im Felde gefallen.
In der Familie angeblich keine Nerven- und Geisteskrankheiten.

Der Vater des Pat. soll ein Sonderling gewesen sein, war zuckerkrank, gichtleidend. Cocainist.

Zwillingsgeburt. Der Zwillingsbruder tot geboren. Pat. war von jeher klein und etwas dürftig entwickelt. Frühreif, sehr begabt. Als Kind nervöse Zuckungen und Wutanfälle. Auf der Schule viel Konflikte mit Lehrern. Kurz vor dem Abitur wegen Streites mit den Lehrern abgegangen. Bestand später das Abitur als Wilder sehr gut. Studierte alte Sprachen und Philosophie, machte aber keine Examina. Widmete sich der Schriftstellerei. Verkehrte in expressionistischen Zirkeln Berlins. Verfaßte unter dem Pseudonym Jakob v. Hoddis Gedichte für den »Sturm« und die »Fackel«. Er gründete eine Schriftstellerschule die »Neopathetiker«. Pat. verbummelte immer mehr.

1912 zum ersten Male deutliche Zeichen geistiger Erkrankung. Pat. wurde plötzlich sehr religiös. Geriet in die Hände katholischer Kreise und hatte die Absicht zur katholischen Kirche überzutreten. Er soll damals stundenlang vor Heiligenbildern gelegen sein. Nebenher entwickelte sich eine zunehmende feindselige Einstellung gegen die Mutter. Pat. wurde immer misstrauischer. Er zog sich immer mehr in sich zurück, sprach wenig, war in seinem äusseren Verhalten immer sonderbarer. Am 31. 10. 1912 kam er in die Privatheilanstalt Nicolassee bei Berlin. Er zeigte dort ein sehr überhebliches, selbstbewusstes Wesen, sprach sich in äusserst despektierlicher Weise über seine Angehörigen aus. Im Gedankengang und in der Stimmungslage war er sprunghaft. Er brachte konfuse und unsinnige Ansichten über weltanschauliche und religiöse Fragen vor. Seine Aussprache war maniriert. Er zeigte Stereotypien und grimassierte. Aus der Anstalt ist Davidsohn im Dezember 1912 entwichen. Seither war er meist in Privatpflege. Eine Zeit lang in Frankenhain in Thüringen, zuletzt 7 Jahre lang in Tübingen. In dieser Zeit hat er sich damals als ein harmloser, verschrobener, autistischer und untätiger, für die Umgebung uninteressierter Kranker gezeigt. Zeitweise beschäftigte er sich mit Zeichnen und Rechnen. Die Zeichnungen sind primitiv-kindlich, die Rechnungen unsinnig. Vor Tieren zeigte er eine grosse Ehrerbietung. Er grüsste alle Hunde durch tiefe Verbeugung und Hutabnahme. Als ein kleines Mädchen einen Hund an der Leine führte, schlug er sie. Aus diesem Grunde und weil er Drohungen gegen Personen in der Nachbarschaft ausgestossen hatte, wurde der Kranke durch die Polizei als lästiger, gemeingefährlicher Kranker in die Tübinger Klinik eingewiesen.
Status praesens. Klein aber kräftig gebaut mit ziemlich gut entwickelter Muskulatur. Starke Behaarung am Stamm. Kam in sehr verwahrlostem Zustand in die Klinik. Innere Organe o. B.

Harmloser, autistischer Kranker, ohne Interessen für die Umgebung. Lebt stumpf dahin. Zeigt, soweit er genügend zu essen und zu rauchen hat, eine zufriedene Miene. Die Verständigung mit dem Kranken ist durch grosse Schwerhörigkeit sehr erschwert. Spontan spricht Pat. so gut wie nie, er antwortet nur auf Befragen. Mit Selbstgefälligkeit in herablassendem Ton erzählt er dann von seinen schriftstellerischen Leistungen; spricht davon, dass er sich ausserdem mit »Spitzenmathematik« beschäftige und schimpft über die »hysterische Philistrosität« und die »ladenhafte Ungezogenheit« der Tübinger Bevölkerung, die ihn als Schriftsteller nicht genügend respektiere und in Ruhe lasse. Irgendwelche näheren Angaben macht Pat. nicht. Er bewegt sich nur in ganz allgemeinen verschwommenen Ausdrücken.

Diagnose: Hebephrenie Endzustand.

gez. Dr. Heidenreich.
Assistenzarzt
der Universitätsklinik für Gemüts- und
Nervenkrankheiten.

6. 7. 27. Der Rapport mit dem Kranken ist infolge seiner hochgradigen Schwerhörigkeit kaum herzustellen, zumal er auch in schizophrener Weise absperrt u. überhaupt nicht angeredet sein will. Auf Aufforderung des Ref. hin, einen Lebenslauf zu schreiben, meint Pat. mit morosem Gesichtsausdruck u. unter mißbilligendem Kopfschütteln: »Mich sollte man als Schriftsteller schon längst kennen, es ist unnötig, daß ich da noch etwas verfasse.« Bittet Ref. dringend um eine Cigarette, strahlt vor Vergnügen nach deren Erhalt, läßt sich aber zum Weiterreden nicht bewegen. Begrüßt die Mitkranken auf der Abteilung unter devoten Verbeugungen, sodaß sich diese, namentlich ein anderer Jude, über ihn lustig machen. Sonst fehlt ihm aber der affektive Rapport zu seiner Umgebung vollständig. Ausgesprochener Autismus. In seinem Äußern u. seiner Kleidung hochgradig verwahrlost, alte, schmutzige, zerrissene Unterwäsche, durchlöcherte, abgeschabte Anzüge.

16. 7. 27. Hat sich auf der Abteilung gut eingewöhnt, ißt mit den andern Kranken im Speisesaal, bleibt aber sonst immer für sich, schreibt u. liest, ist ganz autistisch, aber völlig harmlos. Isst sehr viel, möchte immer rauchen, hat Vorliebe für Tiere, die er unter komischen Verbeugungen begrüßt.

20. 7. 27. Bietet der Behandlung keine Schwierigkeiten, ist harmlos, gutmütig, wenn man ihn ganz in Ruhe läßt, hat keinen Verkehr mit andern Kranken u. wünscht ihn auch nicht. Hat gelegentlich die Gewohnheit, seine Tür mit lautem Knall zuzuschlagen. Deswegen von einem Pfleger zur Rede gestellt schrie er diesen an: »Ich bin der Dr. Davidsohn, gehen Sie hinunter auf die Irrenabteilung, u. sagen Sie drunten, ich hätt's gesagt!« Wirkt oft komisch durch seine vielfachen devoten Verbeugungen.

Hält sich meist in seinem Zimmer auf, steht dort oft ganze Stunden lang vor seinem Spiegel u. betrachtet sich wohlgefällig. Gelegentlich schreibt er auch an sich selbst Postkarten nach Berlin, die dann wieder hierher zurückkommen, was er ganz in der Ordnung findet. Eine dieser Postkarten lautete: »Lieber Hans Davidsohn! Hier werden täglich viele Stöcke gestohlen! Herzl. Gruß Dein H. D.« Hat im allgemeinen weder Wunsch noch Klage, nur reicht ihm oft das Essen nicht, da er einen geradezu krankhaften Appetit entwickelt, obwohl er reichlich zu essen bekommt.

Größe: 153 cm.	Urin:
Gewicht: 50,4 kg.	Spez. Gewicht: 1022.
Temp.: 36,9.	Reaktion: sauer.
Augen: braun.	Eiweiß: –.
Haare: schwarz.	Zucker: –.

27. 9. 27. Psychisch durchaus unverändert. Immer für sich, geht geschäftig hin u. her, ohne das geringste Produktive zu leisten. Bei schönem Wetter im Garten. Grüßt noch immer ihm begegnende Tiere (z. B. Schnecken, Vögel, Ameisen, Katzen etc.). Setzt der Behandlung keine Schwierigkeiten entgegen. Isst viel u. hastig, läßt dabei oft die Speisen aus dem Munde laufen. Harmloser, gänzlich verschrobener Schizophrener, der, wenn ihm einmal etwas nicht paßt, in komisch wirkender Weise zetert u. schimpft, nachher aber vor dem Betroffenen viele u. feierliche Bücklinge macht. Beschäftigt sich manchmal mit Lektüre u. Abfassung von Gedichten. Raucht viel Cigaretten. Ein affektiver Rapport ist nicht mit ihm zu gewinnen.

4. 10. 27. Hält sich im allgemeinen ruhig u. geordnet, bleibt stets für sich, schreibt, liest, geht im Garten spazieren. Onaniert oft in exzessiver Weise in seinem Zimmer, läßt sich auch durch Eintritt fremder Personen dabei nicht stören. Starker Nikotin-

abusus. Wenn er nichts mehr zum Rauchen hat, wird er sehr gereizt u. unleidlich, sonst lebt er unauffällig u. nach außen hin stumpf u. völlig interesselos dahin.

2. 1. 28. Nach wie vor in unverändertem Zustand. Bleibt immer für sich, spricht viel vor sich hin, raucht, soweit er Tabak hat, unausgesetzt, liest ab u. zu, ist meist ganz harmlos, wenn er auch zuweilen infolge seiner Halluzinationen kräftig schimpft. In seinem Äußeren sehr unsauber, schmierig. Eine Unterhaltung mit ihm scheitert einmal wegen seinem großen Autismus, u. dann wegen seiner Schwerhörigkeit.

10. 3. 28. Das psychische Verhalten des Pat. ist nach wie vor unverändert. Eine Unterhaltung mit dem Kranken ist so gut wie ausgeschlossen, da er einen sehr hohen Grad von Schwerhörigkeit besitzt, auch selbst in keiner Weise mitteilsam ist. Er bittet Ref. unter vertraulichem Augenblinzeln und steifen, komischen Bewegungen um eine Zigarette, die er dann mit grossem Genuss raucht. Absolut autistisch eingestellt, bleibt ganz für sich, lebt sich in ausgesprochen schizophrenen Grössenideen aus. Das eine Mal liest er sehr viel, was ihm nur in den Weg kommt, dann wieder kommen Zeiten, wo er nur mit den Händen in den Taschen und rauchend auf der Abteilung oder im Garten umhergeht, meist in eifrigem Selbstgespräch sich befindend, wobei er gelegentlich ruckartig den Kopf schief nach oben streckt. Es handelt sich dabei wohl um halluzinatorische Erlebnisse. Auskunft gibt Pat. darüber nicht. Manchmal, wenn er sich im Garten befindet, springt er plötzlich auf irgend ein Tier (Ameise, Schmetterling, etc.) zu und begrüsst dasselbe durch 6-7-maliges steifes Verbeugen oder durch Abnahme des Hutes. (Gewicht: 53,8)

14. 6. 28. Immer still für sich. Nur ab u. zu spielt er mal mit einigen Mitpatienten Schach oder Karten. Legte sich eine Zeitlang ins Bett, drehte sich zur Wand u. wollte nicht wieder aufstehen. Erst durch Entzug der Rauchmittel bekam man ihn aus dem Bett wieder heraus. Vormittags findet man ihn z. Zeit meist still auf dem Sofa liegend. Nachmittags geht er im Garten spazieren. Mit kurzen trippelnden Schritten schiebt er langsam vorwärts. Sieht er den Arzt, so begrüsst er ihn mit einer tiefen gravitätischen Verbeugung. – Bei dem Essen legt er nur Wert auf Fleisch, dieses schlingt er in grossen Mengen herunter. Auf Kartoffeln u. Gemüse legt er keinen Wert. – Ist Pat. unbeobachtet, so spricht

er oft leise flüsternd vor sich hin. Sieht er jemand, so schweigt er sofort. (Gewicht: 53,8)

12. 8. 28. Liegt meist in seinem Zimmer auf dem Sopha u. beschäftigt sich stundenlang mit Kartenspiel. Spricht nie ohne Aufforderung. Interessiert sich nicht für seine Umgebung. Nahrungsaufnahme und Schlaf hinreichend. (Gewicht 51,7 [-2,1])

28. 9. 28. Störte am Abend die Mitpatienten durch lautes Türenschlagen, fortgesetztes geräuschvolles Hin- u. Herlaufen im Korridor, das er fortsetzte, bis er vom Oberwärter eine Zeitlang eingeschlossen wurde. (Gewicht: 54,2 [+2,5])

8. 11. 28. In letzter Zeit gleichmäßig ruhig, raucht den ganzen Tag u. schläft auch tagsüber sehr viel. Nachmittags geht er im Garten herum, spricht aber nur selten mit anderen Kranken, da er durch seine hochgradige Schwerhörigkeit stark behindert ist. (Gewicht: 53 [-1,2])

10. 2. 29. Im ganzen unverändert. Wenn man dem Pat. von Zeit zu Zeit etwas zu rauchen schenkt, kann man ihn sich leicht zum Freund machen. Sein Zimmer ist sehr unsauber. Pat. beschäftigt sich fast gar nicht, lebt ganz autistisch dahin, spricht auch wenig. Stimmung meist gut. Nahrungsaufnahme genügend. (Gewicht: 53.7)

20. 4. 29. In den letzten Nächten war Pat. wieder einmal seit langem recht unruhig, schimpfte u. maulte die ganze Nacht vor sich hin, so daß der in seinem Zimmer nächtigende Wärter nicht zum Schlafen kam. Irgendeine ersichtliche Ursache der gegenwärtigen nächtlichen Erregung des Pat. ist nicht zu finden. Tagsüber ist Pat. ruhig, raucht viel u. schläft dann immer wieder in seiner Sofaecke liegend. (Gewicht: 51.9)

6. 6. 29. Jedesmal beim monatlichen Wägen macht Pat. die größten Schwierigkeiten, will sich nicht auf die Waage setzen, droht dem Oberpfleger mit Schlägen u. ist wütend, daß er am Wägetag erst etwas später, nachdem er gewogen ist, aufstehen u. sich ankleiden darf. Welche Motive ihn bei der Ablehnung des Wägens bewegen, ist nicht zu erfahren. (Gewicht: 53.9)

3. 7. 29. In letzter Zeit ist Pat. recht ruhig u. friedlich, raucht Cigaretten u. Pfeife u. spielt zuweilen mit anderen Patienten Damenbrett u. Schach. Eine Unterhaltung kann man mit dem Pat. nicht führen, da er zu schwerhörig u. auch zu autistisch abgesperrt ist. Auch der Versuch, schriftlich mit dem Pat. sich zu verständi-

gen, gelingt nicht, da Pat. das Gelesene nicht richtig verarbeitet. Er lebt stillvergnügt in den Tag hinein. Oft schläft er auch bei Tag in seinem Zimmer auf dem Sopha zusammengekauert. Gestern hatte Pat. Besuch von seiner Schwester, mit der er aber nicht sprach, sondern nur wegen der mitgebrachten Rauchwaren freundliche Gesten austauschte. (Gewicht: 53.9)

23. 9. 29. Völlig unverändert. Raucht den ganzen Tag, wenn er etwas Rauchbares zur Verfügung hat. Bettelt auch den Arzt bei jeder Visite um Cigaretten an. Ist ein guter Schachspieler, sonst hat er keine Interessen. (Gewicht: 55.3)

27. 11. 29. Pat. sollte kürzlich auf besonderen Wunsch seiner Mutter vom Zahnarzt in Behandlung genommen werden, doch wehrte sich Pat. so sinnlos u. aus Leibeskräften gegen alle Bemühungen des Zahnarztes, so daß der Versuch aufgegeben werden mußte. (Gewicht: 53.6)

21. 1. 30. Ist in letzter Zeit auffallend gut gelaunt, spielt viel Schach, raucht Cigaretten u. Pfeife u. lacht sehr viel. Als gestern der Oberpfleger in seiner Gegenwart einen Patienten mit dem Radiolux behandelte, freute sich Pat. kindisch über die Funken, die aus dem Apparat kamen u. wollte den Oberpfleger veranlassen, ihm diese Funken in den Mund springen zu lassen, er wolle sie schlucken. Dabei schnappte er mit offenem Mund nach den Funken, die in die Haut des behandelten Mitkranken übersprangen. (Gewicht: 56.6)

4. 4. 30. Körperlich u. psychisch unverändert, hat nur Interesse für Schachspiel u. Cigarettenrauchen. Bei Besuchen seiner Mutter genauso gleichgültig u. autistisch wie sonst. Spricht wenig u. hört offenbar sehr schlecht. (Gewicht: 55.8)

2. 6. 30. Zustand des Pat. auch in den letzten Wochen völlig unverändert. Auch bei gutem Wetter geht er nur selten in den Garten u. nach einem Spaziergang verlangt er nie, dagegen kann er auch tagsüber oft auf dem Sopha liegend schlafend angetroffen werden. (Gewicht: 56.5)

15. 8. 30. In seinem Äußeren ist Pat. sehr unsauber u. ungepflegt, er läßt sich aber darin nicht viel sagen, sondern gerät gleich in Wut u. schimpft stundenlang, wenn man ihn gründlich wäscht u. säubert. Im übrigen ist sein Zustand nach wie vor unverändert. (Gewicht: 56.0)

18. 9. 30. In den letzten Wochen hat sich das Befinden und Verhalten des

Patienten in keiner Weise geändert und gebessert, der Kranke lebt stillvergnügt in den Tag hinein, spielt Schach und raucht. Jedesmal, wenn er gebadet oder gewogen werden soll, regt er sich auf und macht Schwierigkeiten. (Gewicht: 55.9)

6. 11. 30. Im Kreise der zahlreichen Patienten der ruhigen Pensionärabteilung B fühlt sich Pat. sichtlich wohl. Bei Schach- u. Brettspielen zeigt er sich als gewandter Spieler, im übrigen ist nicht viel mit ihm anzufangen, da er nichts hört. Bedauerlich ist seine mangelhafte Sauberkeit. (Gewicht: 55.8)

15. 12. 30. Hat dauernd seine Taschen voll mit Papierfetzen u. Zeitungsresten stecken u. wird wütend, wenn man ihm seine Taschen ausräumt. Im übrigen ist er wohl u. munter. (Gewicht: 57.0)

12. 1. 31. Zustand u. Befinden völlig unverändert. (Gewicht: 56.7)

5. 3. 31. Die einzige Beschäftigung des Pat. ist Pfeifenrauchen, Pfeifenreinigen u. Schachspielen. Nur selten sieht man den Kranken in einem Buch oder in einer Zeitung lesen. Sonst schläft er auch tagsüber viel. Im Kreise anderer Patienten ist er meist recht vergnügt, obgleich er wegen seiner Schwerhörigkeit an keiner Unterhaltung teilnehmen kann. Eine genaue Hörprüfung ist bei dem eigenartigen psych. Verhalten des Pat. nicht durchführbar. (Gewicht: 56.0)

1. 5. 31. Auf Wunsch seiner Mutter wurde Pat. ab heute in die 3. Verpflegungsklasse verlegt. Als seine Mutter vor einigen Tagen den Pat. besuchte, verhielt sich Pat. ganz ablehnend gegen die alte Dame, sprach kein Wort mit ihr u. ließ sie einfach im Zimmer sitzen u. ging in den Tagraum zu den anderen Kranken. (Gewicht: 55.8)

28. 5. 31. Schrieb heute einen Wunschzettel, auf dem er 1 neue Tüte Tabak bestellte u. unterzeichnete den Zettel: »Prof. von Hohenzollern«.

7. 7. 31. Seit gestern hat Pat. eine entzündliche Schwellung des rechten Kniegelenks. Er behauptet, sich gestoßen zu haben. Bettruhe u. feuchter Verband mit essigsaurer Tonerde wurde verordnet. (Gewicht: 51.1)

10. 7. 31. Das Knie ist wieder geheilt u. Pat. kann wieder aufstehen.

26. 8. 31. Ist z. Zt. recht vergnügt u. zugänglich, macht Scherze, spricht aber wenig. Nach vielem Zureden u. Drängen hat man ihn nun dazu gebracht, daß er regelmäßig selbst mit Zahnbürste u. Zahnpasta seine Zähne reinigt. (Gewicht: 50.0)

5. 11. 31. Der Zustand des Pat. ist im ganzen unverändert. Beim Besuch seiner Mutter spielte er mit derselben Schach. Einige Mitpatienten machten sich das Vergnügen, Lösungen von Schachaufgaben, die Pat. gemacht hatte, an die betr. ausgebende Zeitung einzusenden. Als dann der Name des Pat. unter den richtigen Lösern verzeichnet kam, hatte Pat. eine sichtliche Freude. (Gewicht: 51.5)

10. 12. 31. In jeder Hinsicht unverändert. Seiner starken Schweißfüße wegen muß er häufig Fußbäder nehmen u. wird dann mit Resorcin-Percutol behandelt. (Gewicht: 51.3)

25. 1. 32. Auch die Versetzung des Pat. in die 3. Verpflegungsklasse, die aus finanziellen Gründen durchgeführt werden mußte, brachte ihn nicht aus dem seelischen Gleichgewicht. Pat. ist derartig in seinen Stereotypien festgefahren, daß ihn derartige Änderungen in seinem Dasein wohl kaum mehr richtig zum Bewußtsein kommen. (Gewicht: 51.5)

6. 2. 32. Zustand unverändert.

19. 3. 32. Pat. ist stets gleich negativistisch u. widerstrebend, wenn man etwas von ihm will. So rief er kürzlich, als ihm d. Pfleger die Fingernägel schnitt, durchaus affektvoll nach der Polizei, hier sei ein Verrückter! Im übrigen ist Pat. unverändert stumpf u. indolent. (Gewicht: 52.0)

21. 4. 32. Spielt gut Schach, im übrigen sitzt er den ganzen Tag Pfeife rauchend bei den anderen Kranken im Tagraum u. freut sich seines Lebens. (Gewicht: 53.0)

21. 5. 32. Mußte in ein anderes Zimmer zu einigen weniger empfindsamen Patienten hineinverlegt werden, da er in seinem bisherigen Zweibettzimmer seinem Zimmergenossen durch seine Schweißfüße allzusehr lästig wurde u. trotz Behandlung mit Resorcin-Percutol u. Fußbädern mit seinen verschwitzten Socken einen bestialischen Gestank verbreitet. (Gewicht: 52.5)

4. 7. 32. Ist vergnügt u. munter, hat den Zimmerwechsel in keiner Weise empfunden. Läuft schmunzelnd u. Pfeife rauchend im Garten herum. (Gewicht: 50.0)

14. 8. 32. Die Reinlichkeit des Pat. läßt immer noch sehr zu wünschen übrig. Will man ihn baden oder die Nägel reinigen u. schneiden oder den Pat. wägen, so giebt es meist eine Szene. Sonst ist er immer gut zu haben u. verträglich, spricht nur selten, zeigt aber

lebhaftes Mienenspiel. Hat besondere Vorliebe für Schachspiel. (Gewicht: 48.4)

16. 9. 32. Keine Änderung. Oft lacht Pat. in seinem Autismus etwas hämisch vor sich hin, was ein Paranoiker der Abteilung regelmäßig auf sich bezieht. Wenn er gestört wird, braust er gerne auf, während er sonst harmlos u. indolent, sein Pfeifchen rauchend, seine Tage verdämmert. (Gewicht: 48.7)

28. 10. 32. Leidet wieder sehr an Fußschweiß, wird wieder mit Resorcin-Perkutol behandelt. Psychisch unverändert.

10. 11. 32. Hatte in den letzten Tagen etwas Schnupfen u. Bronchialkatarrh, dabei aber kein Fieber. War sehr ungnädig, als ihm das Rauchen untersagt wurde. Jetzt ist er wieder wohl u. qualmt wieder. (Gewicht: 49.5)

4. 1. 33. Lebt auf der ruhigen Pensionärabteilung B munter in den Tag hinein, raucht, spielt zuweilen Schach, sitzt aber auch oft bei Tag schlafend am Tisch im Tagraum. (Gewicht: 48.5)

10. 2. 33. Wird ungnädig, wenn ihm etwas gegen den Willen geht, wenn ihm z. B. jemand sein Mützchen wegnimmt, das er auch im Zimmer gerne trägt, droht dann mit Backpfeifen u. macht entsprechende Bewegungen, die er aber vor dem betr. Körperteil seines Partners rasch abbremst. (Gewicht: 50.5)

20. 4. 33. Völlig unverändert. Spielt gern u. gut Schach. (Gewicht: 50.5)

26. 5. 33. Seit gestern hat Pat. eine Schwellung der Oberlippe, die von einer Parulis ausgeht. Er läßt sich aber nicht behandeln, wurde sogar gegenüber dem Zahnarzt ziemlich bedrohlich u. wollte zuschlagen.

13. 6. 33. Als vor einigen Tagen der Pfleger ihn anredete mit: »Herr Davidsohn«, drehte der Pat. sich plötzlich um und sagte: »Herr Professor, müssen Sie zu mir sagen.« Im Ganzen ist er unverändert. Sehr oft wechselnd zwischen gemütlichem Lächeln und mürrischer Auflehnung. (Gewicht: 50.0)

24. 7. 33. Raucht den ganzen Tag u. spielt Schach. Ab u. zu geht er auch in den Garten. (Gewicht: 49.5)

11. 8. 33. Hatte in den letzten Tagen Besuch von seiner Mutter, die demnächst ins Ausland überzusiedeln gedenkt u. drum als Vertreter Herrn Ingenieur Hermann Kempner aus München 2 NO Thierschstr. 47/0 vorstellte, an den in Zukunft alle Rechnungen abgeschickt werden sollen.

20. 9. 33. Ist immer gut gelaunt u. harmlos, spielt Schach u. raucht, geht

im Dachgarten spazieren, spricht aber nur selten ein Wort. In seinem Äußeren ist er immer etwas ungepflegt u. unsauber, auch muß er wegen Fußschweiß oft gebadet werden, was ihm gar nicht behagen will. (Gewicht: 49.0)

29. 9. 33. Völlig unverändert. Wird heute ungebessert in die israel. Anstalt in Sayn bei Coblenz überführt.

GEBURTSURKUNDE

NR. *1379.*

Berlin, am *16ten Mai* 1887.

Vor dem unterzeichneten Standesbeamten erschien heute, der Persönlichkeit nach *durch Approbation aner*kannt, *der praktische Arzt Doktor medicinae Hermann Davidsohn,* wohnhaft *zu Berlin Grüner Weg 94, mosaischer* Religion, und zeigte an, daß von der *Doris Davidsohn geborenen Kempner, seiner Ehefrau, mosaischer* Religion, wohnhaft *bei ihm,* zu Berlin *in seiner Wohnung* am *sechzehn*ten *Mai* des Jahres tausend achthundert *achtzig und sieben* Vormittags um *vier drei viertel* Uhr ein Kind *männ*lichen Geschlechts geboren worden sei, welches *den* Vornamen *Hans* erhalten habe

Vorgelesen, genehmigt und *unterschrieben Hermann Davidsohn*

Der Standesbeamte.

In Vertretung Taddel

Daß vorstehender Auszug mit dem Geburts-Haupt-Register des Standesamts zu Berlin *7A* gleichlautend ist, wird hiermit bestätigt.

Berlin, am 20ten *Juli* 1927.

Der Standesbeamte.

Wenzel

(Siegel)

[Handschriftlich Eingefügtes hier kursiv]

Namenregister